上海市教育科学市级课题"转型背景下小学生品……
（项目编号B14075）成果

打好人生的底色

▷>>

卢 雨 著

上海教育出版社
SHANGHAI EDUCATIONAL
PUBLISHING HOUSE

序 言

　　上海市黄浦区曹光彪小学承担了"转型背景下小学生品格培育的实践研究"市级课题,研究和实践探索持续了五年,近期将在此基础上形成研究专著出版,嘱我写一序言,让我有了提前了解该项研究的机会。

　　品格,即品性、品行。开展有目的、有计划的品格教育并进行专门研究,虽然只有近百年的历史,但关注孩童、学生品格养成却是古今中外由来已久的话题。尽管关于品格的学理性分析和定义有许多种,但我非常赞同的是纳什(Robert J. Nast)的理解,他认为品格"是有关德性的一切","德性包括性情、行为、习惯、憎恶、能力、价值观、情感和直觉等"。纳什把"品格"的丰富性、全面性说完整了,也把社会、学校、家庭之所以高度关注孩子品格养成的原因说清楚了。关于品格的培育,从中国封建时代的庭训家训到 20 世纪 80 年代美国新品格教育运动的兴起,国际和国内已积累了不少经验与做法,那么曹光彪小学多年来的研究与探索,价值又体现在哪里呢? 笔者认为在以下方面是有明显突破的:

一、关注时代特征,直面真实问题

学校的成果报告中把该校的品格教育定位在"转型背景下"。的确,当今时代在变化转型,一个现实的问题不容回避:面对知识经济、信息化、全球化的 21 世纪;面对复杂、多变、不确定的外部世界;面对各种利益需求纠缠交错,充满诱惑的社会环境,我们的青少年学生在完成学力准备的同时,是否已经在品格塑造上作好了准备,我们的学校、家庭和社会是否已经为落实"立德树人"的国家、民族责任,为培育学生的优秀品格作好了准备? 曹光彪小学曾做过一个全样本的家长调查问卷,统计结果显示:家长最关心的问题排在前三位的是孩子的智力、学习习惯、学习方法,仅 12.5％的家长将孩子的道德养成排在首位。可见,社会发展中对国民道德素养重视的缺失,社会大环境中多元文化的冲撞给价值观形成的负面影响,还有学校、家庭、社会在育人功能中不能完全摆正德性与才学的现象已经成为客观事实。对学生的品格培育,已经成为当今时代今日中国亟须高度重视的基础性工作。

二、围绕关键问题,重视项目设计

优秀品格可以通过后天培养获得。小学生处在不断生长与发展的过程中,品格教育有独特的年龄优势。但学校如何抓住小学阶段学生的特点,制定符合现代小学生生长特点、认知规律、个性发展的品格培养目标,探索可操作的培养途径,这些正是该项研究与实践的真正价值。

如何确立品格培育的核心要素,是研究的起点,又是实施的难点,需要系统思考和顶层设计。学校课题组在认真阅读研究了国内外相关专题资料,听取专家的专业意见后,大概做了以下几项非常有意义的工作。

首先,确定了以下选择原则:1. 符合主流价值观,并具有重要性;2. 符合发展心理学;3. 凸显当前社会缺失;4. 相对中性,较少争议;5. 有可操作路径和方法;6. 能找到身边的典范;7. 相对容易评测实践效果。

然后,将学校多年来围绕社会主义核心价值观所做的品格培养的实践,结合"VIA"积极心理的 24 项优势品格,综合成 20 项品质要素,设计了"小学生学习品格培育核心要素筛选问卷调查表",请全体教师、学生家长、全校学生、专业人员进行筛选,挑选出本校学生应着重培养的基本品格。

其次,选定适合本校学生实际的"5+1"的重要品格培养要素:那就是"好奇心""坚持不懈""自我调适""公民意识""社会智商"等五项品格,再加上"美感"。

再次,对每项品格的培养内容和内涵进行学术解释和尽可能浅显的表达,以求教师和学生都能够明白,社会和家长都能够理解。

最后,对每项品格的重点内容进行充实,对不同年龄段的培养重点和方法进行设计。

笔者为什么要用如此多的笔墨对以上工作步骤进行赘述?因为我觉得曹光彪小学在对学生开展品格培育、行为改变之初,从数据分析到核心品格的价值澄清,到符合年龄特点和本校实际的"5+1"品格模型建立,再到实施内容和途径的设计,正是走了一条教育研究的经典之路:不仅关注面临的真实问题,而且想用真正科学的方法与手段解决问题;不仅重视以往的教育经验与实践,而且重视依托教育学、心理学、社会学等方面的相关理论和有效手段;既重视具体做法和途径,又重视系统设计与规划。就自身的视域,笔者认为这项研究的设计达到了专业水平,的确能为中小学开展课题研究提供很好的经验!

三、围绕行为改善,抓住实施过程

有了好的构想,也要能付诸好的行动。有了好的设计,也要能贯彻落实到位。在长达五年的研究和实践过程中,学校抓住了几件重要事情的落地,以确保品格教育能够取得成效。

(一) 培育学生品格，教师必须先行

学校除了通过专题培训、分类选项培训、跨界培训等不同形式的校本研修，帮助教师认同课题的意义和价值，理解品格培育五个核心要素的内涵，思考品格培育的路径与方法，更重要的是让老师明白应以自身的人格魅力引导学生，必须以身示范。这一要求同时也达到了教学相长的效果。

(二) 优化学校课程，服务人格培育

在明确品格教育培养目标的情况下，遵循有效性、可行性、兼容性的原则，将国家课程、地方课程、学校课程进行有效重组。大致分为两类：认知性课程和活动性课程。认知性课程为各年段的小学生提供系统的、逻辑的学科知识，为学生成为品格完善而又独特光彩的人提供判断、选择、价值澄清、确认的认知基础，实现直接的价值影响。而活动课程则强调直接经验和体验的获得，通过隐性的方式，激发学生的学习兴趣。为知识转化成行为，将行为固化成习惯，最终形成良好品格创造条件。例如学校应用"学校故事学"的方式，将品格典范、身边故事让学生用绘本创编的方式呈现出来，就是将认知性知识和活动式体验进行有效嫁接。

(三) 重视家校协同，努力共学共育

世界品格教育伙伴组织（CEP：Character Education Partnership）20 世纪末就给出明确简洁的定义："品格教育就是学校、家庭与社区在帮助孩子理解、关心和实践核心伦理价值的有意识的努力。"曹光彪小学认识到单靠学校的努力，品格教育将事倍功半，甚至一事无成，必须与家庭和社会形成紧密的"教育场"，才能产生教育合力。从关键品格的凝练到学校课程的建构，家长和社会各界人士都早期介入，全程参与。学校家委会还从 2015 年开始专门为此开设微信公众号，目前已形成 200 期以上的专题内容，以配合学校共同开展品格教育。社会也

提供非常好的活动场所。比如通过"玩转上海"综合性主题活动长课程，努力培养学生的公民意识、规则意识，活动涉及 10 多个场馆，缺乏社会和社区的支持是不可能实现的。

本书中还有很多的故事、实践做法、案例分享等，以及用较科学的方法对五年成效的评估。作为序言，文章已经太长，笔者作导读，就此打住了。更多的精彩有待于读者去发现了。

禇沈

于 2019 年夏末

目 录

第一章
缘起：品格培育的价值呼唤

培养德智体美劳全面发展的社会主义建设者和接班人是新时代中国特色社会主义教育最为重要的国家使命。"立德树人"当以德为先,"人无德不立,国无德不兴"。

　　我们认为,要打好学生人生的底色,就要立足学生的身心发展规律,坚持五育并举,激发学生的内在潜能,让其拥有健康的人格,为他们未来的社会性发展做好准备。品格培育既是对国家"立德树人"号召的回应,也是对学校品格培育一以贯之的继承和发扬。我们坚信,夯实品格基础,孩子才能有更美好的未来发展之路!

曹光彪小学一直关注学生良好品格的培养,早些年就在"现代城区人文传统教育的实践研究"中确立了光彪学子八大品格。在教育转型的大背景下,学校把握新时代发展要求,进一步着眼于小学生的品格培育,铸魂育人。

6—12岁是孩子形成良好品格、树立正确人生观的关键时期。与认知性道德发展理论相比,品格培育有着自己的独特优势,适用于早期的儿童教育。因此,品格培育有必要从小学抓起。我们坚持儿童立场,制定了符合现代小学生生长特点、认知规律、个性发展的品格培育目标,构建了"5+1"品格模型,即好奇心、坚持不懈、社会智商、公民意识、自我调适和美感。五年来,学校探索可操作的小学生品格培育路径,努力体现现代教育精神下的方法所带来的小学生品格养成的健康发展。

第一节　品格研究的缘起

"你知道,开一个好头对于做任何事情都是最重要的,尤其是那些尚处于年轻和稚嫩阶段的事物,因为这时正是个性形成的时候,此时留下的印象也最深刻……"柏拉图在《理想国》中如是说。做任何事情如此,品格培养更是如此。学校作为未来社会公民的培育场所,在品格培养方面担负着不可推卸的责任和使命。作为教师,传道授业是我们的职责,而小学生又处在品格养成的关键时期,因此,面对新旧事物更迭迅速的多元化时代背景,如何在继承中实现传统德育的时代转换,如何拓宽学校德育途径、创新学校德育方法,整合学校、家庭和社会的德育资源形成合力等都是值得我们深思的问题。

一、由现象引发的思考

(一) 二胎风波

随着"二胎"政策的实施,越来越多的家庭里二孩出生了,问题和矛盾也随之而来……

小Z同学最近情绪似乎十分低落,各门学科的老师都向班主任反映,小Z同学出现了上课走神严重,回家不做作业的情况。班主任也发现,最近一阵子,小Z同学似乎总是低着头,一副心事重重的样子,也不太和同学们一起玩耍交流。细心的班主任多次找机会与小Z同学聊天谈心。

"小Z,你最近不太开心吗?是不是遇到了什么事情?"

"是的。"

在几次闲聊之后,小Z终于向班主任说出了原因。原来,一年前,小Z妈妈又生了个小妹妹。原本就忙的妈妈这下更无暇管他了,还常常责怪他不够懂事。妈妈有时忙不过来了,还要他帮着照看一下小妹妹。"我一直觉得好烦!"小Z苦恼地诉说着。

后来,班主任从小Z外公那里也证实了事情确实如他所说的那样。外公无奈地告诉班主任,最近小Z与妈妈的关系越来越紧张,甚至影响了正常的学习与生活。看来,年纪小小的小Z真的有着他无法承受的烦恼,而这烦恼来源于他所在的二胎家庭。

二胎家庭由于家庭结构的变化,导致原有的生活方式、子女教养方式等随之发生了系列变化。正处在成长发育期的、原本受尽宠爱的大孩很容易出现不同程度的烦躁、易怒、焦虑、失落和嫉妒等心理失衡问题,情绪发生较大波动。如果家庭还有重重内部矛盾不断升级,家长本身也比较随性,又疏忽了大孩这些心理感受,大孩就容易把这些负面感受积累起来,出现叛逆、哭闹、偏执,甚至用极端的行为来引起别人关注。

虽说"二胎现象"是社会性问题,但二胎家庭的孩子在学校出现的问题,学校教育又岂能忽视?

（二）高冷的小学霸

进入小学之后,学生的人际关系发生了明显的变化,同伴关系占据着越来越重要的地位,于是一些问题便显现出来了。

小J学习成绩很好,尤其是数学成绩十分拔尖,考试拿满分那是家常便饭。"小J啊,学霸! 什么难题似乎都难不倒他,别人做20分钟,他5分钟就能解决。"他身边的同学这样评价他。照理说,这样一位小学霸,应该是老师喜欢、同学羡慕的对象。但是,事实似乎不是这样的。凡是各类评优,小J的票数总是很低的,竞选班干部他也没有成功。老师觉得是他不太合群,同学们都不愿意和他一起玩造成的。

"小J不太愿意搭理我们。可能他觉得我们太笨了。"他的同学小张说。"小J这个孩子,不太会与人合作。每次分组合作的时候,就有人来告他的状了。"自然老师说。

确实,小J不愿意和同学们一起玩,他认为别人都很幼稚,宁愿一个人,也不愿意融入集体中。当一定要和别人合作时,他又不知道怎么处理,要么一句话不说抢夺别人东西,要么就是自顾自地做。所以,同学们都不愿意和他在一个小组活动。小J同学显然是在同伴交往中遇到了问题。

现在的一些孩子常常以自我为中心,总是从自己的角度去看待问题,他们缺乏一定的社会交往能力。父母的管束、学业的压力,使得他们整天与电脑为伴,与作业为伴,缺少与人面对面沟通交流的机会,他们不知道如何与别人相处。

教育,顾名思义,教书育人。那么,我们应该教育怎样的人? 是一个只会刷题的学霸,还是一个在个性、道德、能力等方面全面发展的人?

古人云:大学之道,在明明德,在亲民,在止于至善。虽说古代的"大学"和今天的大学所指不同,但是学校的教育宗旨不曾改变,教学生如何做人,如何培养德性,依然是学校教育的重要内容。作为教育工作者,我们应该站在当下的时代背景中,思考如何培养出符合国家发展需要的社会主义事业的建设者和接班人。

基于教育工作者所应有的专业自觉,以及秉承曹光彪小学多年来坚持的"说得好做得更好"的优良作风,我们于2014年立项了市级课题"转型背景下小学生品格培育的实践研究",作为上一轮市级课题"现代城区小学人文传统教育的实践研究"的后续研究。本课题从教育转型期的学校面临的挑战入手,对小学生品格要素再研究,借鉴国内外品格培养的方法,运用"学校故事学"的理论以及"VIA 美德与优势特质"评估、测量手段,通过多视角载体的选择,多元策略的优化,努力形成现代城区小学生品格培育的路径与操作方法,培育具有中国情怀、国际视野、科学与人文融合的现代城区小学生。在该课题的基础之上,笔者对小学生品格培育形成了较为系统、深入的思考,希望结合具体的实践,为每位小学生打好人生的底色。

二、追溯——品格培育的发展

(一) 概念诠释

1. 品格

品格(character)一词来源于古希腊语 Karacter,是指在硬币上刻下的标记,或者印盖的封印等。这里品格教育中的"品格"其实是一种比喻,指人在道德方面的稳定特征。《新牛津英语词典》中,"character"被解释为"个人所具有的与众不同的道德品质和心理素质"。西方学者分别从伦理学、心理学和教育学三个角度对"品格"进行界定。从伦理学的角度,美国学者西奇尔认为:"与道德的理性判断相比,品格体现了道德主体处理日常简单道德交往的一致的、持久的方式。它包括一整套道德主体用以表述道德行为原则和手段的美德。"品格总是同个人美德和道德习惯密切相连。从心理学的角度,将品格视为人格的组成部分,即人格的道德维度。"美国教育心理学界的传统观点将人格划分为禀赋、品格和自由意志。其中禀赋是一个人与生俱来的、不可改变的、属于天性的东西;品格是后天培养的、可以改变的部分,一旦获得便相对固定,属于人的'第二天性'或'第二禀赋'。因此,人格中的品格是具有可塑性的。"从这个角度来看,在学校教育的小学阶段对学生品格进行培育显得非常重要。从教育学的角度,美国许多品格教育者都把品格教育"视为一种内在的心理品质结构,品格因个人的特性、美德和价值构成不同而表现出不同的面貌"。

"品格"一词在《汉语大辞典》中有着四种释义:一是指物品的质量规格;二是指文学艺术作品的质量、格调;三是指品性、性格;四是指官位、爵位。在 2000 年版的《现代汉语大字典》中有两种释义:一是指文学艺术作品的质量、格调,如

"他的画品格不俗"；二是指品性、性格。1979 年版《辞海》中多一种释义：指性质、风度。引申开来说，每一件"物品"，都有它特定的标准要求，人更有做人的标准，这就是人的"品格"。由物品的品格和诗词等应具有的品格，到人所必备的品格，都反映出物和人身上所必须具备的一般特征和内在要求。此外，也有学者从共性上说，"世上万事万物均有品格。作为一种事物的品格，至少需要具备四方面的要素：一是体现事物的本质，二是体现事物的质量，三是体现事物的个性，四是体现事物的品味"。

因为古今中外历史文化背景的差异，关于"品格"的诠释多少存在着一些差别，至今也无统一说法，但不难看出，品格是一种关于个人的美德、意志、修养、行为习惯，突出人个体性的意识与行为特征，结构上具有一定的层次性，是一个人区别于其他人的内在性的一些心理、情绪、情感、意志等特征的综合。

2. 品格培育

美国品格教育联盟提出，品格培育是一项培养青少年良好品格的长期过程。良好的品格应该包括理解、互助、公平、诚信、同情心、责任感、尊重自己和他人等核心价值观念。学校、家庭、社区三者需要通过深思熟虑的不懈努力，帮助青少年形成良好的品格。因而，品格培育，顾名思义，就是培养品格的教育形式。引用国内学者丁锦宏关于品格培育的定义，"是指通过教育者与受教育者相互的、具有教育性的活动，引导和促进受教育者获得（形成）核心价值，形成社会需要的德性品质，养成良好的行为习惯的过程"。小学生品格培育旨在小学阶段通过一定的学校教育活动，培育该阶段的学生形成符合社会需要的道德品质，养成个人良好的道德举止和行为习惯。

（二）品格培育的发展历程

品格培育最早由美国学者提出，并逐渐影响到世界其他国家和地区。品格培育是美国传统的道德教育形式。因此，很多文献都针对美国品格培育的起源和发展历程进行了研究。著名学者檀传宝认为，从 20 世纪初期以来，美国现代德育的发展大体上经历了三大历史阶段：古典品格教育阶段、相对主义和过程主义阶段、复兴的品格教育阶段。戚万学则根据不同时期道德教育主题的不同，勾画出了西方道德教育的百年嬗变历史。他认为，西方道德教育的主题分别从"强制、灌输、纪律和不理解的服从"演变到"崇尚个体理性、自主性、个体自由"，再到"造就对国家负责的公民",最终又"恢复对道德教育的热情"。从现有的文献来看,大部分学者都认同将美国品格培育的历史发展划分为三个阶段。第一阶段是20世纪初期之前带有强烈的宗教性质的传统品格培育,主要强调将教师所认同的观念价值强制性地灌输给学生。品格培育只是作为服务宗教和世俗社会用以同化人的工具。正如1884年美国罗德岛教育委员会的年度报告中称:"对文明的威胁不是来自外部,而是来自内部,必须使这些鱼龙混杂的人统一起来。那些继承了其他甚或是敌对国家传统的、那些在形形色色的影响下成长起来并持有异国观念的人以及那些由非美国国家精神支撑的人,必须被同化或被美国化。实施这一目的的主要机构自然是公立学校和公立教育。"第二阶段自20世纪60年代至80年代,美国社会受进步主义教育思潮的影响,旧式的品格培育逐渐衰落,取而代之的是价值澄清理论和认知发展理论主导的极具个人主义精神的道德教育。这一阶段产生的德育模式很多,但是"目前流行的各种道德教育模式,几乎无一不源于杜威的传统,尽管他们的研究结果超出了杜威的理论假设,但在某些方面仍然有杜威思想的痕迹"。可见,这个时期对个人自由、自主性的推崇,品格培育更注重帮助学生澄清和找到已有价值观念的过程,而非让学生从外界习得固有的价值观念。第三阶段则是20世纪80年代至今的品格培育的复兴时期。由于六七十年代美国家庭教育失位,学校教育效果乏力,社会负面影响大,导致美国青少年的道德状况恶化。随着青少年道德失范、个人极端主义等问题日益严重,品格培育重新回到人们的视野,进入复兴时期。这一时期的品格培育融合了前面两个阶段的品格培育特点,既肯定了个体的主动性,也肯定了传授普遍价值的意义。

我国作为礼仪之邦,从不缺少与人的品格相关的阐释和论述。早在孔孟时代,仁义礼智信就作为儒家的主要思想影响了一代代国人,朱熹的安贫乐道、克勤克俭、重义轻利、谦虚礼让、取之正道也为国人津津乐道。到了近现代,品格教育在借鉴美国德育领域的研究的基础上,无论在广度还是深度上都取得了较为初步的发展。我国关于品格培育的认识最早始于20世纪20年代对哈特肖恩(Hugh Hartshorne)和梅(Mark May)的"品格教育研究"的认识。20世纪80年代以后,随着美国新品格教育运动的兴起,我国学界才开始重新关注品格培育,并进行了大量的研究。在研究当中,又分为两大类:一类是对美国品格培育的研究,一类是对品格培育的本土思考和建构。其中,又以对美国品格培育的研究居多，主要有对美国品格培育的起源和发展历程的研究，对美国品格培育的代表人物的思想的研究，从不同的视角对美国的品格培育进行剖析的研究。在本土建构方面，也有很多案例结合自身的资源和优势，从不同角度和层面推进品格培育的实践与研究。

（三）品格培育的实施途径

纵观国内外现代品格培育的实践，很多都结合自身的资源和特点形成了本土化的路径，总结起来，主要有以下几条途径：

1. 通过课程实施品格培育

通过课程实施品格培育又分为两类，一类是通过正式课程进行品格培育，例如上海小学的品德与社会（现改称"道德与法治"）课，美国的品格教育协会以及杰弗逊教育中心等专门机构开设的品格教育类课程，这类课程将美德与核心价值作为教学内容，以正面和直接的形式进行传授。还有一类是在学术课程教授的同时潜移默化地进行品格教育。它们通过挖掘学术课程本身的德育价值，从教学组织形式、师生关系等课堂的方方面面渗透道德价值观。在美国，地理课会进行人权、传统文化观的教育，历史课会进行公民教育和爱国主义教育。在中国也同样，很多学者都认为无论是语文、数学还是其他学科，都有相当的德育价值，例如杨碧云在《小学语文教学如何和德育有机结合》中认为，"语文教材含有丰富的爱国主义思想教育的内容。有的课文主题就是赞扬爱国主义精神，歌颂爱国英雄人物的，有的是反映我国古代和现代物质文明与精神文明建设的杰出成就，有的是歌颂伟大祖国美丽富饶的锦绣山河，有的则是介绍我国古代优秀传统和反映近代中国沦为半封建半殖民地所遭受苦难的历史等"。

2. 通过学校生活实施品格培育

美国教育学家杰克逊（Jackson）在《课堂生活》中指出："学生从学校生活中不仅学到了文化知识，而且获得了态度、动机、价值和其他心理的成长。这些价值、规范、态度、动机不是从学术课程中获得的，而是经由学校的非学术方面，暗默中、隐形中不直接地传递给学生的。"由此看来，学校生活在品格培育中起到了非常重要的媒介作用。当然，学校生活涉及很多方面，例如环境的布置，一些中小学会将所要培育的美德制作成巨幅海报张贴在教室或者学校显眼的位置；班级氛围的营造，让每个孩子都能够参与到班级事务的决策中，感受民主与公正；

班级文化的建设,大家一起为班级设计班徽等。

3. 通过与家庭、社区的合作实施品格培育

学校、家庭和社区三者的合作是很多国外品格培训机构和学校采取的途径。宾夕法尼亚的匹兹堡哈里森中学是学校家庭和社区开展合作活动的典型,他们制定学生主导的家长会议计划、为家长解答青少年教育问题的周六早晨家长教育计划、在社区中建立少年中心、邀请医生自愿到学校为学生讲述自己的手术案例,让学生理解同情、责任、合作等品质。学校作为品格培育的主阵地,家庭和社区则起到了补充的作用,他们之间的合作有效地拓宽了品格培育的外延,充分利用了资源,给学生创造了全方位的良好的环境。

（四）品格培育的实施策略

关于品格培育的策略有很多,美国品格教育研究所提出了"有效的品格教育的 11 条原则",约翰·坦普里顿基金会人员概括了有效促进品格发育的 8 种因素,刘春琼、杨韶刚从心理学和教育学两个角度对学生品格教育提出了 9 个要求,杜时忠、刘长海从青少年的思想实际和生活实际出发,提出了学生品格培养的 4 种方式。此类策略还有很多,大体来看,主要是对学校和教师两个层面提出了一些建议和要求。

1. 学校层面

首先,学校应该是一个充满关怀的社会群体。学校中的人和事本身就构成了学生的校园生活,影响着生活在其中的学生。因此,良好的团体能够为品格培养提供支持氛围。其次,学校应该为学生提供道德实践的机会。学生在真实的情境中,通过争论与合作解决冲突,从而得到思考与体悟,进一步习得道德品质。最后,学校应该与家长、社区形成合力,一方面减轻教师负担,另一方面也赢得更大的支持,获取更多的资源。

2. 教师层面

教师在开展品格培育时所采用的策略是多种多样的,总结起来主要有以下几种:第一,道德叙事法,也就是通过讲故事或者阅读故事从而进行道德教育。第二,榜样示范法,即为学生提供学习的示范。第三,道德纪律法,让学生在践行日常行为规范的过程中养成良好的道德习惯。第四,道德讨论法,引导学生对道德话题进行讨论,帮助学生思考并获得正确的道德选择。

（五）小学生品格培育的评价

如果将品格视为认知、情感与行为三者的结合，那么品格培育的评价也将分为这三部分。其中认知又分为知识和推理两部分。关于品格知识的评价主要是通过纸笔测试来完成的。例如林肯（Lincoln）和希尔兹（Shields）的"道德知识标准化"测验，采用词汇、理解、对违反道德规范事件的评判等分测验，并依据不同年龄儿童的成绩建立常模，测验成绩借鉴斯坦福—比奈量表离差智商的形式呈现。品格推理的评价则可以用临床谈话法来进行，比较著名的有皮亚杰的"对偶故事"、科尔伯格的道德两难情境等。对品格情感的评价主要采用投射法，如故事完成法、给故事添加一个结尾等。对品格行为的评价则是以品级性评价为主，尤其在我国，一般都由他人或者小组或个体依据各项指标进行评价。

三、思考——转型期品格培育的方向

（一）教育转型的大背景

时代在变化，教育所遇到的情境也在发生变化。对于目前处于发达区域中心城区的学校来说，在以下几个方面发生了改变：

1. 新时期国家和省市对基础教育转型进行了新部署

2014年3月，教育部出台了《关于全面深化课程改革 落实立德树人根本任务的意见》，其中明确指出："立德树人是发展中国特色社会主义教育事业的核心所在，是培养德智体美全面发展的社会主义建设者和接班人的本质要求。"上海市教育委员会原副主任尹后庆认为，教育转型促使学校真正回归对人的发展的重新打量和深度审视；教育转型促使学校对内外需求积极适应，并在增强教育公共服务的意识中提升专业境界，进而走向文化自觉；教育转型促使学校开始转变，从关注教师的"教"回归到关注学生的"学"。上海市教育委员会基础教育处处长倪闽景认为，上海基础教育转型期基础教育价值观剧烈冲撞，教育界内外对教育的理解和需求从来没有这样差异巨大，高度统一的教育模式和要求已经不能通过简单地推进教育均衡化来实现。基础教育必将朝更个性化、更多样、更开放的方向推进，才能实现新时代的跨越。由此可见立德树人的重要性，它是教育的起点也是最终归宿。教育对"人"的价值越来越受到人们的关注。

2. 学校的发展带来变革

作为一所中心城区富有一定盛誉的学校而言，已经从过去单纯凭提高学生学业成绩来提升学校知名度的时期转变过来。学校现在更注重以课程为抓手，注重内涵发展，不断提升办学品质。学校刚刚完成上一轮市级课题"现代城区小学人文传统教育的实践研究"，在人文传统教育方面取得了一定的成效，已结合人文传统教育统整出学生"爱集体、会感恩、玩中学、乐合作、讲诚信、明责任、勇创新、立大志"八大品格培养要求，但是如何在转型背景下进行品格培育是值得研究和深思的。

3. 生源结构的变化

学生中有来自本地城区的孩子，他们大多秉承着老上海的传统，细致稳重但是优越感过强；有来自引进人才的子女，他们天资聪颖，但自负与孤傲；有来自外省市的经商人员的子女，他们活泼好动，但行为习惯不佳。由于生源结构的多样性，一方面，带来学生的价值观多元性；另一方面，生源的结构多样性也使得家长呈现多样性结构，家长的学历、背景不同，因而对教育的看法和理念也有所不同。由此看来，多元化给当前的教育带来了新的机遇与挑战。价值的多元使得学生在认知和行为的选择上存在差异，而差异容易带来误解甚至是行为失范。如何在多元的环境中求同存异，引导学生选择正确的价值取向，培养良好的品格是当前教育正在思考的问题。

（二）转型背景下的品格培育

面对教育情境的变化，小学生品格培育也要相应做出改变，主要有以下五个方面。

1. 小学生品格培育的视角要转变

品格培育要以生为本，注重个性化。杜时忠等认为品格教育的重点是要解决"做不做"的问题，知行统一是实现品格教育目的的根本原则。要做到知行统一，教育必须联系学生生活实际、针对生活中的真实问题，引导学生讨论实践。对于学生品格培育要有实践性，这一点得到了共识，然而，在实际的操作中，我们对于如何站在学生角度来思考学生品格培育问题，还是显得不够深刻。首先，过去的学生品格培育还不能基于学生的品格发展水平来思考，因而往往脱离了学生生活实际。其次，所要培育的品格要素也往往是站在成人的立场上进行思考的，而非基于学情的实际调研，忽视了对学生作为品格培育的主要对象，他们的真实状况以及他们所需要的是什么的考量。另外，在学生品格培育中要注重个性化,也允许个性化,打破过去传统道德教育中过分的整体性和一味的统一性。

2. 小学生品格培育的途径要多样

品格培育除了借助常规的学校教育之外,还要利用家庭、社区、社会公共场馆、网络新媒介等多种多样的方式,除了借助显性课程的教育之外,还需在隐性的环境中进行渗透。小学阶段是学生品格养成的重要时期,这个时期形成的品格将会对其一生产生重要影响。因此我们要抓住这个重要时期,充分利用教育转型期的各种优势,从品格培育的途径方面进行突破。

3. 小学生品格培育的境界要打开

品格培育既要有民族特色,也要有国际视野。学生品格培育既要向先贤取经,从传统民族文化中汲取好的学生品格培养点,如诚实、责任、勇气等;作为现代城区的一所学校,也要放眼世界,在学生品格培育中不仅仅注重学生基本的礼仪和做人准则,更要从现代人文素养、健康的心理素质、宽广的国际视野、正确的公平竞争意识等方面进行培养和引导,使培育出来的学生大气、正气、灵气,具备现代人所需要的品格和素养,也使品格培育不再是道德的说教,而是具有人文的情怀。

4. 小学生品格培育的方法要创新

探索小学生品格培育要注重方法的创新。美国新品格教育家托马斯·里克纳积极发扬了传统品格教育的优秀方法,同时又注重与现代的教育实际相结合,创新形成了"综合性"的教育方法。在学生品格培育过程中,要注重传统品格教育中所提倡的教师的道德榜样、道德指导者的作用,注重历史文献、故事人物的教育作用,注重发掘学术课程中的道德资源等。然而,从目前小学生品格培育的情况来看,我们在培育的方法方面还存在着不足,我们要立足学校文化品质构建和教师文化自觉形成,思考现代城区学生品格培育的路径与方法创新。

5. 小学生品格培育的评价要完善

评价是品格培育中不可或缺的一个环节。目前,我们关于品格培育的评价更多关注的是品格行为的评价,对品格认知和品格情感的评价较少关注。然而,一个完整的品格行为的背后一定有认知和情感的支撑。另一方面,在品格培育的评价过程中,我们更多采用的是品级性评价,这样的评价脱离了具体情境,有时候并不能反映学生的真实品格水平。因此,我们可以尝试完善和改进小学生品格培育的评价,通过全面科学的评价来促进小学生优良品格的形成。

第二节　品格模型的建构

曹光彪小学是以上海市荣誉市民香港著名企业家曹光彪先生命名的一所小学,建校于 1995 年 2 月,是根据黄浦区教育事业发展规划,由原凤阳路第一小学、凤阳路第二小学、围棋小学、长沙路小学等学校重新组建的一所对内示范、对外开放的公办小学。学校位于市中心繁华热闹的南京路步行街西侧。

建校 20 多年来,学校一直注重五育并举,为学生的终身发展奠基。让人文素养成为学生品质的经典、做人的基石是学校坚持不懈的追求。在转型背景下培育小学生的优秀品格,是摆在我们面前的又一道试题。这需要我们有更加科学、前沿、创意的育人理念,更加专业、细致、深入的探索和实践。

小学生处在不断生长和发展的过程中,优秀品格的养成可以后天培养。与认知性道德发展理论相比,品格教育有自身的独特优势,适用于早期的儿童教育。因此,品格教育有必要从小学抓起。

品格培育在我国有悠久的传统。"十年树木百年树人"的观念深入人心,品格要从小抓起是全社会的共识。即便如此,就一线教学需要而言,品格培育其实面临三大挑战:第一,品格林林总总,谁都能说出几种,但基于科学研究的体系化品格框架较少;第二,品格不容易测量,很难数据化;第三,丰富品格塑造的实践内涵并将其校本化,还需要探索。

我们抓住小学阶段学生的特点,制定符合现代小学生生长特点、认知规律、个性发展的品格培育目标;探索可操作的小学生品格培育路径,努力实现现代教育精神下小学生品格养成的健康发展,为其终生发展奠定基础。

一、文献研究——选择可靠的品格体系

对"人类六大美德和 24 项优势特质"测评系统的了解,源于我校家委会成员的一次会谈。当时,原家委会主任于国先生介绍,他所在的高释咨询已在企业中应用这套系统,它也有儿童青少年测评版。我们与他就这一领域进行了多次广泛交流和探讨。考虑到如有可靠的评测系统对学生的品格培育进行数据跟踪,将为我们的研究提供科学的数据证据,因此,我们查阅了积极心理学、"人类六大美德和 24 项优势特质"等相关文献资料,才慎重将其纳入学校的品格培育研究之中。

(一) 积极心理学

积极心理学最初是由美国宾夕法尼亚大学著名心理学家马丁·塞利格曼(Martin Seligman)在 20 世纪 90 年代末发起和倡导(1998 年他以美国心理学会历史上最高票数当选为该会主席);随后,经由一大批心理学界同仁的辛勤耕耘和添砖加瓦,已成为当今世界范围内心理学的一股清新之源,影响和改变着人类审视自身和客观现实的思维方式和行为模式。因而,马丁·塞利格曼被全世界公认为"积极心理学之父"。追根溯源,以亚伯拉罕·马斯洛、卡尔·罗杰斯为代表的心理学人本主义流派(也称为心理学中的第三势力)是积极心理学崛起的重要土壤。

与人本主义心理学类似的是,积极心理学也关注那些使生命更有价值和更有意义的东西,关注如何激发和实现人的潜能。但是和人本主义心理学不同的是,积极心理学以实证科研为基础。积极心理学发现,心理学在过去的大部分时间过分注重对人类疾患和问题的解决和补救,较少关注人类健康和正向生活的形成机制。由此,过去的心理研究被认为是一种疾病模式。虽然对缺陷的研究和治疗取得了很大的进步,但要将人类带往更加健康的方向却常常力不从心。积极心理学主张人类生命中的优点跟缺点一样,都是真实存在的,应该得到心理学家同等程度的关注。生活不只是要避免或解决问题和困扰,更要搞清楚人是如何学会对环境的良好适应、美好的生活是如何造就的。因此,积极心理学将研究的重点指向现实生活中更为正向的一面,发掘出优质人生形成的机制是什么,通过成功楷模的经验分享让广大的普通民众得以从中受益。

积极心理学一般分为以下三个相关主题:

1. 积极的主观体验(幸福、愉悦、感激、成就)——这部分的核心就是关于幸福的科学研究。

2. 积极的个人特质(个性力量、天分、兴趣、价值)——这部分的核心就是人类美德和优势特质的分类系统及其测量。

3. 积极的机构(家庭、学校、商业机构、社区和社会)——这部分从学术的角度看相对薄弱,但全球很多国家和地区,尤其是企业组织、教育机构都在积极尝试利用上述两个领域的成果开展实际应用。我们的研究也是在这一主题内开展的。

(二) 美德及优势特质分类和测评系统(VIA)

"VIA"源于 20 世纪末美国迈尔森基金会赞助的一个研究组织的名称(The

Value in Action Institute）。通过这个组织,时任美国心理学会(APA)主席的宾夕法尼亚大学心理学教授、积极心理学创始人马丁·塞利格曼邀请密西根大学心理学教授克里斯托弗·彼得森(Christopher Peterson)来领导一项关于人类优势特质的分类研究,并取得了一定的研究成果,出版了专著《优势特质和美德——分类手册》(*Character Strengths and Virtues: A Handbook and Classification*)。

自心理学被纳入科学范畴的 100 多年历史中,人类深陷于自身心理缺陷的研究并取得了长足的进步,主要成果体现在诸如美国的《精神疾病诊断与统计手册 DSM》(在中国是 CCMD)这类实用工具。但是,在人类演进的历史中不仅仅有心理缺失,更有优势(积极)特质或品格。

塞利格曼和彼得森组织了在当时相关领域最优秀的一批科学家,发展出了VIA 性格优势分类,并完成与之相关的解读与评估。这是积极心理学的研究者们对识别和分类人类正面心理特征的第一次尝试。他们探索了各大宗教、哲学(包括中国的孔子、老子等)所共同认同的美德(六类),并归纳出实现这些美德的人类 24 项优势特质,也称为积极特质、优势品格,它们是:

> 智慧与知识：好奇心、好学性、头脑开放、创造力、洞察力
> 勇气：真实性、勇敢、坚持不懈、活力
> 人本/人道：和善、爱、社会智商
> 正义：公平、领导力、公民意识
> 节制：宽容、谦逊、谨慎、自我调适
> 超越：美感、感恩、希望、积极乐观/幽默、灵性

这些美德和优势特质构成了与 DSM 或 CCMD 相反的分类系统,揭示了人类潜质发展中最优秀的一面。

积极心理学认为,生活的核心并不只是避免麻烦、防止困扰,因而更加关注人生中那些风景美好的一面。积极心理学研究表明,高绩效表现(无论是组织层面还是个体层面)和幸福感在终极意义上是统一的,其背后的主导力量体现在个体不同的优势特质的充分发挥和它们的有机组合中。而环境作为影响行为的重大因素,我们可以通过构建积极的组织(包括企业、机构、学校、家庭和社群/团

组）来培养人的优势特质，使人们的认知和行为展现出其最好的一面。

优势特质囊括了当今积极心理学界在教育、管理、心理咨询与健康等方面的实际应用，包括协助个人和组织发现自己的长处，并利用它们来增加和保持其各自的水平和福利。在西方，许多治疗师、培训师、学校教师和其他各种心理专业人员均使用该优势特质体系下的评估与教练方法，帮助自己与他人完善自身的美德。

（三）积极心理学遴选优势特质的十大原则

据塞利格曼说，最初他们总共收集到人类各种文明有史以来所赞誉过的美德有 200 多种。"令我们惊奇的是，研究了整个世界横跨 3000 年历史的各种不同文化后，我们归纳出以下六个放之四海而皆准的美德，即智慧与知识、勇气、人本（人道）、正义、节制和精神卓越（超越），因为这是世界上所有宗教、所有哲学学派都支持的六种美德。"

但是，这六项美德都太抽象了，心理学家无法测量它们。为此，塞利格曼和彼得森更进一步，他们带领一众心理学家经过大量细致探讨和评估，逐渐发展出实现每一种美德的若干条途径，每一条途径他们命名为"优势特质"。优势特质是一种类特质（trait-like）。首先，它与性格相似，具有跨时间、跨情景的一致性和稳定性，它不属于人一时兴起的偶发行为；同时，优势特质又不同于一般性格的难移性，它是可以被系统性培养和塑造的。更重要的是，优势特质反映出人类多元文化中所共同拥有的道德推崇。

在塞利格曼和彼得森创建"VIA"优势特质体系的进程中，他们使用了十大筛选标准。

普适性：都是易于理解的概念，在不同文化中被广泛认可。"VIA"所归纳的 24 项优势特质中的每一项，都是我们常见并比较容易理解的美德。

令人满足的：对个人满足、满意度和一般意义上的幸福感有所贡献。几乎所有的优势特质在培养及运用的过程中都会给人带来积极的心理体验。这也是为什么积极心理学在最初阶段被狭义理解为"幸福学"。

道德上有价值的：这种价值基于其本身，而非其他可能产生的实际结果。优势特质都符合世俗的道德规范及价值观。

不贬低他人：使得见证者受到鼓舞，产生钦佩而非嫉妒。优势特质可以带动旁人也去培养这类特质,而不是引起嫉妒(比如天生的聪明等)。

具有一个不良的对立面:有明显的"消极"的反面。每一项优势特质都可以找出一个反义词或消极的反面体验,提供一条从－1到＋1的成长通道。

类特质的:是一种个体差异,表现出了普适性与稳定性。优势特质不像状态类那样稍纵即逝,也不像特质(如五大人格)那样难以改变。它可以有效地进行针对性培养和塑造。

可测量的:能够成功地被研究者作为个体差异来测量。所有优势特质都已经有成熟的测量手段帮助人们更好地了解自己。

有楷模:能发现(某部分)优势特质令人惊叹地存在于一些个体身上。可以在大量的人物传记、艺术作品中找到学习的楷模。

可以选择性地缺失:每个人不可能全部拥有这些特质。根据人格成长的不同阶段以及环境,可以接受某些优势特质的缺失。

存在激励机制:存在一些社会实践或者仪式,将培养它作为目标。大量的心理学相关实验已证明了某些有效的提升方法。

24项优势特质的测量已在全球200多个国家和地区使用,在最初的五批测量中有超过35万人进行了测试(目前全球已超过100万人进行过测试)。成人问卷每个优势特质10题,共计240题;儿童青少年版优势问卷(VIA-Youth,适用于10—17岁)则只有198题。

研究数据发现,美国成人与世界其他国家成人对24项优势的认可程度(排序)呈惊人的相似性,远高于美国成人与美国儿童青少年之间的相似性。

曹光彪小学对积极心理学的认识与研究起步较早。早在2013年,我们就与高释咨询公司开展积极心理学方面的沟通与合作。我们曾多次通过校本培训对教师开设讲座,不仅让教师了解积极心理学,更鼓励教师以健康积极的心态面对工作与生活。而此次,我们将"VIA"24项优势特质用于小学生品格研究,不仅让我们对积极心理学有了新的了解和认识,而且期望借此促进学校的品格培育取得成效。

二、优选思考——将有限的资源用在刀刃上

确定了"VIA"24项优势特质是一个可衡量、可操作的适用品格框架后,我们也面临一个实际问题:这个框架委实太过庞大了。由一所学校在有限的时间

内同时进行 24 项优势特质的实践创新，这基本上是不可行的，因此，不得不有所取舍。我们先确立了品格筛选的原则，再进行品格的具体筛选工作。

（一）品格筛选原则的确立

虽然这 24 项优势特质（品格）已由学术界精心挑选、每一项都很有吸引力，而且覆盖面广泛，几乎每个学生都能在其中找到自己的强项。但从具体应用和充分利用研究资源的角度，我们必须有所为有所不为。如何从 24 项优势特质（品格）中作出合理、合适的再挑选呢？经过慎重考虑，我们认为筛选工作应符合以下几点原则：

1. 符合教育规律

24 项优势特质反映的是人类广博的品格谱系。在人的成长过程中，每项优势特质可能存在着不同的形成关键期，我们一方面要适时把控好某些品格生成或转变的关键期，另一方面也不能拔苗助长，操之过急。

比如，"好奇心"是 24 项优势特质中的一项。从我们已掌握的有限数据来看，成人的好奇心整体上明显低于儿童青少年的好奇心。一般孩子拥有比成人多得多的好奇心，这是因为他们不像成人，还没有因知识学习（形成很多认知框架）或人生阅历禁锢住太多的认知链接，也不受成人世界过多市侩规则和功利目的束缚，他们的想象力远比成人开放。好奇心这一优势特质就非常适合从小呵护，不让它因人的不断知识化、专业化和社会化而过早衰竭。

而对于像"洞察力"这样的优势特质，不经历一定的深度学习、智者传授、经验历练等是不易获得的，这更多涉及一个人的视野与格局。如果不得不有所取舍，虽然"洞察力"和"好奇心"都属于"VIA"六类美德之一的"智慧与知识"，但前者在小学生发展阶段相对来说就可以不作为重点。

关于人的身心发展规律，我们特别关注到心理学家埃里克·埃里克森的人格终身发展模式，一般称为社会心理理论。和弗洛伊德关于人格定型于人生早期不同，埃里克森认为人格的发展贯穿于人的一生，就这一点而言，它和积极心理学认为类特质可以变化是共通的。埃里克森提出每个人都要经历 8 个阶段，这 8 个阶段的顺序是由遗传决定的，但是每一个阶段能否顺利度过很大程度上与环境条件有关。每个阶段都是人格形成的一个拐点，决定了后一阶段人格发展的方向。

根据我们研究的具体内容,我们更为侧重于儿童青少年这个阶段,对应于埃里克森理论就是前五个阶段,即婴儿期(0—1岁)、儿童早期(1—3岁)、学前期(3—6岁)、学龄期(6—12岁)、青春期(12—18岁)。

2. 顺应主流价值观

党的十八大提出,倡导富强、民主、文明、和谐,倡导自由、平等、公正、法治,倡导爱国、敬业、诚信、友善,积极培育和践行社会主义核心价值观。富强、民主、文明、和谐是国家层面的价值目标,自由、平等、公正、法治是社会层面的价值取向,爱国、敬业、诚信、友善是公民个人层面的价值准则,这24个字是社会主义核心价值观的基本内容。

"VIA"六大美德中的智慧与知识、勇气、人本/人道、正义、节制和超越是从个体角度提出的,涵盖面广。不仅很多内容与社会主义核心价值观重合或近似,如正义、人本/人道、智慧与知识,而且对人提出了更为广泛的要求,如勇气、节制、超越。

2016年,教育部颁布了学生核心素养体系。由于同是从个体角度出发,教育部学生核心素养内容与"VIA"品格内容在具体维度上大致有70%—80%的重合度。我们在2015年筛选品格时,还不知道教育部会出台这套最新的学生核心素养体系。幸运的是,在事后比照时,我们发现,学校所挑选的品格大部分都能在这套体系中找到对应的内容(详见后述)。

3. 凸显当下社会需求

选择什么样的品格培育需要贴近社会,与社会现实相衔接,反映社会需求。例如,中国改革开放形成后发优势,用了不到两代人的时间大大缩小了和发达国家的差距,很多领域甚至已进入世界前沿。目前就不再有大量机会去借鉴别人,只能靠自己真正的原创。当前政府倡导全社会创新,它的基础源头在教育,寄希望于现在坐在课堂里的学生。从这个意义上来看,培养好奇心、学习力(好学性)、创新力(创造力)这些品格就是热点,是共识,也是我们在选择时需要重点考虑的原因之一。再比如,培养人的社会化能力是年轻人成长过程中必须经历的一个坎,需要从小抓起。可以说,没有社会适应力就很难有顺畅的职业前途。在这里,"社会智商"就是一个有共识、较少争议的优势特质。

在"VIA"优势特质(品格)体系里,有一项"宽恕"的优势特质。宽恕是一种高尚的品格,反映了个体较高的认知境界。在我们目前的社会现实中,以德报怨在很多残酷的事实面前往往显得力不从心，甚至效果适得其反。所以，宽恕这个优势特质对目前的小学生群体来说不适合。再比如"灵性"这个优势特质，它涉及人的信念或信仰，是一种对世界、对社会、对生命本质的体察与感悟的心智能力。它与宗教信仰不是一回事，但一个人的宗教信仰却与之有关联。所以，像这类优势特质也不适合纳入小学生的品格研究中。

4. 传承学校优良文化

曹光彪小学自建校伊始就注重对人的培养，已形成了学生培养的"八大品格"。多年来，我们都在不断夯实其实践内涵。因此，在选择品格时，需要考虑继承好学校已有的优良文化。先有好的传承和深化，而后才是创新与突破。

为此，我们首先将学校已有的八大品格与"VIA"优势特质做了初步的对应比照，见表1.1：

表1.1　八大品格与"VIA"优势特质对比表

曹光彪小学"八大品格"	24项优势特质	六大美德
爱集体	组织公民/公民意识	正义
会感恩	感恩	超越
玩中学	积极乐观/幽默	超越
乐合作	社会智商	人本/人道
讲诚信	真实性	勇气
明责任	领导力	正义
勇创新	创新力/创造力	智慧与知识
立大志	希望	超越

注：八大品格和优势特质并不是完全一一对应，这里的比照是指它们的对应内涵有相当程度的重叠。

从上面的对比中可以发现，参照"VIA"优势特质体系，我们已提出的"八大品格"涵盖了六大美德中的五个领域，只有节制这个领域没有覆盖到，其中超越领域占了三项。所以，在品格的选择时，我们需要兼顾学校已积淀多年的品格教育文化，并在原有基础上不断推陈出新。

5. 易于方案落地

再好的理念和设计，如果没有与之匹配的实践能力和方法亦是枉然。谁都不否认品格培育是基础教育的重要担当之一，但品格培育从来都不是一件轻而易举的事。当我们在思考品格选项时，学校的理念与共识、教师具体执行的投入及创意非常关键。因此,我们结合校本实际,来建构校本品格培育的内容要素;聚焦教师关键,找准重点载体,优化实施策略,科学有序地推进研究。

6. 便于数据实证

上面提到的所有筛选原则都是定性的。由于我们的研究有了可借助的测评工具,便可以产生量化数据。因此,品格筛选时,我们将结合定性分析与定量分析两方面的考量,尤其是从学生数据中看看能否给我们带来什么启发。

于是,我们曾专门试做了一次学生"VIA"测试。这次试做的数据对我们的筛选工作是有帮助的。比如:我们发现在 24 项优势特质维度中,除了若干维度如领导力、谨慎、洞察力等,在其他维度上小学生得分全面碾压成人得分(这个结论在以后更多的学生数据测评出来后仍然成立)。面对这一现象,即儿童青少年在成人化过程中,作为群体,他们大部分的优势特质其实是下降的,我们面临的问题就是怎样保护好孩子们本来较好的优势特质,尤其是那些在儿童青少年生长期关键的品格。

(二)品格的筛选过程

根据上述这些原则,以及第一次测试的数据分析,几经讨论,最终我们从"VIA"24 项优势特质中筛选出"好奇心、坚持不懈、社会智商、公民意识、自我调适"五大优势特质以及附加试验用的"美感",建立了"5+1"品格模型,见图 1.1。

图 1.1　曹光彪小学"5+1"品格模型图

在筛选这些品格时,我们做了如下思考:

1. 好奇心

最初进入我们眼帘的其实不是好奇心,而是创新力(创造力)。创新力不仅是当下社会的一个热点，也是曹光彪小学一直以来所倡导和实践的。而且，作为格致集团成员校之一，学校还参与了格致教育集团"创新素养一体化"的共同研究。

创新力在小学阶段确实很重要，但回到"VIA"优势特质体系再来看时，我们认为好奇心对小学阶段的学生可能是一个更合适的品格。就一般意义而言，好奇心带来的发散性思维往往是创新前奏曲。没有一定的好奇心，大脑中的初始认知链接可能会大大收窄。

按照埃里克森的人格发展模型（见表 1.2），小学生差不多刚刚越过"主动性对内疚（大致在学前期 3—6 岁）"这个人格节点。在这个阶段，儿童对周围环境和他人产生强烈的好奇心，父母需要正确对待儿童的想象力和探索。塞利格曼和彼得森则把埃里克森这一阶段对应的"VIA"优势特质确定为好奇心。所以在小学阶段，儿童可能刚刚越过好奇心最为关键的形成期。我们也许可以趁其余热继续打铁，把好奇心品格的基础夯实。而我们试测阶段的数据表明，好奇心是成人落后儿童分值差距最大的几项品格之一，这也说明这一特质需要尽早保护起来。

为便于理解，请参看埃里克森模型的阶段对应表，它来自彼得森、塞利格曼的《优势特质和美德——分类手册》。

表 1.2　埃里克森模型的阶段

埃里克森模型的阶段	每个阶段的危机	"VIA"优势特质
0—1 岁：婴儿期	信任对不信任	希望、感恩
1—3 岁：儿童早期	自主对羞怯和疑虑	意志力/坚持不懈
3—6 岁：学前期	主动性对内疚	目的/好奇心
6—12 岁：学龄期	勤奋对自卑	能力/好学性
12—18 岁：青春期	自我认同对角色混乱	忠诚/社会智商、灵性

其实，优势特质中的"好学性"按埃里克森的模型观点和"VIA"优势特质的对应比照，恰好落在小学生的年龄阶段（埃里克森模型第四阶段"勤奋对自卑"，大致在 6—12 岁），但我们并没有选择"好学性"，这是因为在传统教育领域，好学性早已成为培育的主流。

2. 坚持不懈

对中国人来说,坚持不懈是一项传统美德。但时过境迁,和老一代人相比,在新生代身上似乎有某种衰退痕迹。

从第一次试测的数据来看,我校3—5年级小学生在"坚持不懈"这个维度上的得分在所有24项优势特质中排位相对靠后,排在第19位。

在美国心理学界,过去的10年中有一项广受关注的品格研究成果,那就是"坚毅"这项品质。研究者是华裔科学家、宾夕法尼亚大学心理学教授安杰拉·达克沃思(Angela Duckworth),她的导师就是马丁·塞利格曼。她的研究结论是,坚毅是一个人获得成就很重要的一项预测指标,它是由激情和努力构成的,而且长期的努力是"双份"的。在安杰拉·达克沃思所著《坚毅:释放激情与坚持的力量》这本书中,她提出了"天赋×努力=技能"和"技能×努力=成就"的坚毅品格对一个人成就的预期模型。在她看来,坚毅指的是一个人在很长一段时间内持有一个顶级目标,通过行动表现出他想要完成目标的决心,并且愿意为这个目标保持忠诚。也就是说做他爱做的事,不只是陷入爱,而是要持续地去爱。它包括两个部分:激情和毅力(努力),而去努力在公式中出现了两次。

塞利格曼和彼得森把"VIA"优势特质中的坚持不懈对应在埃里克森人格模型中的第二阶段"自主性对羞愧和怀疑"(对应年龄大致在1—3岁),到小学时似乎已过了关键成型期。但我们觉得亡羊补牢未为迟也,尤其是在儿童阶段,因为这项品格对人一生的发展太过重要。

3. 社会智商

随着信息科技、人工智能时代的来临,社会合作意识空前高涨。个人奋斗依然重要,但几乎所有重要成果最后达成都需要集体、团队协同努力。与此同时,科技进步从另外一个层面又使新一代人变得越来越"宅",越来越远离真实的人际关系,沉溺于虚拟世界。

正是在这个意义上,人的社会化意识和努力变得极为重要。一个人从小就需要练就与他人共情,正确地与人沟通、合作的优良品格。

"VIA"优势特质中的社会智商对应了埃里克森人格模型中的第五阶段"自我认同对角色混乱",对应年龄大致在12—18岁,正好是初高中阶段。将社会智商稍微提前一点纳入小学演练是为即将来临的品格关键形成期打下基础。事实上,学校很多年前就进行了"乐合作"这样的品格教育,我们希望通过此次研究,能够让学生更加系统深入地践行这一优秀品格。

从第一次试测的数据上看,和坚持不懈类似,我校 3—5 年级学生在"社会智商"这个维度上的得分在所有 24 项优势特质中排位也比较靠后。

4. 公民意识

公民意识这一品格应该说是我国基础教育的传统强项。我们的测试数据也反映出了这一点——它是"VIA"24 项优势特质得分排位第 1 的品格,排位第 2 的是和善。

为何我们仍然选择已经有较好基础的公民意识这一项品格呢?这是考虑到当前社会的实际现状。从认知角度,大家似乎都能理解和认同公民意识,数据也显示这是儿童和成人分值差距最小的优势特质之一。但是,社会现实却不容乐观:公共场合大量不文明的行为、因乘客暴力干扰司机驾驶导致车祸、生活垃圾乱丢乱扔、公共服务参与意识淡漠……

有鉴于此,虽然那么多年来我们一直在倡导个体的公民意识,但如何将其具象化,让孩子们从小养成文明、公德的自然习惯,依然有挑战。显然,培育这个品格在当今仍有非常现实的价值意义。

5. 自我调适

自我调适指的是能自己调节感受和行为,控制自我欲望和情绪,有节制、能自律。身心健康早已纳入学校教学体制,而自我调适可以看作是保障学生身心健康的一项关键品格。

另外从数据上看,自我调适也属于儿童与成人分值差距(降势)最大的几个优势特质之一。

6. 附加：美感

在确立了五大品格之后,我们曾商讨有没有可能在小范围内开展其他品格的试验性研究。经过论证,我们最终选择"美感"作为试验性品格培育项,也即构成品格"5+1"中的"1"。

一开始,我们选择的优势特质是"和善",因为这是唯一一个和社会主义核心价值观在个人层面上直接对应的品格,即"友善"。但不久我们便放弃了它。原因有三:首先,数据显示,和公民意识相同,和善也是稳居小学生 24 项优势特质前 3 位的优势特质。小学生基于他们的年龄、教育和阅历,和善本就是孩子的天性,是他们的一大优势;其次,在真实的社会环境里,对小学生而言,一味讲求和善在当前某些复杂、不良情景中存在一定风险。当然，这样说并不是要阻止小学生继续做好人好事，对人和善。但很重要的是，我们找到了非常有代表性的替代品质，那就是"美感"。

这里所说的"美感"品质，主要是指对美和优秀的欣赏能力。随着社会物质文明的建立和逐步完善，人类精神层面的需求，尤其包括对美的发现、领悟和创造正如饥似渴。美感作为一种品格来培养，是社会转型期更加全面塑造新一代儿童的前瞻性、创意性尝试。美感作为品格的塑造，最好的启蒙时期始于儿童。我国早期的教育方针中就提倡"德智体美"全面发展，教育部出台的学生核心素养中亦有"审美情趣"的定位。可以说，美感的培育，将影响学生一生的生活品位和生命质量。

至此，入选的"5＋1"优势特质（品格）也正好全部覆盖"VIA"的六大美德领域。

2016年，教育部颁布的学生核心素养体系，它的内容架构是三大领域六个层面、每个层面又含三个具体方面。内容结构如下：

文化基础

人文底蕴——人文积淀、人文情怀、审美情趣

科学精神——理性思维、批判质疑、勇于探究

自主发展

学会学习——乐学善学、勤于反思、信息意识

健康生活——珍爱生命、健全人格、自我管理

社会参与

责任担当——社会责任、国家认同、国际理解

实践创新——劳动意识、问题解决、技术应用

将我们2015年所筛选的"5＋1"品格与教育部2016年颁布的学生核心素养的内容相比照，我们选中的大部分品格都能在学生核心素养中找到对应部分（见表1.3）：

好奇心：对应文化基础中科学精神下的"勇于探究"，所谓探究，本质上就是好奇心使然。

坚持不懈：没有直接对应的内容。

社会智商：表面上看似乎也没有某个对应的内容。但若细究，我们发现社

会参与这一模块其实或多或少都涉及一个人的社会智商。

公民意识：在教育部的学生核心素养体系中，大类"责任担当"是和公民意识高度对应的素质要求。

自我调适：在教育部学生核心素养体系中，大类"健康生活"是和自我调适最有关联的部分。

美感：对应"文化基础"中人文底蕴大类下的"审美情趣"。

表 1.3 品格筛选多因素汇总表

"VIA" 六大美德	入选优势 特质/品格	埃里克森人格 发展模型	曹光彪 历史传承	社会现实 和需求	对比：教育部 学生核心素养
智慧 & 知识	好奇心	√	√	√	√
勇气	坚持不懈	√		√	
人本	社会智商	√	√	√	
公正	公民意识		√	√	√
节制	自我调适			√	√
超越	美感			√	√

而且，大部分入选品格在学校开设的"玩转上海"综合式主题活动长课程中已有一些体现。如，在参观博物馆时培养学生的公民素养，体验活动中培养学生的好奇心、创造力、规则意识等。

因此，对选定的"5＋1"品格培育，我们在师资的动力、经验和能力，学校配套资源以及创意落地等方面开始全面投入与实施。

三、澄清目标——为学生一生的竞争力打好底色

确定了"5＋1"品格之后，我们接下来对每一项入选品格的含义作出清晰的说明，以便之后对教师进行培训与沟通，最终落实在日常性的、多元化的或者主题性的实施方案和具体操作方法之中。

这里需要说明的是，由于测量使用的是"VIA"美德和优势特质体系，所以核心定义以及它的对立面都以"VIA"对每项品格的界定为基础。当然，在内涵诠释、行动障碍等方面，我们加入了国情中的某些基本共识、高释咨询公司对"VIA"的研究认知及曹光彪小学的实践经验。

(一) 解构"5+1"品格的内涵

1. 好奇心

(1) 品格定义：

对各种新奇的体验都保持兴趣，能发现许多吸引人的主题与话题，有探索与发现精神。

(2) 内涵诠释：

新奇性：追求新颖和变化，对经验保持开放与适应。

自发性：是一种自发、自为的内在性积极体验。

目标性：通常是指向某一特定主题的，目标范围有宽有窄。

挑战性：兴趣所致，视一定程度的挑战(风险)为乐趣。

无用性：由内而外不带功利之心。

(3) 其对立面：

好奇心过盛：窥探打听(prying)、爱管闲事(snooping)。

好奇心不足：厌烦(boredom)、无趣(disinterest)、漠然(apathy)。

(4) 主要障碍：

蕴含不确定性，不遵守甚至破坏既有秩序，承受风险，失去目的性(即无功利价值)。

2. 坚持不懈

(1) 品格定义：

有恒心，做事有始有终，并能不顾困难险阻坚持行动，努力达成目标。

(2) 内涵诠释：

勤奋和努力：愿意重复性地、不计得失地投入。

耐力和恒心：有耐心、不轻易放弃。

抗挫和韧性：不畏惧失败和挫折。

专注和完善：聚焦目标、心无旁骛地精益求精、有始有终。

意义和价值：听从内心呼唤，真实理解为什么要这么做，这是坚持不懈的内在源头。

(3) 其对立面：

坚持不懈过盛：迷恋(obsession)、固执(fixated)、追逐难以达到的目标(pursuit of unattainable goals)。

坚持不懈不足：懈怠(slackness)、懒惰(laziness)、投机取巧、失去兴趣,无助感(习得性无助)。

（4）主要障碍：

缺乏意义感,没有目标、目标不清晰、怀疑目标等；缺乏直接或间接来自权威的指点,不愿意试错、不敢承受必要的风险,缺乏必要的、即时的、正向的反馈。

3. 社会智商

（1）品格定义：

能够意识到自己和他人的动机和感受,知道如何做才能适应不同的社会情境,了解如何使人能动起来。

（2）内涵诠释：

基础：意识/察觉与理解。

对象：自我、他人、人际、组织与社会。

内核：解读动机、控制自我、管理他人。

目标：适应性、利他性、协调性、驾驭性。

（3）其对立面：

社会智商过盛：(心理上的)喋喋不休(psychobabbling)、自欺欺人(self-deceived)。

社会智商不足：迟钝(obtuseness)、无感/无能(cluelessness)。

（4）主要障碍：

缺少觉察力,缺乏同理心,没有自控力,缺乏与不同的人交往、合作经验,缺少利他心。

4. 公民意识

（1）品格定义：

忠于群体,克己奉公,以成为团队的一员为豪,具有良好的分享与协作心态。

（2）内涵诠释：

公民性：对个人在社会或团体中权利和义务的意识,为共同目标而超越个人利益。

责任心：不受外部环境胁迫,自觉遵守(对社会、组织/团队、个人)承诺,愿为完善组织而努力、奉献。

对社会组织/团队的归属与忠诚。

有是非观,不盲从,有自主意识和主人翁精神。

善于团队协同合作。

（3）其对立面：

公民意识过盛：盲目/无脑（mindless）、盲从（automatic obedience）。

公民意识不足：愚钝（obtuseness）、自私（selfish）、自我中心。

（4）主要障碍：

缺乏价值观、是非观的共识，没有共同的愿景、目标，公共规则不透明、不公正，缺少自主性，缺乏利他心，懦弱。

5. 自我调适

（1）品格定义：

能调节感受和行为，控制自我欲望和情绪，有节制、能自律。

（2）内涵诠释：

从内在的视角：管理欲望（动机）和情绪（冲动）。

从外部的视角：抵御诱惑。

焦点——自律、自控（属于意志力）。

正确的价值观。

（3）其对立面：

自我调适过盛：压抑（inhibition）。

自我调适不足：放纵/纵欲（self-indulgence）。

（4）主要障碍：

缺乏自我觉察，让本能替代理性，正确价值观的缺失，目标、标准的缺位。

6. 美感

（1）品格定义：

对于美和优秀的欣赏能力。注意并欣赏生活中各个领域的美、优秀。在更为广义的范畴内，也包括美的创意和创造。

（2）内涵诠释：

美和优秀发生在人生的各个层面，从自然、艺术、人文、科学乃至日常生活经验不一而足。美感品格在人身上反映出来的特质包括：惊叹/惊奇，崇尚/敬仰，沉湎其中、深度满足感，给人丰裕和充实的感受，敬畏感。

（3）其对立面：

美感过盛：势利。

美感不足：漠视。

（4）主要障碍：

孤陋寡闻，狭隘、粗鄙的认知水平，不恰当的价值观。

（二）实践行动的方法论

了解了"5＋1"品格基本含义后，接下来的任务就是要将认知转化为具体的教育教学实践。我们的策略是自上而下和自下而上二者相结合。

所谓自上而下，就是由学校完成品格培育实施方案的顶层设计，通过校本培训对教师进行系统化的项目沟通、辅导和培训，通过综改项目将品格培育在校本课程改进中落地，通过学校原创性的品格绘本故事，提升学生对品格的认知等。

自下而上，则是由一线教师（尤其是班主任）根据自身的教育教学特点和经验来开展多元化的品格教育。其举措则包罗万象，主要以班级为单元，由各科老师（主要是班主任）自主发挥，学科教师在日常教学中点滴渗透。这其中似乎没有什么波澜澎湃的壮举，只有老师们每天润物细无声般的涓涓细流，滋润着学生的心田。很多品格育人的小故事我们将在后面的章节中慢慢道来。

第三节　品格要素的内涵诠释

品格意指品性、品行，是一种关于个人的美德、意志、修养、行为习惯，突出人个体性的意识与行为特征，是一个人区别于其他人内在性的一些心理、情绪、情感、意志等特征的综合。

"寻找适合每个孩子的教育"是我校的办学价值追求，学校致力于为每个学生的成长成人奠基。因此，我们非常关注受教育者的个人品格发展，希望借由学校的品格培育，帮助学生实现对自身问题的思考与探索，成长为全面、均衡发展的个体，达成良好社会公民责任感的培养、对世界优秀文化的了解等不同层次的教育目标，进而使之具备关注整个世界的社会生活、关注自身未来社会责任的能力。

我们从教育转型期学校面临的挑战入手，结合学校原有的学生"八大品格"，在学情调研的基础上对已有的小学生品格要素进行了再研究，增进其广阔性和深刻性，强调其独立性和批判性，构建了基于学校整体设计的校本化品格培养目标。

一、"绝知此事要躬行"——对于原有"八大品格"的深化研究

我们从本校办学实践提炼出"好学会玩,善于合作"的学风和丰富的人文传统教育中适合小学生年龄特点的精华部分出发,结合时代的需要,着眼于学生未来的发展,统整出"爱集体、会感恩、玩中学、乐合作、讲诚信、明责任、勇创新、立大志"光彪学子"八大品格"培养要求,培育具有中国情怀、国际视野、科学与人文融合的现代人。我们还根据品格要素设计了有梯度的、螺旋上升的分年级目标与要求(见表1.4),在区分层次的同时又突出重点,进行各年级有侧重点的教育。大量的学生案例和师生实践证明,这样校本化的"八大品格"目标是符合学校现代城区学生的特点的。

表1.4 曹光彪小学学生"八大品格"分年级目标要求

内容要素＼年级	一年级	二年级	三年级	四年级	五年级
爱集体	为自己成为一名小学生感到自豪	在班级中确立一个小岗位并认真做好	能关心班级中的人和事,努力为班级争荣誉	在校园中寻找一个小岗位为大家服务	能关心学校中的人和事,努力为学校争荣誉
玩中学	了解读书的乐趣,喜欢学习	一周养成一个好习惯(如按时整理自己的小书包)	具有健康的体魄,有一到两项擅长的体育运动	具备网上交流能力,能试着担任班级网站的管理员	能够关注身边发生的事,从中发现问题、解决问题
乐合作	友爱同学,互帮互助	能与好朋友一起完成一个小任务	参加学校的一个红领巾小社团。懂分工,会协作	善于倾听,学会理解他人、尊重他人,与同学默契地合作	学会在竞争中合作
会感恩	对身边的人充满热情	尊敬师长,礼貌待人	关心家人,愿意为家人做一至两项小家务	愿意担任小辅导员,帮助学校里的弟弟妹妹	愿意对周围的弱势群体提供爱心和帮助
讲诚信	不说谎	参加活动不迟到、不早退	独立认真地完成老师布置的作业	犯了错误敢于承认	说话算数
明责任	遵守学校的规章制度,做一名合格的小学生	寻找身边的榜样和先锋	关心社会,愿意参加公益劳动	懂得节约水电的重要性,愿意积极参加环保行动	树立长大报效祖国的信念

（续　表）

内容 要素＼年级	一年级	二年级	三年级	四年级	五年级
勇创新	有好奇心，能多问一个为什么	有想象力，有想探索的欲望	敢于大胆自信地表达自己的观点	敢于陈述自己对待问题的不同观点	勇敢面对挫折和逆境
立大志	爱国旗	爱少先队组织	爱自己的城市	爱自己的祖国	初步确立理想，并愿意为梦想而不断努力

　　随着时代的不断进步与发展，"立德树人"已然成为教育的根本任务，上海市基础教育五个转型，也是关注教育对"人"本身的价值。我们认为，转型背景下的教育，首先就是人的教育。而人的教育之中，品格培养尤为重要。我们的学生养成怎样的品格，将决定着明天我们拥有怎样的社会。学校如何让我们的学生将来成为一个品格高尚且对社会有价值的人；如何使他们的品格中既能体现我们的民族性、包容性，又能体现时代性、开放性等优势特性？这些都对学校提出了新的挑战与机遇。

　　因此，我们将小学生品格培育放在学校德育工作的首要位置，对本校学生的"八大品格"养成现状展开了调研，转变视角、拓宽途径、打开境界、创新方法，对原有的品格要素进行了深化研究，探索学生品格中优势特质的培育，为学校找准改进内容，进一步开展培养学生品格的精准研究确立了思路。

（一）时代背景开阔品格培育的新视野

　　现代化是中国传统文化所面临的突出挑战。虽然笔者在研究中已确立了人文传统教育的时代内涵，但是还没有深入思考中国传统德育的现代化问题。如：重私德，轻公德，中华民族公德与公共意识的缺失；主践行，缺独立，注重体验践行，但对独立思考和批判意识关注不足，盲从性和顺从性较大等。因此，我们展开了基于时代背景的品格要素重构，与社会主义核心价值观、两纲教育、传承优秀中华民族精神、"VIA"24项优势特质、创新素养等结合，从培养人格独立，富有开拓、进取与创新精神的现代公民视角再做思考与实践，从价值取向、逻辑养成等角度整体规划与架构，明确提出了学校当前要培养的优秀品格要素。

（二）顶层设计引领品格培育新规划

纵观当前社会，有部分学校开展的品格教育，所制定的教育目标颇为宏观和综合，不仅包含品格培育目标本身，也关注在其他各类课程和知识的学习中渗透品格培育目标的落实。这固然是有一些道理的，但如果不能将宽泛的品格培育总目标与本校育人目标相结合，落实到学生身上，体现明晰性与具体性，品格培育很可能失去自身的方向性，成为敷衍了事的泛泛之谈。因此，只有将品格培育"校本化"落地，才能落实"立德树人"的根本任务，促进学生全面健康成长。之所以强调"顶层设计"，也是基于现实的思考。要使品格培育成为学校多维素养目标的整合体、多重教育价值的融合体，就应该做好统筹，依据教育部《关于全面深化课程改革落实立德树人根本任务的意见》等一系列文件精神，根据学校发展定位，基于学校的各方面资源优势，整体系统、科学合理地落实品格培育目标，从而使之发挥出最佳的效果。

（三）学校文化助力品格培育新体验

品格培育实施应该体现学校文化的精髓，如何实现品格培育对学校文化内涵的承载，对育人目标的价值体现？带着这样的思索，笔者认为"校本化"更要强调"学校文化"，只有经过基于自己的办学理念、育人目标和运行逻辑去规划，贴近适合师生学情来创造性实施育人，才是更"适合每个孩子"的教育。学校在"德育需要真实的内涵，呼唤鲜活的教育"的理念下，通过不断优化育人环境，开发利用学生身边的德育资源，教育与实践相沟通，逐步形成了"活活泼泼、实实在在"的德育特色。例如"仪式教育"已成为学校德育的亮点，留下了学生在小学阶段成长路上的每一步，体现了"金色的童年，成功的起点"的教育宗旨。只有立足把握好类似这样的"点"，找到"校本化"的突破口，从学生发展的角度思考学校的培养目标，才能构筑有利于学生全面发展的良好平台。

二、"行之愈笃知益明"——校本品格培育要素的建构

在确立了"5+1"品格后，我们认真研究其核心要素与内容要求，发挥全校师生的智慧，共同讨论，进一步思考如何将这些品格的培养"落地"，探索确定各年级品格培育内容重点以及实践原则，合力推进品格教育的实施，并将其具体落实在学校育人目标、课程目标及相应活动内容中。在校本品格培育要素的建构中，主要经历了以下几个阶段：

（一）寻找关键词

育人目标是德育工作的首要问题，它既是方向，更是引领。我们对每一个品格进行了具体的研究和分析，以"素养化"为导向，注重核心素养的"校本化"落地，在"好奇心、坚持不懈、自我调适、公民意识、社会智商"五个品格中重点梳理出了"求知、挑战、专注、恒心、向上、自律、责任、合作、交往、宽容"10个关键词，形成了校本的品格培育二级目标。同时，学校确立了曹光彪小学品格培育的具体实践操作原则，要求老师了解学生们的真实想法，建立起这样的观念：① 学生是有着自己想法的思想者；② 关于品格的讨论能帮助老师更好地了解学生的内心想法；③ 在关于品格问题的讨论中，老师们要求学生不仅仅要给出自己的想法，更要多问几个"为什么"。

（二）表述易理解

在实践中，我们发现"好奇心、坚持不懈、公民意识、社会智商、自我调适"这五个品格，对学生而言不是朗朗上口的，除了"好奇心""坚持不懈"好记些，其他三个品格很难记住。即使是我们梳理出来的10个关键词，也不能让学生很明白地理解。不能理解又遑论去做呢？因此，为了让品格培育的表述更易理解，我们与德育室、大队辅导员一起进行了探讨。

当时正是新修改后的《中小学生守则》全面推广的阶段。我们对比了新版和旧版的《中小学生守则》，觉得修改后的守则内容相当丰富，但表述更易理解，用直白的语言告诉学生应该怎么做。正如修订专家组组长、中国教育科学研究院研究员邓友超向媒体介绍的那样：一是贴近时代；二是突出对学生言行的基本要求，各地各校可依据守则，结合实际情况制定相关的学生管理规定或行为规范；三是简单明了，凝练为"三爱""三讲""三护"，易懂易记。从中我们认识到：要让品格的内容成为学生核心素养的最好办法，就是以核心素养来反观学生品格要素，从而还原品格的本来面目，让学生看得懂、记得牢、做得到。于是，我们结合德育专家毛裕介和学校家委主任的一些建议，将品格要素进行了细化，为每个要素增加了具体的行为提示。

（三）学生同参与

总体上看，我们的"校本化"品格培育目标逐渐趋于完善。曹光彪小学少先队代表大会(以下简称"少代会")的召开,使我们又有了新的进展。有学生提出,他们也想参与品格目标的制定。学生们的这一想法使我们有了新的思考。的确,为学生考虑,代替不了学生自己思考的过程。学生是受教育的对象,看上去是被动的,但他们是接受教育的主体,是道德学习的主体。既然是主体,就应该通过各种方式让他们参与,而且一定要自觉参与、思考,调动他们内在的积极性,这是别人不可能代替的。代替思考的结果,往往就是让学生觉得"事不关己"。只有从制定目标开始,每一个过程都让学生参与,这样产生出来的东西,学生才会有认同感。而我们往往是从成年人的道德视角为孩子们立规则建目标,缺乏设身处地换位思考,有时还会把许多成年人或许都做不到的内容向儿童提出要求,这是不符合儿童特点的、实际的。

于是,我们召集部分学生代表,谈论、拟制、审议、表决,开启了由教师引导、学生真正当主角的校本"品格行为提示"的修改和完善,最终形成了"曹光彪小学学生品格要素与行为提示",具体内容见下表1.5。在品格行为提示的形成过程中,学生们充分体会到了"当家做主"的感觉,表现出的积极态度令我们欣喜。

表 1.5　曹光彪小学学生品格要素与行为提示

五大品格	关键词	行　为　提　示
好奇心	求知	发现身边的小问题,多问一个为什么 感受学习的乐趣,始终保持对知识的渴望
	挑战	鼓励自己接受新任务 尝试不一样的做法和不一样的事
坚持不懈	专注	在规定的时间里专心做好一件事 不受干扰,集中精力,努力实现自己的目标
	恒心	做事有始有终,有耐心,不怕麻烦 遇到困难和挫折,多想对策和方法,不轻易放弃
自我调适	向上	每天对自己说"我能行!" 微笑面对世界(或者"微笑面对一切")
	自律	有规则意识 能控制自己的情绪,不任性
公民意识	责任	言行一致敢担当,做好自己应该做到的 积极参加活动,做好学校小主人
	合作	发挥每个人的优势,齐心完成任务 为共同目标,相互沟通、相互支持

（续　表）

五大品格	关键词	行　为　提　示
社会智商	交往	站在别人的角度思考，解决同伴问题 在别人需要帮助时，尽力帮助别人
	宽容	能主动礼让 用原谅代替责怪和抱怨

自此，我校的品格培育完成了三级目标的制定，破解了理解并落实的难题。通俗易懂的行为提示，给了教师操作的指向，也给了学生努力的方向。我们把品格培育中的大概念、大目标，细化成具体的、可视可感的基本德育要求，从点滴处入手、从细微处着眼，把握行为过程中的小细节。

由上表，我们不难看出，每个品格的目标非常明确，聚焦两个核心要素（关键词），同时也指向学校整体育人目标。我校品格教育的内容可以明确地被表示为"五大品格、十个关键词、十条行为提示"，每一板块的内容都有明确的学习目标、讨论主题、学习范畴及其相关的价值理念，所涉及的教育领域也可归结为：认识自我、与人交往、品格养成、学校归属感、家庭责任感、承担社会角色、好公民的义务等。各个板块的内容是从自己开始，由内而外，逐步扩展的，也具有兼容性，处理的是个人与集体、学校、社会以及国家之间的各种关系、责任与义务。我们希望品格特征之间相辅相成，在学生品格培养和发展的过程中共同发挥作用，最终促成每一个孩子健康良好品质的养成。

三、"最是橙黄橘绿时"——良好行为习惯助力学生品格培育

曹光彪小学是上海市行为规范示范校，校训"行胜于言"是全校师生的行为准则，我们从学校实际出发，遵循学生成长规律，通过生活习惯、行为习惯、学习习惯、学校集体规范、社会公共规范的养成，促进学生行为规范的养成，从而培育光彪学子的良好品格。

在市级课题"转型背景下小学生品格培育的实践研究"的引领下，我们参考3—5年级学生的品格测试，基于学生的实际情况，结合新颁布的《中小学生守则》，修订了各年级的行规目标（见下表1.6）。

表 1.6　曹光彪小学各年级的行规目标

新守则	行　规　目　标				
	一年级	二年级	三年级	四年级	五年级
爱党爱国爱人民	认识国旗,会唱国歌、团歌,会敬儿童团团礼	了解国旗,会唱国歌、队歌,会敬少先队队礼	会说国旗的含义。会敬标准的队礼	了解 24 字社会主义核心价值观含义	能结合 24 字社会主义核心价值观说说自己的行为表现
好学多问肯钻研	上课认真听讲,发言先举手	上课专心听讲,肯动脑筋,大胆发言,不懂就问	遇到学习上的困难能知难而进,勇于克服	独立完成作业,养成坚持多读课外书习惯	学习有明确目的,能独立思考,培养好问精神
勤劳笃行乐奉献	自己的事情自己做	多做力所能及的事,认真做好值日生	学会收拾房间,为父母分担一些家务	积极参加学校组织的各种劳动	参与社会公益行动,积极参加志愿者活动
明礼守法讲美德	上下楼梯靠右走,不跑跳,课间活动守秩序	遵守校规,自觉礼让排队;爱护班级环境	爱护公共财物,保护有益动物,保护绿色环境	爱护学校财产和社会上的公共设施,爱护绿化	明理守法,自觉遵守公共秩序,维护公共安全
孝亲尊师善待人	尊敬老师,孝敬父母;能和小伙伴友好相处	尊敬老师,孝敬父母;友爱同学,平等待人	听父母、长辈的话;遇事想到别人,肯帮助有困难的人	关心集体,友爱同学,虚心接受批评,学会和伙伴友好相处	学会照顾父母;和同学相互合作,建立真诚友谊
诚实守信有担当	不骗人说谎,有错肯改	诚实,不骗人说谎,有错就改	诚实守信,借别人东西要及时归还	作业要坚持独立完成,不抄袭,考试不作弊	说话实事求是,答应别人的事要努力做到
自强自律健身心	认真上体育课;微笑面对,做最好自己	积极参加课内外体育活动;与人友善,团结友爱	坚持参加课内外体育活动;文明有礼,积极向上	积极锻炼身体,文明绿色上网;乐观开朗,友善他人	坚持锻炼身体,文明绿色上网;充满自信,努力向上

（续　表）

新守则	行　规　目　标				
	一年级	二年级	三年级	四年级	五年级
珍爱生命保安全	注意安全，不玩火，不在河边玩水	遵守交通规则，不在马路上玩耍和追逐打闹	加强规则意识，学会保护自己	提高警惕，不受骗上当，提高自我保护意识	学习、宣传、遵守交通规则；会自护，懂自救
勤俭节约护家园	勤俭节约，节水、节电，爱护花草树木	爱惜粮食和学习、生活用品，节约水电	爱护公共财物，保护有益动物，保护绿色环境	爱护学校财产和社会上的公共设施，爱护绿化	爱护校园、社区的公共环境卫生，努力做到低碳环保

我们让学生在学习遵守新守则的同时，继续培育学生"好奇心、公民意识、社会智商、坚持不懈、自我调适"五项品格，通过行为习惯的养成教育，塑造光彪学子的良好品格。例如，我们将新的《中小学生守则》第七条："自强自律健身心"中的"乐观开朗向上"，与我校的"自我调适"品格内容整合，制定了各年级的目标与要求（见下表1.7）。

表 1.7　曹光彪小学各年级的目标与要求

守则：乐观开朗向上		品格：自我调适
	行为准则	1. 向上：微笑面对一切，每天对自己说"我能行！" 2. 自律：有规则意识，能控制自己的情绪，不任性。
年　级	分 年 级 目 标 与 要 求	
	目　　标	要　　求
一年级	微笑面对，做好自己	1. 遇到难题，不能放弃；心中愿望，努力实现。 2. 学校规则，认真学习；与人相处，礼貌友善。
二年级	与人友善，团结友爱	1. 碰到困难，设法解决；设定目标，脚踏实地。 2. 用餐规则，自觉遵守；热爱班级，团结友爱。
三年级	文明有礼，积极向上	1. 遇到困难，尽力克服；确立目标，努力实现。 2. 活动规则，自觉遵守；语言规范，文明有礼。
四年级	乐观开朗，友善他人	1. 面对压力，努力调整；明确目标，不言放弃。 2. 秩序意识，基本建立；言行一致，待人热情。
五年级	充满自信，努力向上	1. 面对挫折，勇敢面对；认准目标，充满自信。 2. 公共秩序，自觉遵守；团结友爱，遇事谦让。

在实践中,我们根据学生的年龄特点和存在的细微差异,关注学生成长的细节行为,分主题、分层次、按学段不断完善了各个品格的行为表现和分年段行为要求。具体见下表 1.8:

表 1.8　曹光彪小学学生行为表现和分年段行为要求

品格	行 为 表 现		行 为 要 求	
自我调适	向上	每天对自己说"我能行!" 微笑面对世界	低年级	1. 每天按时来学校,开开心心学本领。 2. 校园规则心中记,互相提醒守规则。 3. 遇到困难不着急,相信自己一定行。 4. 学会微笑对他人,伙伴之间好相处。
	自律	有规则意识 能控制自己的情绪,不任性	中高年级	1. 校园活动重参与,遵守规则玩尽兴。 2. 遇到矛盾不任性,伙伴之间互尊重。 3. 微笑面对身边事,每天保持好心情。 4. 面对挫折不气馁,努力思考巧解决。
坚持不懈	专注	在规定的时间里,专心做好一件事 不受干扰,集中精力,努力实现自己的目标	低年级	1. 坚持按时到校上课。 2. 上课时认真专注。 3. 遇到困难想办法解决。 4. 坚持体育锻炼,跳绳达标。
	恒心	做事有始有终,有耐心,不怕麻烦 遇到困难和挫折,多想对策和方法,不轻易放弃	中高年级	1. 坚持按时到校上课,不迟到。 2. 为自己订一个好习惯目标,并努力养成。 3. 遇到困难不气馁,努力克服,充满自信。 4. 坚持锻炼身体,体育项目达标良好。
公民意识	责任	言行一致敢担当,做好自己应该做到的 积极参加活动,做好学校小主人	低年级	1. 爱护桌椅不乱画,地面整洁无纸屑。 2. 人人都有小岗位,尽心尽责每一天。 3. 班级事情一起做,合作完成乐趣多。
	合作	发挥每个人的优势,齐心完成任务 为共同目标,相互沟通、相互支持	中高年级	1. 公共秩序我遵守,文明礼仪显品行。 2. 许下承诺要做到,诚信待人朋友多。 3. 设定目标共努力,信任支持善沟通。
社会智商	交往	站在别人的角度思考,解决同伴问题 在别人需要帮助时,尽力帮助别人	低年级	1. 能和伙伴友好相处,有谦让精神,不随便发脾气。 2. 愿意把自己的玩具和小伙伴一起分享,别人缺少学习用品能帮助解决。 3. 热爱集体,愿意为集体做好事,为集体增光添彩。 4. 听从长辈教导,不任性撒娇。

（续　表）

品格	行　为　表　现			行　为　要　求
社会智商	宽容	能主动礼让 用原谅代替责怪和抱怨	中高年级	1. 具有协作精神，学会宽容、谦让。 2. 善于发现同伴的闪光点，学会赞美别人的优点和长处。 3. 关心集体，多为集体做好事。 4. 在家庭，听从父母的教导，不顶撞。
好奇心	求知	发现身边的小问题，多问一个为什么 感受学习的乐趣，始终保持对知识的渴望	低年级	1. 上课认真听，开动脑筋，积极发言。 2. 善于观察周围的事物。 3. 结合"OM"课程的学习，培养学生在课堂上喜欢多问几个为什么。 4. 积极参加学校快乐活动日活动。
	挑战	鼓励自己接受新任务 尝试不一样的做法和不一样的事	中高年级	1. 独立完成作业，不懂就问。 2. 积极参与"玩转上海"课程学习。 3. 和小伙伴合作完成一项作业。 4. 乐与他人分享学习经验，找到适合自己的学习方法。

就这样，我们由学校牵头，将行规教育与品格培育紧密结合，开展了"好行为促品格养成"主题教育系列活动，如举行"好行为促品格"主题教育系列活动启动仪式；结合校少代会开展"好习惯伴我成长"的少先队金点子提案征集活动；各年级开展"好习惯大比拼"竞赛活动，"好行为促品格"家长进课堂活动，"光彪规范之星"评选活动等。各个年级组长和学科组长也利用假期，先行思考，根据所选择的内容设计了本学科、本年级的品格培育实施方案。以三年级组"公民意识"品格培育实施方案为例：

案例 **三年级组"公民意识"品格培育实施方案（节选）**

品格要素关键词：公民意识、参与意识、规则意识、责任意识

一、公民意识品格教育宗旨

以提高小学生的公民意识水平为根本宗旨，以学生品格教育为核心，以培养学习能力、创造能力和实践能力为重，促进学生主动得到全面和谐发展的教育。

二、公民意识品格教育目标

通过实践活动培育学生的公民素质，培养学生的公民意识，提升学生的公民生活技能,普及小学生的公民知识。使学生具有健康生活、遵守规则、学会尊重、担负责任、拥有诚信、具有爱心等公民基本素养,成为爱祖国、爱他人、遵纪守法、履行公民义务、人格健全的合格公民。

三、公民意识品格教育内容与形式

表 1.9　三年级组"公民意识"教育内容与形式安排表

时间	公民意识教育内容	活　动	内　容　与　形　式
九月份	参与意识	主题活动:博物馆课程(一)	内容: 1. 了解博物馆课程以及本学期参观的场馆。 2. 以小队为单位搜集各大博物馆参观的礼仪须知。 3. 以小组为单位讨论参观礼仪和要求。 形式:网页浏览、资料搜集、讨论、编辑
	责任意识	队建活动:组建小队	内容: 1. 组建小队。(起小队名、设计小队旗、编小队口号、条例) 2. 交流介绍自己的小队。(队名、队旗、口号等) 3. 自己管理小队。(小队长轮流制) 形式:交流、讨论、制作、分享
	规则意识	争章活动:礼仪章	内容: 1. 结合博物馆课程与小队同伴一起制定参观礼仪和须知,并制作有自己小队特色的"参观证"。 2. 以小队为单位交流自己设计的"参观证"。 3. 熟记参观礼仪和须知,并获得"参观证"。 4. 得到"参观证"并每次参观能遵守规则,学期结束时可以获得礼仪章。 形式:动手操作、合作演讲、作品展示
十月份	参与意识	主题活动:博物馆课程(二)	内容: 1. 以小队为单位,寻找博物馆展品的历史或小故事。 2. 以国庆为契机,以小队为单位,制作一份"博物馆的故事"连环画。 3. 以小队为单位,交流、分享自己的研究报告。 形式:搜集、制作、交流、分享
	责任意识	队建活动:自己的干部自己选	内容: 1. 结合校少代会的召开,了解民主选举的过程。 2. 民主、公平地选举少代会代表和大队委员候选人。 3. 以小队为单位,讨论少代会提案。 4. 进行第一届班委会的选举。 形式:召开会议、演讲选举、讨论

（续 表）

时间	公民意识教育内容	活 动	内 容 与 形 式
十月份	规则意识	争章活动：自锻章（游戏拓展）	内容： 1. 结合体锻课、队会课，开展集体性的游戏拓展活动。 2. 以小队为单位确认一项体育锻炼内容，坚持每天锻炼。 3. 每周坚持游泳训练。 4. 能在游戏中遵守规则，并能每天坚持锻炼，游泳考查成绩合格，学期结束时可以获得自锻章。 形式：选拔、训练、参赛
十一月份	参与意识	主题活动：快乐的科技节	内容： 1. 了解科技节的活动内容，参与科技节的各项活动。 2. 以小队为单位进行科技节竞赛队员海选工作。 3. 以小队为单位进行赛前训练。 4. 科技作品展。 形式：动手做、讨论、展览等
	责任意识	队建活动：评选优秀小队	内容： 1. 以小队为单位制定优秀小队要求。 2. 以小队为单位进行优秀小队申报和演讲。 3. 进行优秀小队评比。 形式：讨论、讲演、评选等
	规则意识	特色活动：游戏比赛	内容： 1. 以小队为单位进行一次游戏拓展比赛。 2. 以班级为单位进行一次游戏拓展比赛。 3. 总结得失成败并交流。 形式：比赛、总结、交流
十二、一月份	参与意识	主题活动：博物馆课程（三）	内容： 1. 以小队为单位，讨论博物馆课程展品展览主题、形式。 2. 以小队为单位，进行布展。 3. 介绍小队的展览作品内容。 形式：讨论、动手做、展览
	责任意识	特色活动：元旦迎新	内容： 1. 以小队为单位，设计、寻找自己喜欢的集体游戏。 2. 举行以游戏为主的迎新活动。
	规则意识	争章活动：礼仪章、自锻章	内容： 1. 自评、互评等方式，争得礼仪章。 2. 自评、互评等方式，争得自锻章。 3. 宣传争章活动中的典型事例。

（供稿人：章敏）

在品格培育和行规养成的结合中,我们努力做到:合情——精准对接、合理——高度关联、合趣——寓教于乐,依靠儿童自己在实践中感悟和积累,引领儿童自我体验、自主探究、自主发展、自我超越,倡导项目化、主题化、个性化的学习,从而提升品格素养。

我们觉得,品格就像一粒种子,在不同的土壤中孕育而出的植株,其长势与果实的品质往往不尽相同。要想在"学校"这块土壤上使"品格"茁壮成长、开花结果,焕发新的生命活力,从而结出特色的教育果实,达到学校的整体育人效果,还需要我们继续感悟、斟酌与践行。

第二章
优化：课程统领下的协同作用

■

课程是落实教育思想、教育目标和实施教育内容的主要载体，集中体现国家意志和社会主义核心价值观，是学校教育教学活动的基本依据，直接影响人才培养质量。

　　我们认为学生是拥有独特亮彩的人，学校的课程既要满足学生共性发展的需要，也要满足学生个性发展的需求。为此，我们坚守五育并举，基于"寻找适合每个孩子的教育"的办学价值追求，确立了学校的课程理念，形成了独特的"光标"课程，让学生能够发觉自己的潜能，发现自己的闪光点，让他们在德智体美劳全面发展的基础上，绽放自己独一无二的个性光芒。

课程是落实教育思想、教育目标和实施教育内容的主要载体,集中体现国家意志和社会主义核心价值观,是学校教育教学活动的基本依据,直接影响人才培养质量。

党的十八大提出要将立德树人的要求落到实处,2014年,教育部出台了《关于全面深化课程改革落实立德树人根本任务的意见》,要求充分发挥课程在人才培养中的核心作用,进一步提升综合育人水平,更好地促进各级各类学校学生全面发展、健康成长。2016年,教育部发布了中国学生发展核心素养,主要指学生应具备的,能够适应终身发展和社会发展需要的必备品格和关键能力。这是落实立德树人根本任务的一项重要举措,也是适应世界教育改革发展趋势、提升我国教育国际竞争力的迫切需要。2017年,国家教材委员会也进一步强调要坚持党的教育方针,把握正确方向和价值导向,加强社会主义核心价值观和优秀传统文化、民族精神教育,帮助学生扣好人生第一粒扣子。2018年,习近平主席在全国教育大会上强调坚持中国特色社会主义教育发展道路,培养德智体美劳全面发展的社会主义建设者和接班人。

第一节　光彪课程的顶层规划

课程是育人轨道,今天的课程更需要的是在规则上的运行,以培养具备关键能力和必备品格的社会主义接班人,因此建立课程的顶层设计尤为重要。

曹光彪小学坚守"五育并举",为学生的"幸福人生,终身发展"奠基的办学指导思想,确立了"寻找适合每个孩子的教育"核心办学价值追求,注重学生行为规范和品格培育,整体构建"光标"课程,以优化符合小学生成长规律的品格培育策略;努力实现

"让光彪学子拥有金色的童年,让光彪校园成为孩子们走向成功的起点"的办学目标。

"金色童年,成功起点"是学校办学之初提出的核心办学目标,并在办学过程中始终围绕着这一目标,深度挖掘学校已有办学思想精髓。随着时代的发展,我们在学校发展过程中又提出了"寻找适合每个孩子的教育"的办学价值追求,即每个孩子禀赋、个性不同,发展契机、节奏不同,要人人拥有"金色童年",就要为孩子提供不同的、适合其发展优势和发展需要的教育;"成功起点"不仅是知识的起点,要打好其人生的底色,就要立足学生的身心发展规律,提供"适合"个体差异的教育,坚持"五育并举",给予学生不同的经历,激发其内在潜能,"让童年更有意义",为孩子未来的社会性发展做好准备。

应和着时代发展跳动的脉搏,迎着教育改革和发展的浪潮,我们努力按照教育现代化的要求,聚焦学校课程,追光立标,以"品格培育在学校课程改进中的行动研究"为项目驱动,去构建"读懂国家意志,贴近时代需求"的课程体系。我们聚焦学校课程改进,体现政治立场和德智融合,逐步完善了"光标"课程的整体框架,以课程的方式引导学生回归完整真实的生活,促进学生良好品格、习惯和创新精神、实践能力的发展。

一、系统规划"光标"课程

曹光彪小学是一所中心城区学校,学生发展需求多元,家长教育诉求多样,学校本身也积累了比较丰富的课程资源,加之周边教育供给充分、教育环境优越、教育资源丰富,如何在"五育并举"的理念下寻找适合每个孩子的教育,如何让学生浸润在课程内容和课程实施的全部过程中,以提升课程的整体育人功能,需要学校有精确的定位,这一定位建立在精准分析学校办学条件、学生需求的基础上。我们从全校师生一盘棋的角度,运用系统论的方法对课程资源进行了统筹规划,力求站在育人的高度进行科学合理的课程规划与定位,让课程更好地连接生活,努力以多维联动、有逻辑的课程体系为标志,将课程、教学、评价、管理和师生发展、品格培育融为一体。

(一)确立课程理念:追"光"立"标"

"寻找适合每个孩子的教育"是学校的办学价值追求。适,就是适合教育规律;合,就是合适每个孩子。适合孩子的教育,就是要从学生的成长需要出发,立足学生的身心发展规律，尊重每一个孩子的天赋能力、个性特点和兴趣爱好，为他们提供适合其发展优势和发展需要的教育。课程理念代表着学校课程的价值取向，我们努力使课程理念体现学校所追求的育人目标，也隐含着学校课程设置内容、架构和评价的价值取向。

对我校的整体课程的定位，包含了我校特色课程的内涵，以及对课程所期望培养的学生的预期。结合校名，我们形成独特的"光标"课程。

"光"：光的传播速度是自然界中最快的，这与学生快速发展的特性不谋而合；光具有波粒二象性，意味着学生的发展是连续的，但光也存在着变化，因此在学生的发展中应带给学生多样的体验；光遇到不同介质的时候方向会发生改变，象征着学校课程能够给予孩子不同的经历，从而造就不同的发展路径；同时，自然光是由多种颜色组成的，这也代表了每个孩子都拥有自己独一无二的光彩。

"标"：标是师生发展之目标，是教学与评价之教育标准，也是现代学校之标杆。同时，"标"发音与学校名称中的"彪"相同，有彰显、显著之意。

学生是有独特光彩的，具有无限可能的人；学校通过为学生提供适合其发展的办学环境、新型的师生关系、特色的课程来服务学生的发展。

1. 学生观：学生是"一道光"，是具有独特个性，具有无限发展可能的人

我们认为学生皆有亮彩。我们尊重学生个性化的发展特点，重视每个学生的学习实际、学习偏好以及独特的天赋，鼓励学生采取多样化的学习方法，提供多种手段让学生表达自己的想法，通过课程满足其个性化的需求，并为每个学生提供个性化的评价，让学生能够成为具有无限发展可能的人。

2. 教育观：作为"追光者"，关注学生需求，以欣赏的眼光看待学生

教师是学生成长规律的研究者，是学生成长经历的设计者，是学生个性特质的解读者。想要正确引导学生的成长，教师就需要正确对待并尊重每个学生的个性特质，根据学生的性格特征选择不同的教育方法，从而达到课程和教育的预期目的，收到良好的课程和教育的最终成果。

3. 课程观：通过"光标"课程，促进学生的全面发展

学生是拥有独特光彩的人，学校的课程要满足学生共性发展的需要，遵照国家教育政策和上海的教育标准实施基础课程；同时，为了满足学生个性的发展需要，我们建构的"光标"课程，形成了校本化的教育标准，及时捕捉学生的心理状

态、个性主张和优势特长等,让学生能够发觉自己的潜能,发现自己的闪光点,在德智体美劳全面发展的基础上,散发出自己独一无二的光彩。

(二) 制定课程育人目标: 培养"极光少年"

依据《基础教育课程改革纲要》和《上海市普通中小学课程方案》中对未来社会所需要的人才的要求,响应综合素质评价,聚焦学生必备品格和关键能力的发展,从我校人才培养的现实需求出发,以"极光少年"为意象确认培养目标,让学生在全面发展的基础上绽放独一无二的个性光芒。

极光按照形态分类,可分为极光冕、射线式光柱极光、匀光弧极光、帘幕状极光和射线式光弧光带极光。不同形态的极光也象征着"极光少年"不一样的培养目标,我们按照极光的五种形态,分别赋予"品德之光""智慧之光""活力之光""悦乐之光""实践之光"五种象征意义。

1. 品德之光(德)——具备良好的思想品德修养

道德品质是指学生在道德行为中所表现出来的比较稳定的、一贯的特点和倾向,是一定社会的道德原则和规范在个人思想和行为中的体现。道德是树人之本,小学阶段也是一个人道德品质形成的最关键时期,是学习思想道德品质的基本阶段。做好学生的德育工作,是塑造学生美好心灵、培养学生的健全人格和健康心理的过程,在教育培养中不可或缺。

2. 智慧之光(智)——具备初步的创新思维和优良的学习品质

学习品质是指学生在学习过程中所表现出的积极态度和良好的行为倾向,学生所具备的知识与技能是帮助其适应未来快速变化的社会的有力手段,故学生的学习品质也是成长中极为重要的环节。学生要会学习,树立正确的学习态度,培养良好的学习习惯,掌握合适的学习方法。同时,学生要会创新,培养创新思维,不局限于教师教授的知识,能够发散思维,提出自己独特的见解,通过不断尝试,联接不同的事物而创造出新的内容。

3. 活力之光(体)——具备强健的身体和愉悦的情绪

体育教育作为学校教育的重要内容,事关学生的身心健康成长,是学生全面发展的根基,不可或缺。体育教会学生体育的知识和技能,增强体质、锻炼意志,体育课的效果直接反映着学生的生命样态。特别是小学体育更要体察学生的天性、心境和爱好,关心学生的参与程度和兴趣,让每个学生都能亲近和热爱体育,并保持愉悦的心情。

4. 悦美之光（美）——具有良好的艺术素养和审美能力

艺术教育是学校实施美育的主要内容和途径，也是加强社会主义精神文明建设、潜移默化地提高学生道德水准、陶冶高尚的情操、促进智力和身心健康发展的有效手段。艺术是包罗万象的，能让受教育者在艺术学习中获得更强的表达能力、联想和创造的能力，也能让他们在对美的感受中形成完美的人格。

5. 实践之光（劳）——具备丰富的社会实践体验

丰富的社会实践是学校教育不可缺少的一环。在社会实践的过程中，学生能够提高与他人合作的能力，学会共情，与他人共同解决问题，也能够正确面对竞争。同时社会实践有助于培养学生的集体观念，克服困难的信心和勇气，使其成为具有责任意识的少年。

（三）搭建课程结构：引领学生发展

在《上海市普通中小学课程方案》等相关文件的指导下，我们围绕“品格培育”，结合我校“极光少年”的培养目标，构建了“光标”课程结构。以光标“闪烁”“聚焦”的特点来引领教学的目标。在我们看来，闪烁的光标代表着学生身上的闪光点，不断地跳动也与学生年轻的活力相呼应，我们应该聚焦当下学生的需求，通过为学生提供丰富有趣的课程，帮助学生发现自身的闪光点。我校致力于在国家教育政策的基础上，形成自己的教育标准，努力做到实施有质量、学生有立场、评价有标准。“光标”课程结构仿佛汇聚每个人思维的轨迹，始终向着前方，引领着学生发展。

从上海市规定的三类课程的结构划分来看，我校的课程结构如下：完善后的“光标”课程架构，完整地包含了基础型、拓展型和研究型三类课程。课程框架图和课程结构反映了学校三类课程能依据学校育人目标、教育教学实际、学生特点进行科学设计（见图 2.1）。

（四）完善课程设置：凸显校本特色

基础型课程依据上海市的课程方案和课程标准设置，旨在促进学生基本素质的形成和发展，奠定学生发展基础（见表 2.1）。

图 2.1　曹光彪小学"光标"课程图谱

表 2.1　基础型课程主要内容

课程名称	学 科 基 础 课 程
具体内容	语文、数学、英语、自然、道德与法治、唱游/音乐、美术、体育与健身、信息科技、劳动技术

　　拓展型课程包括了学校的德育特色课程、校园活动节、社团活动以及主题式综合活动。其中,快乐活动日课程遵循"以生为本、凸显校本、持续发展"的原则,在课时不变、课程内容不减的前提下,整合校内外资源,设计符合学校和学生实际的各项活动,旨在拓宽学生知识面,培养学生兴趣,促进学生个性发展。

　　研究型课程不仅为学生提供了多样的探索和体验的机会,同时尊重每个人的兴趣和潜质,最大限度地为学生们搭建张扬个性、发展优势和智能的平台,用多样化的教育方式、多元化的课程、丰富的目标,来唤醒每一个学生对于学习的欲望和乐趣,找到自己的志趣方向,找到持续不竭的发展动力。

表2.2 拓展型课程主要内容

课程名称	德育特色课程	校园活动节	达人类社团	快乐慧玩	主题式综合活动	
具体内容	仪式教育活动（入学仪式、入队仪式、十岁集体生日仪式、手拉手仪式、毕业典礼仪式）、心理微课程、绘本"悦"读	科技节艺术节读书节学科节体育节	OM竞赛、戏剧表演、鼓号达人、国际跳棋、银铃合唱、炫动篮球、趣味排球、书画雅韵、思维训练、摩登舞、小丫头舞蹈、器乐表演、田径运动、Scratch编程、游泳等	彩陶、儿童画创作、模型天地、飞碟杯游戏、立体拼图、萌芽园小园丁、手臂彩绘、数学游戏、FUN LAND、自然百科等	探秘大世界	一年级：我爱秋天、让我们轻轻地、Hi，男孩女孩等 二年级：千字文的发现、数字万花筒、我爱我家、身体的秘密、OM启蒙等
					玩转上海	三年级：走进博物馆 四年级：欢乐上海行 五年级：品味上海

表2.3 研究型课程主要内容

	长周期探究活动	仪式教育生成性研究	社会实践生成性研究	"玩转上海"生成性研究
一年级	美丽的校园 小蝌蚪找妈妈	儿童团历史	动物天地	
二年级	豆芽的秘密 设计新书包	红领巾的由来		
三年级	各种各样的种子 家蚕的一生	我的成长变化	机器人世界	我喜欢的水墨画
四年级	生态瓶研究 流星和彗星	手绘校园地图	STEM探究：水火箭	穿越恐龙地带 当代水墨画研究
五年级	史前生物 制作科技小报	制作成长档案	军旅生活	巧手剪裁、绿色出行之我见、石库门文化、舌尖上的上海

二、动态研发精品课程

（一）课程设计重育人

学校十分重视课程的育人价值，一直将其作为学校的核心工作紧抓不放。

实践中,以"品格培育在课程改进中的行动研究"为学校综改重点项目,通过项目驱动构建学校的课程愿景,思考现代城区学生品格培育的路径与方法创新。聚焦学校课程改进,关注课程内容的设计,重视显性课程(语文、道德与法治)的课堂实践和隐性课程的有机融入,对小学生品格培育进行深入研究,形成课程的多维联动,实现课程、教学、评价、管理和师生发展的融合。特别是原创品格绘本的应用以及长期坚守的仪式教育课程化学习,促使学生全面而有个性地发展,形成核心品格及关键能力。学校课程成为学生人格建构、精神成长的内在资源。

(二) 特色课程结硕果

学校注重以校为本的精品课程建设,利用学校得天独厚的地理位置,校内外各种课程资源,发挥传统优势学科的支撑作用,根据学生自主发展的多样化需要,积极打造精品课程。例如,在长达 8 年学情调研的基础上,对场馆课程动态研发,形成多样化的课程内容、可"组装"的课程架构,实现了校内外教学资源的立体盘活;跨学科主题式学习方式,实现了教师跨学科智慧共建"主题活动"的分工与合作,共享课程资源的模式,让孩子在有意义的情境化的课程体验中收获核心品格和关键能力。这些都有效地转变了学生被动接受学习的局面,促进自主、合作、探究等多样化学习方式在学科课程中的推广和运用。2017 年,场馆课程成果获首届上海市校外教育成果优秀成果一等奖;2018 年又获上海市基础教育教学科研成果二等奖。具体可看拙著《给孩子别样的经历——基于场馆课程建设的实践与感悟》。

三、课程推进,形成经验

(一) 重视课程管理,形成有效运作机制

学校经常采取"少代会"提案征集、召开学生座谈会、家长调查问卷等形式进行调研,听取学生和家长对学校课程管理的意见和建议。通过"学生教育""家长沟通""教学情况""作业布置和批改""教师工作能力""总体评价"等专题,了解学生最喜欢的学科、学生最喜欢的老师、学校的薄弱学科、所在班级风气以及其他情况;了解家长对教师教育教学工作的评价。善用"学情调研机制",是了解课程、课堂改进的突破口。

学校课程开发的过程是不断实践、反思与完善的过程。学校为加强拓展型、

研究型课程的管理,保障课程的有序实施、健康发展,建立了由教导处、科研室和任课老师组成的研究小组,明确职责,制订计划,定期开展活动;加强听课,研究总结;及时发现问题,调整与改善。实践者明确学习途径的多元和学习方式的多样,才能让课程"活"起来,因此,学校还不定期邀请市、区拓展型学科专家走进学校,为课程的完善提出改进建议。学校还发挥"曹光彪奖励金"的作用,在考核和奖励的过程中明确向参与开发、组织活动的老师倾斜,激励老师们全情投入其中,为其专业发展提供新的空间。这些举措都是为了让教师转变课程理念,让课程更适应学生的需求、更符合学生成长的规律。

（二）明晰课程定位,调整课程设计

2018年5月,我们作为黄浦区种子学校试点低年级主题式综合实践课程。我们借鉴中高年级"玩转上海"课程的实践操作经验,首先,明晰课程的价值定位,体现课程的递进性。如,考虑到学校原有的三至五年级的主题式综合活动课程定位是"丰富经历、提升能力",我们把低年级的主题式综合活动课程定位为"感知世界、认识自我"。其次,校本化设定循序渐进的课程目标,体现了课程的整体性。学校根据指导纲要,结合本校正在进行的市级课题"转型背景下小学生品格培育的实践研究",关注六大品格核心要素,从三个维度确立课程目标,如:"我与自己"——认识自我、管理自己、表达自己。我们把养成自我调适品格中的"情绪控制能力"放入目标中,加以重点关注与培育。再次,调整课程内容,体现课程的统整性。我们保留了一二年级原有的一些特色课程,如:"动手DIY""欢乐蹦蹦跳""OM启蒙""千字文发现""我爱秋天""猪年话猪""数字万花筒""芝士派"等课程,还开发了新的专题教育的主题,如:"我们轻轻地""Hi,男孩女孩""我爱我家""身体的秘密""我爱红领巾""忙碌的人们"等,进行主题式模块化设计,面向学生真实生活,也让老师们能在学校明确的课程定位与课程目标引领下去智慧地实践与创造,收获更精彩的课程。

四、机制保障,促进绿色质量发展

近年来,我们一直在思索如何通过构建系统的、科学的小学教学质量监控体系,实施教学质量的全面管理,形成课程设置、教学管理、考试与评价制度、学校教研制度、教师专业发展、教育资源的建设、配置与共享等方面的管理规范与运行机制,以促进课堂教学,提高教学效益。我们结合校情,进行了有益的实践和探索,构建了校本的质量保障体系。其中,如:"系列教师专业发展的培养和激励机制的探索",在培养教师、抓课堂教学、校本教研、教师教学行为、教育质量流程等规范的过程中,我们从满足师生发展需要出发,健全了"内部分配的激励机制""经费投入机制""骨干教师管理机制""教师绩效考核和评价改革机制"等各项制度与激励机制,依靠一定的规则和制度来规范、约束、转变教师的行为。当刚性的制度在实施的过程中获得教师的认同后,制度便不再是冷冰冰的规则,而是师生形成的共同价值观、共同文化精神的体现,教师自觉遵守并维护这些制度。有利的机制保障能激发教师专业发展的内需,推动学校教师队伍的不断优化,从而促进教育教学质量的提升。

(一) 学情调研机制了解各方需求

为使教师具有基于标准的教学与评价能力,帮助家长建立"基于标准""等第制"的观念,我们运用学校"学情调研机制",通过"调研—反馈—改进—再调研—再改进"的运行模式,引导教师和家长关注学生学习动力、学习压力、学习习惯等诸要素,从而让每一个孩子有健全的人格,良好的素质和终身学习能力。

我们积累并形成了多样化的学情调研机制,分层次分领域地了解学生、了解家长、了解教育实效:新生学前家访调研,倾听"80后"家长的教育心声,制订学前教育方案,针对我校一年级学生家长思想活跃、生活时尚、注重亲子互动交流的优势,我们还建立了多元化的家校沟通交流平台;学习准备期家长微调研,不仅能够了解学生学习兴趣和习惯的初步养成情况,而且能够给家长一些比较明确的培养指向;各年级课堂开放日活动家长问卷,让家长在课堂中观察到孩子学习习惯、学习兴趣,了解到教师课堂上的教学和评价,争取家长更多的理解和支持,家长对学校教育教学工作的意见也成为我们改进工作的依据;学期结束时进行家长问卷,让家长对一学期教师的教育教学情况作出评价,学校将此作为聘评教师的依据之一,同时也会根据家长对学校提出的意见,经过整理反馈给全校教师,然后进行改进;区级三至五年级学生学习情况调研,通过数据分析、报告反馈等措施,促进绿色质量再上新台阶,寻找新的突破口;市级对一年级、三年级语数英教师落实"基于标准的教学与评价"情况家长调研等。通过系列学生、家长问卷调研，我们精准地收集了信息，并对信息进行整合分析，用于改进工作，保障基于课程标准的教学与评价工作顺利推进。

（二）内部监控机制常态检测学业质量

市教委为减轻小学生的学业负担，取消了期中阶段的考试，一二年级取消了期末纸笔测试。为有效检验教师落实基于课程标准的教学和学生学习情况，我们制定了内部质量监控机制。成立教学质量管理核心：由校长担任组长，组员为分管教学的副校长、教导主任和学科负责人；结合学校实情确定标准化、动态化的教学质量监控流程；按照流程分类别制订监控方案与步骤。

教学过程监控以课堂监控为主，主要步骤如下：确定监控年级；根据该年级该学科学生学习的要求，确定课堂教学监控工作的方案；确定监控班级；以课堂观察为主要课堂教学监控工具，制定课堂观察指标；分析影响课堂教学质量的因素。

在市教委出台用"等第制"与评语相结合的方式呈现评价结果的要求下，学校依据改革方案，在研究等第制分项的评价方式的同时，寻找更适切的方式来描述各年段学生的学习情况，以此促进学校对整体教育教学质量的关注和调控。质量分析的目的在于能定期阶段性分析学生学业状况，通过各类图表了解年级中班级的差异，结合绿色指标分析学生发展水平，及时调整教学和管理的思路、策略，保证教育教学质量持续稳定提高。

基于标准的教学与评价项目的有力推进，促进了教师与家长对这项改革意义的认同，学校也在课程设置、教师培训、教学与评价、环境支持等方面积累了成功经验，"零起点等第制"的改革推动了学校的其他教育教学工作，教师们转变了观念，课堂教学发生了变化。

随着课程的整体架构的优化与完善，如何提升课程品质，特别是如何增加课程的开放性和可选择性，让孩子真正能够根据自己的需求与特长选择喜欢的课程，给孩子提供丰富的课程生活；如何根据课程和教学的需求，把校外教育资源纳入教育教学之内，建立起利用校外教育资源的机制，在课程开发与实施、教师培养等方面形成机制，达到拓宽学生培养管道、丰富学习经历的目的；如何完善培养模式，加强自主学习与个性化教育，以培养人格健全、善于创造、实践能力强的学生，学校还有继续努力建设的空间。

学校不仅严格执行市教委课程计划,而且力求在国家课程中留下学校鲜明的烙印,在国家课程校本化实施的过程中将学校文化特色融入课程建构之中。学校特色的构建和体现的一个重要载体就是课程,要用学校特有的课程理念、培育目标统整三类课程的建构,尤其是要打通基础型课程和其他两类课程的联系,互补互促,共同为学校的育人目标服务。随着小学低年级主题式综合活动课程的推进,要继续增加课程的开放性和综合性,以丰富学生经历,提升能力。

我们认为,要继续关注课程管理、课程评价的动态发展,整体加强学校课程全方位、多样化建设。既要坚守品牌课程的完善与改进,逐步形成学校的课程品牌,又要遵循孩子个性成长的需要,发挥教师的专业特长,增加课程的开放度和选择性。特别是构建"读懂国家意志,贴近时代需求"的课程体系,进一步开发课程专题网站,以网络课程选课系统,保障学生对课程的选择。可以利用电子化调查问卷收集数据来反映课程质量,根据量化的课程反馈数据和定性的师生课程评价不断改进课程,提升课程品质。

寻找适合每个孩子的教育,需要我们洞察童心世界,适性扬才,激发内在潜能,助其成功。学校在这一方面需要有长期的实践积累,并开展实证研究,形成专业的科学培育体系以"适合"每个孩子的个性成长需求。

第二节　指向品格培育的课程设计

自 20 世纪 90 年代之后,随着课程论确立独立的学科地位,"课程设计"一词也越来越多地被大家关注和讨论。虽说对于课程设计这一概念学者们有不同的定义,但是究其本质和内涵,主要有两点:首先,它是在对课程认识之后做出的深刻的实践活动。其次,它包含了对课程的目标、内容、环节和评价这些基本要素做出安排和预先制定。当"光标"课程的顶层设计得以建构,为了让它落地生根,发挥价值,课程设计便成为其中的重要环节。

从"光标"课程的体系来看,我校实施品格培育的课程载体大致分为两类:认知性课程和活动性课程。所谓认知性课程,又叫作学科性课程,指包括道德与法治课程在内的各类学科性课程。活动性课程,则以活动为形式,强调直接经验和体验的获得,像我校的场馆课程、仪式教育等就处于此类范畴。认知性课程以其能够为学生提供系统的、逻辑的学科知识见长，而活动性课程的提出则是在丰富了课程呈现形式的同时，也激发了学生的学习兴趣，为将知识转化为行动创造了条件。因此，两类课程在课程体系中互为补充，相得益彰。基于此，我们针对这两类课程如何围绕品格培育进行设计，如何让教师树立品格培育的意识，将育人的目的融入课程目标中，并选取适合的课程内容，让课程在促进学生思维发展的同时，也能够促进学生良好品格的形成，增强学校德育的有效性，展开了积极的探索与实践。

一、教师先行，迸出智慧的火花

如果说整体的课程开发是学校层面的事情，那么课程设计则是教师层面的事情，教师在课程设计中无疑起着十分重要的作用。近年来，我们秉持"品格培育，教师先行"的理念，多次开展了全员培训、专题培训、分类培训、跨界培训等各类校本培训。一方面，我们进行全体教师的校本培训，帮助教师了解我校品格建模中的五个品格核心要素。另一方面，我们聚焦典型的关键教师代表，以代表论坛的形式，邀请了部分年级组长、学科组长、青年教师代表，介绍了年级组品格方案设计、学科组品格实施构想、中英品格教育对比、教师品格对学生的影响等。代表们还结合教师品格自评、各自工作等积极参与讨论，认为要从细节处入手，做学生的好榜样。与此同时，我们还以任务驱动的方式，把教师分成学科组和班主任组，就如何将教育教学工作与品格研究相结合，制订品格培育实施方案进行了研讨。之后，我们分别对两组教师进行了有针对性的培训。我们始终相信，教师只有全面地认识了课程，树立了正确的德育意识，才能够在课堂中对学生进行正确的引导。

在我校的"5＋1"品格建模内容确定后，我们便对全校教师进行了全员培训。先由校长向全体教师介绍这个课题的由来以及这个课题研究的价值意义、研究目标、研究内容、实施策略等。我们还邀请了高释咨询公司的于国先生为学校提供了专业的支持。由他以讲座的形式向教师介绍五个品格核心要素，并对每一个品格要素进行了解读。至此，全体教师对此项研究有了初步的了解。

之后，我们召开了题为"品格培育，教师先行"的教代会。教代会上，我们请全体教师做了品格问卷调查，并现场呈现调查结果。让教师从调查数据中，比对个人与他人、学科与学科、级组与级组之间的品格优势与差异。我们邀请了部分年级组长、学科组长、青年教师代表等,介绍了学科组品格实施构想、中英品格教育对比、教师品格对学生的影响等。代表们还结合教师品格自评、各自工作等积极参与讨论,认为要从细节处入手,做学生的好榜样。

假期中,我们又请全体教师推荐了他们心目中较好的品格故事,撰写了自己在教育教学工作中所积累的案例。各学科组和年级组都根据自己年级的实际情况设计了本年级的和本学科的品格培育方案。

在后期的品格培育实践过程中,我们发现,教师对每个品格要素虽然有了初步的了解,但是具体该怎么做,存在着许多困惑。基于大家的需求,我们对班主任和部分学科组的教师开展了一些有针对性的培训。例如,我们邀请于国先生对所有的班主任老师进行了"公民意识"的培训。培训不仅让班主任对"公民意识"的定义有了深入了解,也让大家明确了培养学生公民意识的路径,以及实践时可以借助和运用的有效载体。又如,给数学组、英语组、科信组老师们进行"好奇心"专题校本培训时,于国先生列举的一个个生动有趣又发人深省的小案例,提供的可参考的行动指南,使教师们了解到培养与呵护学生的好奇心,需要创造空间、增进阅读、开拓社交圈、结识新朋友、广泛体验、适度冒险等好方法。

二、注重品格培育和学科课程认知相融合

就认知性课程而言,我们注重将品格培育与学科认知的学习相融合。我们始终认为学生品格培育的任务不仅仅是德育课程的任务,任何课程都是品格培育的载体;学生品格培育的过程也不仅仅是学校德育工作者的任务,所有的学校工作人员都应该成为德育工作者。在进行学科目标设计时,我们坚持落实三维目标,注重情感态度价值观的目标制定。我们结合学科素养,挑选出适合学科特点的品格,遵循有效性、可行性、相容性的原则,编制成清晰通俗的教学目标。当然,这并不是说我们要抛弃学科本身去谈品格培育,甚至把品格教育目标作为学科教学的主要目标来制定,如此便有本末倒置之嫌。我们相信学科教学只有做到兼顾学科认知目标和品格培育目标,才能把学生培养成一个完整的人,而只有两类目标的相互融合,才能真正起到完整的目标导向作用。在内容的选取和环节的设置中,各类学科的教师也进行了大胆尝试。一类学科教师将课堂规则作

为品格培育的切入点。例如在美术课程中,教师选取了美术室使用规则的养成教育来培育学生的公民意识。一类学科教师则结合学科内容,选取相关内容进行品格培育的渗透教育。例如三年级语文学科的教师结合《家是什么》《放风筝》课后练习,设计了说一说家庭中的温馨故事,描述好朋友的特点等内容,在课上进行交流。结合习作《老师,感谢您》《同学之间》的教学,让学生写一写,感受友情、师生情。通过阅读课外读物《了不起的狐狸爸爸》,感受父爱的伟大。在吟诵经典读物的同时指导行为,懂得怎么做才是尊敬父母的表现。关于评价的设计,由于品格自身的特点,我们大多数采取质性评价的方式。例如,我们设计课堂观察量表来记录学生课堂学习中所承担的角色,设计学习档案袋来记录学生的成长足迹。我们评价的目的是帮助学生获得品格的良好发展,因此较为注重评价的过程性和真实性。

以美术学科为例,美术学科作为认知类课程,有其自身的学科要求,怎样将品格培育在美术学科中进行渗透与融合呢? 我校美术教师经过思考设计了这样一份课程方案,将美术学科和场馆课程中相关的内容相整合,选取公民意识教育为切入点,从目标、内容、实施与评价方面阐述了教师如何有意识地引导学生在美术课程中形成爱护公物、美化环境、同伴互助的公民意识,学会文明参观各类艺术场馆,欣赏、学习祖国优秀民族文化,提升民族自豪感。

案例 **美术学科"公民意识"教育课程方案**

一、公民意识教育目标

1. 学生间互相协作,自主管理,能规范合理地使用和管理各类美术工具,能维护美的环境,珍视他人的作品,能用自己的作品美化环境。

2. 能遵守各类场馆的参观规则,能利用场馆资源学习传统文化艺术,感受传统艺术的精美,提升民族自豪感。

二、美术学科公民意识教育的内容与要求

1. 美术室使用规则的养成教育。

(1) 工具的使用和管理

了解学习各类工具规范的使用方法,知道美术室各类常用工具的摆放位置。工具使用和管理实行小组管理模式。

（2）环境的维护

感受美术室的环境氛围，知道各功能区的用途。用小组负责制的管理模式，整理维护各功能区域。

（3）展示墙的布置

学习布置展示墙面的方法，学习书写制作装饰标题的方法、学会按类别布置同学的课堂优秀作品。

2. 欣赏、了解、学习我国传统艺术文化，提升民族自豪感。

美术课学习速写记录的方法。在博物馆参观时学用速写的方式记录参观的内容，学会欣赏、品读展品的美感，提升民族自豪感。

3. 自觉遵守博物馆参观规则，能利用场馆中的展品进行有效学习。

了解参观场馆内部的布展状况，参观规则。明确每次参观的目的，制订有效的参观方案，学习设计有效的参观模式。

三、美术学科公民意识教育实施

1. 美术室使用规则的养成教育。

认识美术室的工具，了解工具的使用规则以及每样工具的摆放位置。

2. 版面布置的学习。

学习艺术标题装饰的一些方法，版面组合的方式以及环境布置的粗浅方法，学做学校生活的小主人。

3. 制作博物馆参观手册。

了解博物馆的参观内容，学习依据手册制定参观目的。美术课与场馆参观相结合，学习撰写参观手册。通过手册的制作，自觉养成文明有序参观的习惯，提高参观学习的效率。

四、公民意识教育原则

公民意识教育的原则是在美术学习活动中培养学生良好的行为规范，自觉遵守各类规章制度，维护环境美，共同营造优美的环境。

五、公民意识教育评价

建立美术课行为规范评分表。各项目的评分为1—5分，由各组互评、教师评分。分值最低的小组参与当日的美术室值日。以小组形式评分，建立学生互相协作的意识，互相督促形成良好的行为规范。分值最低的小组课后负责当堂课的卫生，值日结束后完成周年级评分表。

美术课行为规范评分表

班级　　　日期　　　第　节

内　　容	1组	2组	3组	4组	5组	6组
桌面工具整理						
桌椅排列						
各组的环境卫生						
总　　分						

　　学生的优秀作业能获得学校印制的收藏证书，鼓励学生提高作业的质量，养成用自己的作品美化环境的意识。收藏证书也可以作为美术学科学期考核的成绩。

（供稿人：李颖）

　　从方案中我们不难看出，美术组教师对于学生公民意识的教育并非泛泛而谈，而是贯穿于整个美术学科中，与学生的美术学习体验相结合。而且，整个美术学科中关于公民意识的培养设计条理清晰，具有逻辑性，整个培养目标呈现出螺旋上升状，相互联系，由内至外不断拓宽公民意识的内涵与外延。与美术基础课程内容相结合的欣赏与体验活动能够提升他们作为中国公民的民族自豪感。学生在美术室中使用和管理美术工具、维护美术室的环境卫生的体验，能够让其明白如何才能做一个合格的受人欢迎的美术室小公民。与此同时，培育学生制作博物馆的参观手册则能让学生进一步将自己对小公民的认识从校内延伸至校外。

　　我校的科信组是由自然科学学科、信息技术学科和劳技学科教师组成的教研组。他们的学科组长负责人设计的"好奇心"培养的学科方案则是一个让好奇心落地、生根与萌芽的过程。他们选择这项品格，因为"好奇心"是对各种新奇的体验都保持兴趣，能发现许多吸引人的主题与话题，有探索精神。儿童期是好奇心表现最为丰富的时期，孩子对新奇、强烈、富于运动变化的事物充满好奇。"好奇心"是培养创造性思维能力的重要环节，对于幼儿创造力的发展、求知欲和兴趣的形成有重要作用，它是人类求知的最原始的内在动力。把握住这一关键期，充分激发、呵护、培养幼儿的好奇心，必将对孩子未来个性品质的形成和发展产生积极的影响。科信组整合自然、信息、劳技三门学科及学校特色奥林匹克（以下简称"OM"）项目，以校科技节为载体，开展一系列一至五年级全员参与的活动，旨在分年级培养学生好奇心品格。

案例　科信组"好奇心"教育课程方案

一、"好奇心"教育目标

一年级：鼓励学生"好问、勤问"

二年级：乐于探索多种方法

三年级：追求新奇事物

四年级：学会自主探究

五年级：敢于创新与挑战

二、"好奇心"教育内容与要求

年级	活动	具体内容	品格要素	整合学科
一年级	植物世界"问问问"	参观"萌芽园"，问一个关于植物的问题，并尝试通过各种方法来找到答案	兴趣	自然
二年级	纸张变长"变变变"	尝试解答 OM"让一张 A4 纸变长"的经典赛题，方法越多越好	追求新奇	OM
三年级	生物的启示	学习网络搜索本领，了解动植物的结构及功能，完成新奇的仿生机器人设计	开放性	信息 自然
四年级	声音世界真奇妙	自主选择一个自己感兴趣的、和声音有关的主题，以个人或小组为单位制作探究小报	探索性	自然
五年级	亲子创新学习活动"纸绳拖重"	全家总动员，利用报纸制作一根可以拖动重物的纸绳	兴趣、追求新奇、探索性、开放性	OM 自然 劳技

三、"好奇心"教育实施

➢ 一年级：植物世界"问问问"

第一阶段：利用自然课参观萌芽园，认识萌芽园的植物，激发探究植物的兴趣。

第二阶段：提出一个关于植物的问题，并在自然课上交流，推选出全班最新颖的三个问题。

第三阶段：全班努力尝试寻找这三个问题的答案。

成果呈现：问题卡的展示，优秀答题卡的展示。

设计说明：利用参观美丽校园的契机，激发学生探究植物的兴趣和好奇心。

➤ 二年级：纸张变长"变变变"

第一阶段：利用 OM 课，尝试用各种方法把一张纸变长，并交流各种各样的方法。

第二阶段：尝试用多种方法让一张纸变长。

成果呈现：评选各种方法的优缺点，为每一种方法颁奖。

设计说明：与学校特色 OM 活动结合。本届学生一年级时曾在科技节进行过撕纸比赛，但当时方法是统一的，比的是谁的动手能力强。希望这次能体现好奇心品格中的追求新奇，追求方法的多样性，为了鼓励每一种新方法，为班级的每一种新方法颁奖。

➤ 三年级：生物的启示

第一阶段：在自然课学习"生物启示"单元，初步了解什么是仿生学。

第二阶段：利用信息课搜索各种动物的结构功能以及可能带给人类的启示。

成果呈现：设计一个仿生机器人并展示。

设计说明：整合自然、信息两门课程。通过自然课引起对仿生学话题的好奇，并通过信息课对自己好奇的信息进行搜索（信息课将补充教授搜索的有关知识）。最后的设计仿生机器人活动体现了好奇心品格中的开放性。

➤ 四年级：声音世界真奇妙

第一阶段：学习自然课中"声音与振动"单元。

第二阶段：选择自己感兴趣的、有关于声音的内容制作探究小报。

成果呈现：探究小报展示。

设计说明：本届学生经历过博物馆课程的学习，具备探究小报制作的技能，从基础自然课程中寻求自己好奇的内容并深入探究，本活动希望体现好奇心品格中的探索性要素。

➤ 五年级：亲子创新学习活动"纸绳拖重"

第一阶段：自然课宣传纸绳拖重的相关规则，劳技课教授纸绳拖重的相关制作技能。

第二阶段：鼓励学生与爸爸妈妈一起想办法解决问题。

成果呈现：亲子擂台赛。

设计说明：与学校传统的 OM 特色项目结合,沿续这两年比较受欢迎的亲子擂台赛形式。

四、"好奇心"教育原则

＊ 全体性原则。活动要面向全体学生,活动内容照顾到学生在性别、兴趣、民族、文化背景、生活环境等方面存在的差异,为每一位学生提供公平的参与活动机会和有效的学习指导。

＊ 主体性原则。学生是品格培养的主体,活动应是他们主动参与、积极能动的过程。要尽可能让他们直接参与探究,主动提出问题、探究解决方法,并最终解决问题。教师只是活动的组织者、引导者和参与者,以自己的教学行为对学生的学习和探究产生积极、有效的影响。

＊ 呵护性原则。要尊重学生的好奇心,无论学生提出多么稀奇古怪的问题,无论问题合理与否,老师都应正确引导学生积极地去思考,鼓励学生敢于发表自己的见解,让学生想说、敢说、想做、敢做。我们不能损伤和压抑学生的好奇心,要让小学生的好奇心得到适当的满足,久而久之,学生的好奇心与创造性就会有机地结合在一起。

＊ 激励性原则。学生提一个问题往往比解决一个问题更重要。小学生提出好奇的问题,来之不易,所以,老师需要及时地肯定他们的好奇心,鼓励他们去发现新问题、新事物。

＊ 启发性原则。小学生的好奇心是强烈而短暂的,在某些时间,他们总会在缺少指导和帮助的情况下,自发地去尝试一些事物。但是,由于他们认知水平、解决问题的能力十分有限,在获得了某种满足的同时,他们探求新事物的兴趣可能会大打折扣。所以老师要给予适当激发,如教授他们搜索资料的方法等,以保持他们源源不断的好奇心、自信心。

五、"好奇心"教育评价

品格培养的评价不能只看重结果,要注重过程。评价过程中,要注意了解学生实际的参与活动和发展情况。与基础课程着重评价学生动手动脑的技能和活动能力不同,品格培养的评价应更着眼于对情感态度、价值观,重点评价学生的学习态度,看他们是否有浓厚的学习兴趣,能否大胆想象等。品格培养不是一蹴而就的，因此只要学生积极参与活动就应该得到好的评价。

（供稿人：骆琳）

从该案例中，我们可以看出，整个科学信息学科中的品格培育方案设计根据各个年级学生的特点和学科情况进行了设计和整合。从问题意识的培养入手，从兴趣的培养出发，到能够独立探究某一事物，层层递进，由扶到放，让学生跳一跳能够达到目标，对学生的好奇心给予了充分的呵护。

三、注重让学生在活动课程中获得道德体验

就活动性课程而言，我们注重设计相关环节让学生在活动中获得道德体验，从而把习得的道德知识外化为良好的品格习惯。我校的"光标"课程体系为每个年段的孩子都提供了丰富多彩的课程内容，其中尤以活动性课程最有特色。这类课程具有综合性的特点，其展示出的背景是极其广阔的，它所提供的德育资源也是十分丰富的。我们将场馆课程作为实施品格教育的一个主阵地。例如，为了让学生能够懂得博物馆参观的礼仪和规则，有教师将"玩转上海"课程原有的文明观博规则改编为琅琅上口的参观礼仪歌，贴在各班级的教室中。班主任在课堂上和孩子们一起诵读，让学生知晓该如何在这种很特殊的文化场所参观。又如，有教师认为教师在场馆中的行为也是对学生的一种教育。因此，老师也努力做到在场馆中不大声批评学生，尽量压低声音提醒孩子。这样一来，学生奔跑、喧哗的现象也减少了。在我校的仪式教育活动中，我们同样也见缝插针地穿插了很多品格培育的要素。每年"六一"前夕，各年级都围绕品格要素设计并开展"金色的童年，成功的起点"系列仪式教育活动。师生们在活动中塑造队员良好品格，发挥了辅导员和队员们的自主性，在体验和实践中不断成长。例如，在"坚持不懈我能行，争做可爱红领巾"入队仪式上，二年级的新队员们从武警上海总队一支队十中队的武警叔叔手中接过了鲜艳的红领巾，还通过唱儿歌的形式，表达了自己为实现美好理想而不懈努力的决心。三年级各中队举行了"感恩有你"的十岁集体生日仪式。整个活动分为感恩父母、感恩师长、感恩同伴三个板块，浓浓的亲子情、师生情、同学情萦绕在每个孩子的心头。"学会坚强、宽容、独立、担当、感恩与关爱"是孩子们许下的共同心愿。四年级的队员们围绕"公民意识"的培养，与一年级的弟弟妹妹们手拉手，共同制作环保小报。在活动中学会

爱祖国、爱学校、爱集体，践行垃圾分类新时尚。"我们是共产主义接班人——童心向党，歌声飞扬"五年级主题歌会正是大家对系列活动的回顾与总结。歌会上，队员们以一首首脍炙人口、耳熟能详的经典儿童歌曲，表达了心中美好的向往，传递着乐观向上的激情。

以"坚持不懈"品格培育方案为例，我校二年级组教师结合二年级学生的心理特点，以二年级儿童团员加入少年先锋队组织为契机，结合红军长征八十周年，力求通过品格教育，促使学生逐步形成对困难的承受能力和对环境的适应能力，养成坚持不懈的顽强品格。

案例　**二年级"坚持不懈"品格培育方案**

我们将"坚持不懈"的品格培育分为"初步了解—共情感悟—实践体验—知行合一"四个步骤。

	板　块	内容与形式	争章活动	其　他
初步了解	革命精神我牢记	回顾各个时期少先队的历史，了解少先队的光辉历程。唱一唱红歌，初步感受革命先辈坚持不懈的革命精神	坚持每天为长辈做一件力所能及的家务，争"孝敬章"	利用微信平台，与家长互动交流
共情感悟	队旗飘飘我爱你	观看革命小英雄电影（动画片）。和爸爸妈妈合作讲一个革命小英雄坚持不懈的故事。学习队的知识。坚持锻炼身体，积极参与运动会	自己动手制作运动会拉拉队道具，争"巧手章"	与"红军长征八十周年"相结合，开展亲子故事讲演。评选最佳亲子组合
实践体验	快乐建队我参与	参观武警叔叔的营地，互动交流，了解革命作风。学习少先队礼仪，进行队列训练	坚持微笑待人，争"微笑章"	"微笑随手拍"微信展示评价
知行合一	争做可爱红领巾	回顾少先队知识，了解少先队的作风。认真学习文化知识，参与学科活动。举行少先队入队仪式	坚持参加队前教育，参与队的活动，争"星星火炬章"	队建活动与各学科整合，开展创建快乐集体的活动

（供稿人：平丽娜）

方案设计中，我们明确主题，营造氛围。无论在知识学习领域还是在道德发展领域,学生都是主动的学习者与建构者。我们认为学生对于"坚持不懈"这一品格要素的认识、理解和认同来自主题明确的学习与讨论。因此,我们请学生首先带着问题观看以"红军长征"为主题的纪录短片,之后组织学生展开讨论:红军在长征路上遇到了哪些艰难险阻,红军为什么能够走完二万五千里长征?我们希望学生能够通过讨论,体会到红军不怕困难、坚持不懈的革命精神。在学生对"坚持不懈"这一核心要素形成初步感知后,我们又计划开展搜集以"坚持不懈"为主题的小故事的活动,引导学生感悟在学习生活中"坚持不懈"的重要性。

我们将"坚持不懈"的品格培养与少先队争章活动相结合,希望通过适当的评价与激励能够促进学生更快更好地学习。结合在少先队争章活动中的必修章"孝敬章""巧手章"和"星星火炬章",我们设计了系列活动,比如争"孝敬章",要做到坚持每天为长辈做一件力所能及的小事;再比如争"星星火炬章",要做到坚持参加每一次队课,并完成闯关小任务。

我们大力挖掘家长资源。为了更好地建立学校与家庭的信任纽带,我们通过各种方式,如学校开放日活动、家长会、校园网站、微信或 QQ 群等,与家长交流一学期"坚持不懈"的品格教育目标与相关的活动。我们还邀请家长参与"红色记忆"亲子故事讲演活动,一起搜集关于红军不怕困难、坚持不懈的革命故事,录制成视频进行交流展示。

我们发挥榜样引领作用。二年级的学生模仿性、可塑性强,生活中真实榜样的言行举止、行为示范对他们具有强大的感染力。我们邀请了国旗班的武警战士与学生进行了零距离的交流。武警战士亲口讲述了自己在烈日下、风雨中,持之以恒勤学苦练的小故事,示范了队列训练。在武警战士的指导下,学生体验了站姿训练、队列训练,普遍受到了较大的触动。

各个学科的教师们在级组达成共识的条件下,选择一项品格,由学科组长设计品格培育的学科方案,学科组教师根据方案设计,共同在日常的学科教学与特定的学科活动中对学生实施品格培育。这样的做法使品格培育自然而然地在学科教学与学科活动中融合渗透又相互促进。

第三节 融合品格培育的课程实施

如果说,课程设计是课程开发的应然状态,课程实施则是课程开发的实然状态。课程实施即是将设计好的课程计划付诸具体实践的过程。它在课程与学生中起到了桥梁纽带的作用,是达到预期课程目标的基本途径,是实现课程功能的动态过程与手段。换句话说,课程实施更加注重课程计划的实际使用状态,以及影响课程实施的因素,例如课程计划本身、教师因素和学生因素等。

近几年,我们围绕品格培育在课程实施中进行了一系列尝试和探讨,并总结了一些经验。

一、挖掘品格培育资源,变渗透为内生

一方面,我们将品格培育的目标细化,创设情境,渗透到学科课程中进行教育。另一方面,我们也从学科课程中挖掘适合对学生进行品格培育的契合点来开展教育。我们分别从学科内容、教学方法和学科要求中对学生学习习惯的培养三个方面进行了挖掘尝试。就学科内容而言,教材本身就蕴藏着十分丰富的品格培育的资源,我们要做的正是利用好这些资源。人文类课程的文本一般都凝结着人对生活的感受、体验和认识,传达着强大的文化精髓,其中包含着深厚的人文底蕴,所谓"文以载道",我们要做的便是"文道统一",让学生在接受人文知识的同时受到人文精神的熏陶。数理类课程属于自然科学范畴。课程内容本身在呈现自然科学知识的同时,也通过教授学生问题解决的过程来培养和锻炼学生坚强的意志品格和不怕困难、勇于创新的科学精神。艺术类课程则通过音乐、绘画等超越语言文本的形式培养学生热爱美、欣赏美的能力,提高学生的审美情趣。就教学方法而言,我们针对不同的课程内容和不同的环节采用不同的教学方法。例如,在课堂中我们采用角色扮演的方法让学生获得感悟和体验;采用榜样示范法让学生从他人身上收获良好的品格行为示范;采用小组合作的方法来探究问题,让学生学会合作,增强责任意识。

不仅如此,我们还从学科中蕴含的需要学生养成的学习习惯着手,进行了深入的挖掘。我们发现,事实上许多良好的学习习惯与品格培育有着共同之处,正是良好的品格形成的基础。例如,语文学科中注重学生写字习惯的养成,能够遵守书写规范,做到按照要求一笔一画地进行书写与"自我调适"品格中的"有规则意识"这一点相吻合。体育学科中的一些游戏与活动比如跳绳练习,学生完成这些练习的过程需要相应技能,同时也需要态度和习惯的支持,而这些态度和习惯正好与"坚持不懈"这一品格相吻合。

以一节语文课为例，该课虽是一堂一年级的识字课，但是执教教师并没有将教学仅仅局限于识字，而是补充了课外资料，在识字的过程中渗透汉字文化的精髓。在教学反思中，她这样写道：

《古对今》采用中国特有的语言形式——对韵歌识字。韵文从描绘由古至今，天地之间，四季特点入手，接着展现了四季轮回、昼夜交替的自然景象，最后揭示了大地万物生长、欣欣向荣的自然规律。通过韵文学习，旨在让学生体会韵文的特点，感受大自然的美丽。课堂从复习学生之前学过的《对韵歌》导入，揭示课题，了解"古"和"今"之间的联系。随后，我通过请学生参与不同形式的朗读，感受文章的韵律之美。在教学"圆对方"这组对子时，为了帮助学生理解"圆对方"并不仅仅是字面上形状相对的意思，而其中蕴含着中华传统文化天圆地方概念、外圆内方的做人道理。我从古代钱币中"外圆内方"的做人道理和上海博物馆建筑"天圆地方"的设计理念中，选择贴近学生生活的上海博物馆建筑作为补充内容，并引导学生积累"天圆地方"这个词语，从而解释了"圆对方"在课文中指的是天地相对。

（供稿人：章敏）

课堂上，教师借助漂亮的图片让学生认识了钱币外圆内方的特点，初步了解了我校博物馆课程常去的上海博物馆"天圆地方"的建筑哲学，还介绍了"外圆内方"的处世哲学。"方是规矩，它规定人们应该做什么，不应该做什么。圆是通融，它要求我们学会灵活，学会变通。我们平时在日常生活中，对自己要严格要求，在和其他小伙伴的相处过程中要学会相互包容。"虽是寥寥数语，却激发了学生对中华传统文化的兴趣，也对学生如何与自己以及与他人相处提出了目标与要求。同时将"社会智商"品格中的与人交往融入其中，不着痕迹，春风化雨，润物无声。"圆对方"本是生字教学，教师却敏锐地抓住了这一时机，渗透了"外圆内方"的做人道理，深入浅出，着实妙哉。

很多教师认为，在数学教学中渗透品格教育不是一件容易的事，因为数学研究的对象是剔除了个人情感的客观规律，打交道的是"冰冷"的数字，难以激发学生内心澎湃的情感，尤其对于数学不敏感的学生，连知识上的共鸣也难以达成。在第二届华应龙和化错教育研讨会上，我校数学老师观摩了福建名师李培芳的一堂将品格教育和数学知识的探究完美糅合的数学课,才发现:数学课也可以将德育落实得很生动!

这样的数学课带给我校数学教师滕晓娟以启发,她不仅撰写了《知识探究与品格形成并重》的课后观感,而且学习其教学精髓,在自己的数学课堂中积极实践,尝试用于自己的课堂教学之中,并以此培养学生坚持不懈的品格。

这节"数 shù 说长征"的数学课,是以红军长征的历史事件为素材,以培养数感为目标的数学综合课,整个课堂教学过程充分体现了品格培育的渗透。

案例 "数 shù 说长征"教学过程

一、引入话题

师:今天我们换一个角度,从数字分析的角度来认识长征。

(板书课题:shù 说长征)

师:猜 shù 是哪个字?为什么?

二、解读长征数字:25 000 里

1. 引出 25 000 里。

2. 转化:12 500 千米。

3. 描述:12 500 千米。

(1) 和什么数量来比较?

(2) 想象一下:会有几倍这样的长度?(板书:想象)

(3) 出示数据,学生列式估算。

(4) 学生板演、讲解。

(5) 概括:描述 12 500 千米的几种方法。

(6) 对比:你喜欢哪个描述?

(7) 发思:刚才我们是怎样描述一个数量的?

(8) 小结:用要描述的数量与生活中熟悉的数量做对比,通过转化,可以对这个数量有更形象的理解和准确的把握。

三、解读长征数字:368 天

1. 小明每天跑 5 千米,他跑长征的距离,需要多久?

2. 出示长征完成时间 368 天。

3. 比较 368 天与 7 天，368 天与跑完 300 次马拉松的时间。

四、解读长征数字：100 000 人

1. 启发学生用一个数量来描述这个数。

2. 学生思考交流。

3. 反思：在描述人数的时候，是不是一定要借助人数来描述人数？

4. 出示：如果读一个人的名字需要 3 秒，不停地读完 100 000 人的名字要多长时间？

5. 根据学生的汇报转化：300 000 秒—5 000 分钟—83 小时—3 天多。

6. 猜测：这是什么数字？

7. 揭示：红军牺牲超过 10 万人。

8. 回顾：我们是怎样描述一个陌生的数量的？是借助数量关系，将不熟悉的数量转化为熟悉的数量。

五、寻找长征数字

1. 引导：横向联系"125 000 千米、368 天、100 000 人"。

2. 思考：能从什么样的数量关系中得到什么数量关系？

3. 学生汇报。

过渡：为什么会有这么大的牺牲，战争是一方面，其实还有另外的原因。

播放《红军过草地》的视频。

六、感受长征精神

1. 出示数据。

2. 引入名言。

3. 情感升华：学习长征，就是要学习长征的精神。

七、实践作业

1. 搜集长征中的数据。

2. 想办法描述这些数量的大小。

3. 与家人、同学分享你的感受。

（供稿人：滕晓娟）

整节课中，教师在教学推进的各个细节处，及时捕捉品格教育的契机，自然而有效，令人叹服。我们要改变以知识授受为标准的单一评价模式，多角度、综

合评价学生,提高品格教育效度。

片段 1

课的开始,老师引出长征距离"25 000里",为了使学生对该数据有个直观的认识,老师除了启发学生将之转化为通用的国际单位——125 000千米,还鼓励学生把长征距离和身边的熟知的距离作比较。

生1:我知道我国第一长河——长江有6 300千米,长征大约有20个长江长。

师:你的知识储备很丰富,能够把长江和长征的长度作比较,用"20个长江"的比较使长征的距离更加形象。

生2(一名男生,非常自信):我知道赤道的长度是40万千米,长征就有……

师:等一下,你确信赤道长40万千米?

生2(一愣,然后很坚定):我确信。

师:你是怎么知道这个信息的?

生2:我很喜欢自然知识,可能以前看书,看电视的时候知道的,我已经忘了……

师:如果我告诉你,这个数据有问题,你还坚信自己的答案吗?

生2:我还是相信自己。

师:如果电脑里查出来了,跟你的数据不一样呢?

生2:我还是要多方面验证下……

师:经你这么坚持,我开始怀疑自己的数据了(4万),有时候老师给的,电脑里查的……都有可能不对,敢于质疑是非常优秀的品质!

这是课上偶尔发生的小插曲,学生将赤道的长度记错了,若是以知识传授为中心,以确保教学进程为首要任务,似乎直接指出学生的错误会更加"省时,突出重点";但是,教师并没有立刻否定学生,纠正学生,而是追问数据的来历。在学生坚持自己的意见时,教师看到了学生身上敢于质疑的优秀品格,并且点明予以表扬。这样的举动,不仅对于这名学生,而且对于参与课堂的其他同学都是一次非常生动的品格教育,自然,无痕,及时,相信也会非常有效。当今社会,信息爆炸是显著特征,如何辨别真伪,批判性地吸收信息,勇于质疑是第一步,这也是成为现代合格公民的必备品格。试想,如果教师当场告知学生正确数据,学生的收获可能就是一个知识点的记忆——赤道长4万千米,而丧失了一次形成影响学生生活其他方面以及后续学习的品格教育的绝佳机会。

其次,课堂合理组织教学内容,知识目标和情感目标并重落实。

片段 2

通过观摩,我们能深刻地感受到,教师意图引导学生用对比、估算等数学手段来解读一系列的长征数据,例如：长征的长度25 000里,长征走的时间368天,长征牺牲的人数100 000人,促使学生切身体会长征之艰难,红军之顽强,长征精神之可贵。

师出示长征时间368天。

师：368天是多久?

生1：差不多一年。

生2：以小明每天坚持锻炼5千米来看,小明要走7年。

生3：小明每天锻炼的路程是红军行军的1/7。

师：再想一想红军长征的环境……

学生深深咋舌,表示不可思议。

师出示红军牺牲人数100 000人。

师：这是一个多大的数据?

学生纷纷拿身边的熟悉的人数作比,例如估算100 000人里有几个本班人数,本校人数,本区人数……

师：如果念一个人的名字需要3秒钟,不间断地念完这些烈士的名字需要多少时间?

生4：300 000秒=5 000分钟=83小时=3天多

学生再一次咋舌,摇头……

在这个环节中,学生多次深深地体会到红军长征的艰难,如果没有明确地指向品格教育目标的教学内容,仅凭三个数据,是达不到这样的德育效果的。没有解读之前,25 000、368、100 000这些数据对于学生而言,都是冰冷的、僵硬的,更谈不上能从中感知到长征的艰难；但是通过教师巧妙的组织,引导学生利用熟悉的数量关系,利用估算的本领对这些数据进行转化,使它们与身边熟悉的事物建立了联系,从而焕发了"生命力",变成一个个形象的、可以感知大小的数据。尤其值得赞赏的是,在解读 100 000 人时,教师带领学生突破同类数量的对比,采用"读名计时"的策略体会数据之大,读一个名字的 3 秒和读完所有名字所需的 3 天多,形成了强烈的对比,产生了牺牲人数之大的震撼。而在此过程中,学生选取数据,合理估算,与"数"的亲近感也进一步形成,可以说是知识目标和情感目标的双赢。

课堂中也十分注重充分感受,适时提炼,升华品格教育成果。

片段 3

师:如果把"12 500 千米、368 天、100 000 人"放在一起,你又能想到什么?

生 1:我估算出 100 000÷12 500≈8(人/千米)

师:这是什么意思?

生 1:我把 8 看成 10,也就是每 100 米死 1 个人。

师:太好了,你能敏锐地建立人数和长度之间的关系,又从另一个角度给我们揭示了长征的惨烈!不过,你可不可以不用"死"这个词,换个词?

在场学生异口同声道:牺牲。

师:为什么会有这么大的牺牲,我们来看一段红军过草地的视频。

在学生沉浸于视频内容时,老师介绍了外国作家对长征精神的总结。

师小结:学习长征,就是学习长征精神,愿小朋友们在学习生涯中书写自己的长征新篇章。

学生们均一脸严肃地赞同老师的建议。

(供稿人:滕晓娟)

这个环节中,教师综合的课堂评价观再次得到体现,当学生兴奋地发现牺牲人数和行军距离之间的关系,并能快速估算出商时,教师在表扬其卓越的数学能力的同时,不忘品格教学目标,指出了回答的不足。当全班不约而同说出"牺牲"这个词时,就已说明教师落实了品格教育的目标。因此,教师及时提炼,升华出"长征精神"的内涵——坚持不懈,顽强拼搏。从学生的表情中我们也可以看出这是一堂成功进行了品格教育的数学课。

二、关注品格培育过程，变预设为生成

品格培育的成效不仅取决于文本的设计，某种程度上更取决于课程实施中所生成的内容。我们进行详细的课程设计，但是并不囿于已有的设计方案。我们始终认为课程的实施不是教师对着剧本在唱独角戏，而应该是师生共同碰撞产生的体验与经历。在课程的实施过程中，我们善于把握各种生成性资源，并加以引导，做进一步的思考与完善，使其更好地发挥作用。在实践过程中，我们发现课堂中的师生交往也是一种品格培育的生成性资源。教师由于其角色和个体经历相较于学生更为丰富，很容易成为学生的榜样。教师的言行举止具有很强的示范性，一个眼神、一句话语、一个动作都能够对学生产生影响。因此，我们开展各种教研活动，在提高教师的专业素养的同时也提高教师的师德素养。我们还发现，师生交往模式也会对学生的品格有潜移默化的影响。传统的以教师为中心的师生交往模式，忽视了学生自身的建构能力，很容易造成学生主体性的缺失。而在交往对话型的师生关系中，学生能够在与教师的平等对话中展开品格的塑造，在共同讨论与交流中实现自身良好品格的建构。因此，我们在各类听课、评课中关注课堂上师生关系的建构，倡导教师能够与学生形成交往对话的关系，从而达到教学相长的目的。不仅如此，我们还鼓励教师及时发现课程实施中关于品格培育的生成性案例，并加以总结、提炼和完善，再进一步指导实践，形成"实践—总结—反思—再实践"的模式。

我校五年级组在市级课题"转型背景下小学生品格培育的实践研究"的引领下，围绕"自我调适"和"坚持不懈"两大品格，以学校仪式教育及社会实践活动为载体，对学生进行了有侧重点的品格养成教育。其中，五(5)班长绳队的队员们，在教练韩兆勇和班主任张磊老师的指导下，在市区的各类比赛中屡创佳绩，他们曾以三分钟386个的好成绩荣获上海市长绳比赛第一名，刷新了学校此项比赛的记录。我们认为五(5)班是品格教育一个很好的案例，便深入进行了调查。由此了解到长绳队的训练前后历经了三年，这是一个较为长期的活动。早上，有的同学还在享用美味的早餐时，队员们已经在操场上跳跃、奔跑；等同学们走进教室时，他们才擦一把汗水，准备开始一天的学习。三年如一日，对于如今才五年级的学生来说，坚持下来真的很不容易。长绳队活动是一项需要体力、耐力、合作能力、持久力的活动，不仅需要学生身心合一，身体上能不断加强锻炼，强化身

体素质，还需要在心理上能不断克服困难，克服心理压力，并积极向上，勇敢前进。只有将努力和勤奋、耐力和恒心、抗挫和韧性、目标性、专注性、完善性等良好品质有效结合起来，才能融合成为"坚持不懈"的整体思想理念。从以下几个真实的小故事中可以看出，长绳队的小运动员们对"坚持不懈"的理念一直在身体力行着，而且他们在不断地成长，不断地进步。

案例

　　从三年级开始组建长绳队，静静同学就报名参加并且信心满满地投入每一次的训练中，因为她梦想着成为一名摇绳队员。但是由于身体素质方面的原因，她的表现比小龚同学差一点点，虽然静静同学一直都怀揣憧憬不断努力着，但是几经比较之后，教练韩老师还是宣布静静没有成为主力队员。每次看到站在摇绳位置上的不是自己，她的内心都充满着失落。但失落没有打败她，而是让她更加坚信，自己落选是因为努力得还不够多。在以后的半年时间里，静静同学一直默默地训练自己手臂的力量和耐力，还仔细观察队友们跳绳的脚步，找准甩绳子的频率和节奏。半年后的一天，她向韩教练毛遂自荐，终于如愿以偿，最终以自己的实力成为长绳队的主力队员。

（供稿人：张磊）

　　"故天将降大任于斯人也，必先苦其心志，劳其筋骨，饿其体肤，空乏其身，行拂乱其所为，所以动心忍性，增益其所不能。"静静同学就是这样，内心痛苦、所行不顺、筋骨劳累，才能让她内心警觉、性格坚定，在不断的刻苦奋斗与锻炼中有效增进了自己的才能。

　　"坚持不懈"的品质中，不仅恒心、毅力和信心非常重要，克服困难的方法、勇气和决心也很重要。

案例

　　嘉嘉同学一直是温室里的花朵——有爷爷奶奶全身心的呵护，还有爸爸妈妈无微不至的关爱，不会让孩子走很远的路，也不让他拿重物。所以他的身体素质与其他学生相比有不小的差距。其实他骨子里是非常热爱运动的，学校开展长绳队活动为嘉嘉同学创造了一个良好的契机。大家第一次摇起绳子的时候，他就迫不及待地往里面钻。无奈身体各方面的限制，很多时候他跟不上摇绳的速度，一次又一次的失误打击着他，而作为队里的一块短板，也极大地影响了其他队员进绳子的速度，拖累了整支队伍。嘉嘉同学意识到这一点之后，央求着韩老师不要放弃他。韩老师也看出了他内心的运动热情，就让他留了下来。而嘉嘉同学后来的表现，也证明了韩老师将他留下来的决定是正确的。

课下没人的时候，他由最基本的耐力和呼吸调整开始，反复训练起步上跳。在能保证三分钟高强度的反复奔跑跳跃后，他又对着空气模拟面前有一条长绳，根据记忆中整支队伍的节奏，练习入绳、起跳、出绳的技术动作。在为期一个月的闭关修炼后，他试着参与队员们的活动。这一次，他进步了很多。可是意外却发生了，之前是没有实际绳子的训练，现在有了队员的配合，他因为紧张而动作走形了，摔倒在了地上，脚踝扭伤了。虽然面露痛苦，但是他强忍着没有哭，而是对同学们说没事。这一切，让在场的所有师生都被他的信念与坚强感动了。在休养期间，他的父母曾经劝他不要再参与这么危险的活动了，而嘉嘉同学却说："我花了那么大的力气，现在水平终于提高了，能跟上队伍了，我决不会退出！"最终，父母也被他打动了，他留了下来。庆幸的是，十来岁的孩子身体恢复得比较快。伤愈复出后，他很快就融入了整支队伍的节奏，成为长绳队不可或缺的一员，并成功参与了后续的几次大赛，以优异的成绩证明了自己，也为班级争了光。

（供稿人：张磊）

"骐骥一跃，不能十步；驽马十驾，功在不舍。"这句话来形容嘉嘉同学很贴切。他虽然身体弱，基础差，但是为了证明自己，也为了不辜负同学和老师，他将努力和勤奋、耐力和恒心、抗挫和韧性融合为自己的信念，通过一步步的训练，最后战胜了自己，也赢得了胜利。依托于长绳队这样的团体合作项目，加上教练与教师的鼓励、支持和指导，在活动中能有效培养学生坚持不懈、刻苦耐劳的品质。我们相信，坚韧、努力、专注这些"坚持不懈"的品质，会伴随着嘉嘉同学今后的成长与生活。

坚持不懈，筑梦起航，每一次的挥臂、每一次的跳跃、每一次的摔倒、每一次的爬起，都是为见证成功而努力的过程，都是培养学生坚持不懈良好品质的保障。正是有了水滴石穿的努力和坚持不懈的决心，长绳队才能在市级、区级比赛中不断获得冠军。这些成绩,归纳起来为"3、6、15、1 200、96 000、288 000",即 15 位队员 3 年来,每天坚持跳跃练习约 1 200 次,一年约 96 000 次、三年约 288 000 次,参加了市区 6 次重大比赛。长绳队的每位队员,就像是一个个小水滴,创造了穿石的神话。这群可爱的孩子,最终将"坚持不懈"的良好品质内化为自身的素质。

这也给予我们教育工作者以启示,要重视对学生良好品质的培养,需要将理论教育和社会实践教育很好地结合起来,让学生不断地亲身实践、合作互动、克服困难、勇敢挑战,才能深刻理解坚持不懈的思想和理念,也才能在长期的坚持不懈中成长、进步,养成良好的行为品质和思想素质。

围绕长绳队活动这样一个很好的品格培养案例,我们与五年级教师商议策划了一系列的活动,让全校学生更好地理解长绳队活动的精神,也从活动中学习"坚持不懈"的内涵与品质。

第一步,问卷调查。针对五年级长绳队的队员和非长绳队的队员设计了问卷。调查由班主任抽时间集中进行,不提示不交流。共收回 31 份有效运动员卷,121 份有效非运动员卷。例如,问题 2:你觉得这次你们(他们)的成功主要取决于(   ),其次是(   ),还有是(   )。

表 2.4   五年级长绳队取得成功的原因调查

	运动员		非运动员	
	最大收获%	占三项选择之和%	最大收获%	占三项选择之和%
教师的水平高	13	18	10	14
训练坚持不懈	52	31	60	31
意志力强	6	10	6	16
基础好	0	8	6	8
心态和情绪稳定	7	12	2	11
团结	22	21	16	20

问卷统计显示,学生认为成功的主要原因第一是训练坚持不懈,第二是团结,第三是教师的水平高,这三项占选择之和的数据也是如此。训练坚持不懈不论是对于运动员还是非运动员,他们的感知都比较深。

第二步,个别访谈。科研室通过访谈的形式对五(5)班长绳队的队员召开了座谈会,了解队员们训练中发生的一些小故事,挖掘这些队员身上所具备的一些优势特质并加以总结,对全体教师进行一次培训。

第三步,策划仪式教育活动。为了让长绳队队员们坚持不懈的精神得以发扬,激励更多的同学,学校德育室与五年级的班主任们一起精心策划后,召开了一次别开生面的"坚持不懈,筑梦起航"主题年级集会,让全体同学了解了长绳队队员们的事迹,以此激励同学们今后要学习这种精神,战胜学习生活中的困难。

第四步,赠送毕业留言。临近毕业,五年级各班的班主任们要求每位学生围绕"坚持不懈"在毕业纪念册上写一句毕业赠言。有心的班主任们还挑选了一些感人的学生赠言制作成了音乐相册,发到微信群里。学生们决定将这五本赠言集作为留给母校的礼物,让学弟学妹也来学习坚持不懈的品格,做一个坚持不懈的人。

第五步,设计一次校本培训。我们试图让老师们从中受到一些启发,要善于捕捉品格教育中生成的案例进行深度挖掘,设计一系列的教育活动,使每一个教育活动都能让学生入耳、入心,最终化为自觉的行为,养成好品格。

虽然长绳队活动结束了,但是培养学生良好品格的道路还很长,学生们的成长之路也还很艰辛和漫长。我们相信通过我们设计的一系列活动,学生们已经从长绳队活动中吸收了经验,为培养良好的品格、行为素质奠定了良好的基础。在后续的学习和生活中,教师、学生、家长共同努力,关注学生心理健康素质、品格素质的培养,并积极引导,鼓励学生参与社会实践,在实践生活中体验、感悟、反思与收获,最终孩子们会一步一个脚印、稳打稳扎地成长和进步。我们也相信,品格培育始终是且实施且生成,且生成且实施。

三、关注品格培育对象,惠及每个学生

首先,我们在关于品格培育的课程实施过程中虽然有统一的要求和内容,但是允许学生有不同的见解和看法,尊重学生独特的、真实的感受,在尊重的前提下再进行进一步的引导。其次,我们针对不同的学生、不同的年级、不同的班级,采取不同的实施方式。例如,同样是对学生"社会智商"的培养,对于外向的孩子,我们会引导他多站在别人的角度思考问题;而对于内向的孩子,我们会鼓励他多与周围的小伙伴们交流自己的想法。又如,同样是培养学生"坚持不懈"的品格,我们结合各自班级的特点,在一个班级中采取活动体验的方式加以实施,

在另一个班级则采取榜样示范的方式加以实施。当然,这对我们的教师提出了更高的要求。教师必须具有敏锐的观察力,善于捕捉和发现学生的各自特点,进而展现出强大的教育智慧,灵活应对课程实施中的各种突发事件,寻找教育契机,运用不同的方法去打动学生的心灵,有针对性地开展教育工作,引导学生养成良好的品格。

作为教师,我们往往需要有一双慧眼,去发现教育的契机,去呵护学生那刚刚萌生出来的好奇心,因为那是他们打开五彩世界的窗口。我们要关照孩子的感受和体验,找到品格培育的最佳融合点,从而润物细无声般地进行教育。

案例

自从在班上创设"植物角",孩子们对于大自然事物的观察都有了很浓的兴趣。有一天,当我刚走进教室的时候,一位叫天天的孩子拉着我大声地问道:"老师,你知道现在是什么季节吗?"我微笑着问:"你觉得呢?"天天很认真地大声回答道:"当然是秋天了。"这时候班上其他同学听到我们的对话也都围了过来。

"那你知道是秋天,怎么还会问老师呢?"我笑着反问天天。可谁想天天翻开一本《植物世界》,指着书上的插图问道:"老师您不是说秋天的树叶会变黄,然后落下变成落叶吗? 那为什么都下大雪了,这棵树也不变黄,而且一片落叶都没有呢?""咦,是啊,它还是绿色的……""它是不是生病了?"这时候小朋友们都七嘴八舌地讨论了起来。听着孩子们的讨论我是又惊又喜,孩子们的观察能力和好奇心出乎了我的意料。

于是我想了一下,决定用落叶做一个主题活动来引导孩子们对于季节和落叶的认识,我召集着孩子们回到座位,然后告诉他们,为什么天天所指的小松树树叶直到冬天也不落下来,也没有变成黄色。我先详细地告诉孩子们树叶的叶子变黄是跟树叶的大小有关系,因为很多树的叶子大,需要吸收水分,也有很多让树叶变成绿色的叶绿素在里面,秋天空气水分变少,天气变冷,叶绿素慢慢变少,所以树叶就变黄了,落了下来。但是因为松树的叶子形状很小,像针一样,而且在叶子表面还有一层像蜡似的东西保护着针叶。所以,不畏严寒而且水分充足的松树叶子当然是绿色的了。

接下来,我带着孩子们到户外寻找各种各样的落叶,提供一系列美工制作工具来让孩子们制作树叶图,在孩子们已有的经验基础上适当增加难度,引导他们自主发挥自己的想象力。孩子们根据不同的树叶形态,用不同的粘贴方法作出自己的树叶图。有的只贴一种形状的树叶,有的将各种形态的树叶贴在一起。

最后,在一首《小树叶》歌曲中,孩子们展示了自己的杰作。"秋风起来啦,秋风起来啦,小树叶离开了妈妈,飘呀飘呀飘向哪里? 心里可害怕? 小树叶沙沙,沙沙沙沙沙,它在勇敢地说话,春天春天我会回来,打扮树妈妈!"孩子们在亲身体验和音乐欣赏中完成了对落叶的理解和认识。

（供稿人：朱 玮）

案例中,教师和学生在课堂中的共生堪称精彩。教师敏锐地抓住了教育的契机,在呵护学生的好奇心的同时,组织了一次有意义的探究。学生的提问并没有被教师忽视,反而获得了对落叶的认识和美好体验,观察了落叶、制作了贴画,还欣赏了歌曲。

这样的探究课程基于学生的生活实际,来源于学生的真实生活,关照了学生的现实个体。相信在今后的学习生活中,学生们依然会保持那颗炽热的好奇之心,去探究那些未知的知识。而这些探究活动也在不断的改进与完善中,进而系列化、课程化,形成我校富有特色的主题式综合实践活动。

第三章

润泽：绘本故事中的心灵滋养

在学校"摘星阁"的书架上,放着这样几本风格迥异的绘本故事:《让精灵的羽毛轻舞飞扬》《晚安,小朵朵》《好奇心成就小冠军》《精灵有爱》《汤打翻以后》《小豆子成长记》《让嘹亮的号声从心中吹响》《会变魔术的垃圾桶》。这些精美的绘本故事不是出自哪个大作家之手,而是我校原创的品格绘本故事丛书,出自老师、学生、家长之笔,故事中的主人公就是大家身边的某位同学、某个班级。

我们运用学校故事学理论,结合五大品格精心原创品格绘本故事,不仅让学生们阅读了一个个有趣的故事,而且通过故事了解身边的同学身上具有的某一种优秀品格后,心向往之,也努力成为拥有这种品格和力量的人。我们根据这些原创绘本,开设绘本课程,设计绘本教学,让教师对学生绘本课程学习中生成性的新问题,拓展延伸到课后,形成系列的班级品格教育活动,使品格绘本故事的教育效应最大化。

著名儿童文学作家梅子涵曾说过:"我们确信一本好的书,一个童话,如果在童年的眼前搁放了,那么很可能就把一生的美好方向决定了。"我们将原创的品格绘本故事搁放在每一位学生的面前,也期待着美好品格成为他们一生的烙印。

第一节　学校故事学

故事是人类的共同起源。故事与人类世界密不可分,人类世界的发展即故事的发展。

阿格塔人是菲律宾最古老的居民,也是现存的原始部落之一。伦敦大学学院的丹尼尔·史密斯和同伴们曾对当地居民和他们口口相传的故事进行了分析和研究。他们发现阿格塔人通过讲故事的方式,传达社会规范信息,特别是性别平等、团体合作和群体认同的思想,同时也体现了社会规范执行的机制,比如强调合作的好处胜过竞争,对等级制度的反制以防止个人权力积累等。在阿格塔人的眼中,讲得一手好故事是一项十分受欢迎的能力,善讲故事者拥有超高的人气。在他们的营地里,擅长讲故事的人不但能让整个团队更加团结、合作更加紧密,而且自身也能有更多的后代,可以更为广泛地传播自己的基因,会讲故事的人比一般人平均要多出 0.53 个能够存活的后代。

洛夫·杰森认为,创造以及诉说故事的能力,是 21 世纪企业必须拥有的最重要的技能。将故事作为一种思维方式启迪大家来解决问题,成为很多团队都在学习和增强的能力。商业图书作家海尔在他的作品《故事的力量》前言中,就有这样一句话:没有故事力,就没有感动力。他认为传播知识最有效的方法就是讲故事。因为故事容易记忆,容易传播,容易引发共鸣;故事贴近人性,富有感染力和生命力,故事能给人思考空间,能唤醒人的内心情绪;更能为企业树立良好的品牌形象。成功的企业必须善于创造品牌故事,传播品牌故事,才能将商品做最完美的营销。卓越的员工更需要具备编故事、说故事和传递故事的能力,才能成为最佳的营销高手。就如山姆·沃尔顿传奇的一生和为其品牌书写的一个个故事,让沃尔玛避免了因缺乏百年历史而不愿被人解读的尴尬。一枚5分钱硬币、草裙舞、口号这些被人们津津乐道的故事,不断扩大着沃尔玛的影响力。

这些事例可以看出,故事是一切事物存在的根本,容易被人记住;故事可以满足人的精神需求,传达人们对人生的渴望,起到一定的蝴蝶效应;有时故事更能说服人、更能慰藉人,故事力也决定着影响力。故事作为一种激励、影响与说服的最佳工具,广泛应用于各个层面。

那么,何谓故事?

故事是文学体裁的一种,侧重于事件发展过程的描述,强调情节的生动性和连贯性,较适于口头讲述。通过叙述的方式讲一个带有寓意的事件,或者陈述一件往事。故事是那些与经验相关的叙事,也是人们以叙事方式认识世界的结果,是人类基本的生存方式和表达方式。故事具有教育性、隐喻性、多义性和文化性等特性。

一、故事与学校故事学

有人的地方一定就会有故事。学校是汇聚人、孕育人的地方,也是一个充满故事的地方,而故事也经常被运用于学校的许多方面。

台湾教育大学的林曜圣教授提出了学校故事学的概念,这是探究校园内外的故事之价值与应用的一套理论体系。他曾将校园故事定义为:存在学校历史及生活中,由校园中的人、事、物、地所创造出的过去事迹与生活的真实故事。此定义包含下列各项内涵:

校园生活中充满故事:校史与现实生活中充满丰富且动人的故事;

校园故事与学校历史有关:校园历史中充满了许多的故事;

包括事迹故事以及现实生活故事:校园中的故事包括过去的事迹及现在的生活故事,交织而成学校的整体故事语文;

校园故事以真实及正向故事为主:真实及正向的故事能使校园充满积极的效仿的力量;

校园故事与情境教育有关:校园中遍地是教材,学习角、校史室、公布栏、校舍、雕像等校园景物之所以能发挥情境教育的功能,重点在于这些事物背后所承载的故事,故事才能感动及影响人们。

学校故事除了校园内部的故事外，还可涵盖校园外所发生的故事，包括时事新闻、小区故事、民俗故事，以及文学故事等。

由此可知，学校校园内外充满故事，这些校园内部与外部的故事组合成学校的整体面貌与形象。透过校园故事的流传，社会大众对学校能够有更深刻的认识，学校内部人员也可能受到外部故事的正向影响，学校故事的价值便可见一斑。

有鉴于此，校园的环境创设中，我们力图让每一堵墙都能说话。"彩虹桥"两侧的一张张照片，讲述着学校特色与历史传承的故事；"梦想馆"的格言墙，讲述着我校 OM 教练和队员们挑战自我、不断创新与突破的故事；各年级走廊的一张张展板，讲述着学校的博物馆课程故事；教室里的宣传栏里总有着讲不完的班级故事……

每年的新学期典礼上，校长总是会跟全校学生讲一个个小故事：狐狸和蔷薇的寓言故事，告诉大家在生活中要学会自省、敢于承担；在地震中幸存的一只小猪的故事，告诉大家面对困难要学会思考、敢于克服、迎接挑战；撒哈拉沙漠考察队员友善对待逝去的同伴，最终为自己找到回家之路的故事，告诉大家在生活中对人友善，养成向善品格的重要性；土拨鼠去哪儿了的故事，启发大家要在学习生活中养成专注完成目标的好习惯……

二、学校故事学对培育品格的考量

小学生的品格培育，需要选择好的策略，让其深入人心，内化成一种自觉。我们采用学校故事学，主要基于以下几方面的原因：

（一）故事的社会性和教育意义

故事一经产生，就具有社会性和教育意义。有研究表示，人本质上是社会性的动物，人的成长就是一个不断社会化的过程。社会化的实质是通过语言符号、行为使儿童逐渐接受社会的规范、准则和价值观的过程，换一种说法就是让儿童逐步熟悉、内化并学会遵守人生游戏的规则的过程。故事可以促进儿童的社会化。故事中，无论是人还是物的言行背后都渗透着一定的社会法则和规范以及道德伦理价值观念。儿童在潜移默化之中就学会了遵守社会规范而待人接物，通过内化这些规则、价值观而实现社会化。在故事中儿童学会认识自我、构建社会联系,发展道德观念,塑造人格等,倾听别人的故事就是一个社会化的过程。

(二) 基于儿童本身的特点

儿童喜欢故事,在儿童的世界里故事是不可或缺的。有研究表明故事对于儿童获取语言技能、洞察世界、提升情商、智力成长有着不可估量的作用。从教育教学意义上来讲,故事是儿童获得个体成长的主要途径。人们常常利用故事来帮助孩子认识外部世界,了解人与人之间的联系,从而思考和建构自己的世界,学会与他人沟通和分享;利用故事帮助孩子学习文化,扩充知识,激发学习动机。故事可以触及每个孩子的内心。

(三) 教师教育教学中的故事运用

故事是教师教育教学中不可缺少的一项育人载体。而教师和学生通过故事进行学习的教育范"story＋pedagogy＝storgogy"即故事教育学,早已被广泛运用。很多教师都有这样的体会,有时候对学生说上一节课的大道理,说得自己口干舌燥,不如讲一个深入人心的小故事,让学生从故事里意会其中的道理,这样更有效。许多教师在课堂中常常运用故事进行教学,以此激发学生好奇心、想象力、学习兴趣。有人说会讲故事的教师是工作上的"有心人",他们是了解学生的身心特点、掌握了教育智慧的人,他们不满足于一般的知识传授和道理灌输,而是会把教育的要求融汇在一个个故事中。所以,聪明的教师往往会创设各种故事教育环境,比如举办故事会、情景表演故事、布置班级故事栏、课后读小故事或编写小故事等。用这样的方式将教育渗透在孩子们心灵中,让孩子们真正做到"入耳""入脑"和"入心"。

(四) 有故事的学校文化

有些学校认为学校文化就是故事文化,也有学校以故事文化引领学校内涵发展。就如上海行知中学,由"伟大的人民教育家"(毛泽东语)陶行知先生于1939年创办于重庆北郊温泉,原名育才学校。抗战胜利后,学校迁至宝山大场赵家花园。1953年,为永久纪念陶行知先生,学校正式更名为上海市行知中学。该校以陶行知教育思想为灵魂,在实践中不断丰富和发展"真人"的时代内涵,形成了有行知特色的"培养真挚的感情,锤炼真诚的品行,掌握真实的本领"的"真人"三环系列的育人目标，它已成为行知特色人才培养的出发点和学校文化特色。而陶行知先生的生平故事、教育理念，以及"捧着一颗心来，不带半根草去"的无私奉献精神也将一直传承下去。

三、学校故事学策略的校本化应用

我们将学校故事学作为一项重要的研究策略，从校园内和校园外的两个不同路径入手。

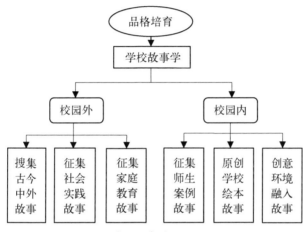

图 3.1 学校故事学的应用路径图

校园外，我们向教师们征集古今中外的品格故事，学生在社会实践中的故事、家庭教育中的故事；校园内，我们挖掘教师、学生、班级发生的故事，尝试原创学校绘本故事、创意设计学校环境与故事等。其目的是想向学生推荐一些古今中外的品格故事，用学生身边的事例、用榜样的力量来影响他们。我们尝试通过一个个故事的搜集与传递，一个个故事的挖掘与创编，一个个故事的演绎与呈现，一个个故事的生成与积淀，将品格培育融入其中。

（一）征集和讲述古今中外的品格故事

在向教师们进行了五大品格的诠释并做了相关的培训之后，2015 年的暑假，我们第一次向教师们布置与品格培育相关的作业，要求每位教师搜集一到两篇古今中外的品格小故事。开学后，我们将教师们交上来的故事进行了汇总。

相关统计如下：

表 3.1　品格故事搜集统计表

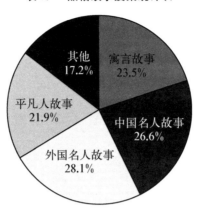

诚信	爱心	公民意识	好奇心	坚持不懈	节制	责任	宽容	社会智商	孝心	自我调适
7	2	7	7	19	1	5	1	1	1	1

教师搜集的故事中,中外名人的故事最多,其次是平凡人生活中的小故事,寓言故事只有 3 个,还有一些不是品格故事,更侧重于教师的教育观念。在这些故事中,"坚持不懈"这项品格的故事最多,如苏格拉底的"你能坚持吗?"、坚持写作的安徒生、王羲之刻苦练字的故事、居里夫人坚持不懈的人生故事、"成功需要坚持不懈"——姚明的成长之路等;其次是关于公民意识、好奇心和诚信 3 种品格的,如"列宁与士兵"的故事、"成功源于好奇心"的爱迪生、牛顿与苹果、商鞅"立木为信"的故事等;再次是关于责任,如"报效祖国"的华罗庚、"责任——真正的财富"弗兰克的故事等;篇数最少的是关于爱心、节制、宽容、社会智商、孝心、自我调适这几项品格,例如,洛加尼斯因为培养了自己的节制才成为"跳水王子"、"人在,一切都在"的故事,等等。

我们将这些古今中外的故事整理归类汇总后,由德育室建立资料包放在校园网上,然后通过不同的途径向学生讲述这些故事。如,班主任利用午会课的时间,挑选一些品格故事讲给班级学生听;大队部利用开学典礼、校会课、雏鹰广播,向全校学生讲述一些品格故事;一些学科教师则根据自己的教学内容设计,在课程教学中讲述一些故事。

（二）寻找身边榜样的故事

在向学生讲述古今中外名人小故事的同时，我们也寻找着校园中学生的优秀品格故事，希望能用学生的故事感染学生，用身边的榜样去影响身边的学生。我们从教师这里收集到了大量的学生案例，还请教师们就案例做了相应的分析。

案例 **做一名对社会有贡献的小小公民**

品格要素关键词： 公民意识

构成要点： 尊重、规则、责任、贡献

雄伟壮观的美国科罗拉多山脉之中，二(2)中队的高乐程同学正在和爸爸妈妈一起骑车穿越被称为世界七大自然奇景之一的大峡谷。他们根据地图的规划，在不同的道路上有序前行。他们或在平坦的森林小道中飞驰，或在险峻的悬崖峭壁边减速慢行，或在人行步道上下车推行。遇到山中正在散步的鹿妈妈和鹿宝宝一家时，他们停下来耐心等待，静静观察，不去打扰。在这里，人类和大自然互相尊重、和谐共处、其乐融融。

在山顶，他们走进了一片灌木丛，许多形状奇特的枯树枝吸引住了高乐程的目光。她从地上捡起一根，如获至宝般兴奋地拿给爸爸妈妈看。她一路上拿着这根枯树枝，时而当画笔在地上涂鸦，时而把枯枝高举在空中，把它想象成各种神话传说中的主人公。

即将离开大峡谷时，高乐程问："妈妈，我能把这根树枝带回去吗？"

虽然妈妈心里略感不妥，但一想，这根树枝是孩子从地上捡的，并没有破坏树木，况且看得出孩子把这根造型奇特的树枝当成宝贝了。妈妈犹豫了一下，说道："好吧。"这时，一位印第安老奶奶迎面走来。看到高乐程手中的枯枝，老奶奶说道："孩子，你知道每年有多少人来到美丽的大峡谷参观吗？有400万人！那真是很多很多人呢！你想想看，如果每个人离开时都带走一根树枝，大峡谷会变成什么样子？"

高乐程想了一会儿，说道："妈妈，我去把这根树枝放回丛林里去！你能借我你的手机吗？我想把这根树枝拍下来，这样的话，回去之后我还是能看到它。"

妈妈非常高兴地看着高乐程。不是有句话叫作爱不是占有而是尊重吗？她

很欣慰孩子能活出这种精神。作为一名小小的世界公民，我们用实际行动来作出点滴的贡献，一起来保护我们所处的环境。

案例分析：

这是一则发生在旅途中的真实的小故事，我想，很多小伙伴都有过类似的体验。正是在这样的小小的事件中，孩子逐渐形成对世界的认知和对价值观的理解。不论国籍与年龄，我们都可以从自己的角度去承担一名世界公民的责任和义务，作出自己点点滴滴的贡献。

公民意识的养成，不仅在课堂中，更应渗透在生活中。每一个人都可以思考，我做的事情正在对我们所处的社会产生什么样的影响？

从幼儿园起，高乐程参与了很多公益项目，这些活动都有一个特点，就是能够从孩子自身所付出的努力去做出一些积极的影响。比如，一些公益机构组织的报纸义卖活动，孩子走上街头叫卖报纸，把所得钱款捐给希望小学，钱虽不多，但是由孩子的努力付出得来；再比如，公益徒步活动，孩子完成5至10千米的徒步挑战，就能为山区的孩子赢得由一些赞助企业提供的相应价值的学习用品。通过这样的活动，孩子能够鲜活直观地理解社会责任这个抽象的概念，以及自己能够产生的贡献和影响，进一步强化他们的公民意识。

随着年龄的增长和公民意识的发展，孩子会进一步选择与她能力相匹配的贡献。比如，高乐程主动从压岁钱中拿出一部分助养了一名云南贫困山区的孩子，资助他完成小学阶段的学习。另外，她还参与了免费午餐项目，勇敢挑战自己，接受演讲训练，成为一名光荣的小小宣讲员，用自己的力量影响更多人参与到项目中，为贫困地区的孩子争取更多的免费午餐资源。

因此，我认为，孩子公民意识的养成，至少有两个关键点：

其一是知行合一，从生活中去体验，从体验中去理解，从理解中去加深和强化。不仅是课堂学习（当然课堂学习是非常重要的），也不一定是惊天动地的大事，从身边的小事做起。

其二是让孩子感受他们通过自己的努力能够产生的影响，而不仅仅是大人的事、家长的事、老师的事，逐渐形成对于公民意识的独立思考。

（供稿人：郭燕君）

搜集这些学生案例后，我们不仅要求教师们将这些故事用于平时的学生教育之中，还通过教代会、校本研修班以及班主任会议等不同的途径让教师们将案例与大家分享。教师们通过叙述故事来思考与总结、交流与学习，从而提炼品格培育的好做法。

（三）凝聚学校精神的创意设计故事

我们从学生视角出发，融品格教育于创意环境中。学校从传统文化中凝练出符合我校实际的核心价值观，通过显性的环境文化，优化校园环境，实现启迪心智、塑造品格的目的。我们让光彪校园逐渐成为学生们成长的"乐园"：美丽的"彩虹桥"、互动的"智慧墙"、游戏天地"阳光谷"、生物探究"萌芽园"、梦幻图书馆"摘星阁"，都蕴含着教师和学生们的创意与智慧。我们以孩子的视角发现校园的精彩，改善学习、活用环境，拓宽学生的学习渠道，增加师生之间的互动与交流，让环境、学校文化在行规教育中的作用最大化。

而校园环境中隐含的故事更是影响着、激励着学生。例如，2015 年是学校OM（奥林匹克）队成立 20 周年。6 月，校 OM 队又再次在世界头脑奥林匹克比赛中摘得桂冠。学校也迎来了新的发展契机，加入格致教育集团，共同参加市级项目"基础教育创新素养一体化培养"的研究。适逢那年黄浦区空间环境创意评选的主题是"学生创新素养培养"。我们学校头脑奥林匹克参赛队十次代表中国小学生赴美参加世界决赛，八次捧杯，六次夺冠，成为获得过小学组所有项目冠军的"大满贯"队伍，多次受到市委书记韩正、副市长翁铁慧等领导接见。于是，我们抓住新的发展机遇，设计并修建了"梦想馆"。学校 OM 教练骆琳老师说：

OM 承载着曹光彪小学很多人的梦想，学生的，老师的。年复一年，我带了一个又一个 OM 队，每次都看着孩子们享受 OM 的快乐，带着满满的关于 OM 的回忆离开光彪。当孩子们回来看我的时候，总会说：OM 的经历一辈子也不会忘记，OM 给了他们不一样的童年。我常想，如果有一天孩子们能在 OM 梦想馆找到那份回忆，那是弥足珍贵的，因为这曾是他们梦开始的地方。

我们将在梦想馆里呈现 OM 光辉历程，但 OM 在我们学校已经不再是一座座奖杯、一面面锦旗，而是一种精神、一种文化。我们还将放置历年比赛经典的、富有创意的奇思妙想道具，还有 OM 徽章和 T 恤，这些都是 OM 的文化。我们还会根据 OM 课程、OM 赛题,设计互动项目,作为 OM 拓展课的延伸活动。

作为 OM 教练,梦想馆里将记录着我和孩子们共同的成长,记录着我和孩子们一起坚持梦想、一起奋斗的日子,共同拥有的 OM 回忆。

如今,学校每年 OM 启蒙课程的第一课就在梦想馆里开展,孩子们不仅参观梦想馆,还要听每一座奖杯后面 OM 队员的励志故事;我们也在这里接待了无数国内外的教育同行,每一次都会由 OM 队员自己来介绍记载着 OM 队员光荣与梦想的故事。梦想馆的育人功能也因此得以充分发挥。

五年级的队员还自发绘制了校园"手绘地图",作为送给母校弟弟妹妹们的礼物。学校还在学生中征集了校园吉祥物,"彪彪虎"成为引导孩子们追逐梦想、不断前进的卡通形象。它的名字"彪",是小老虎的意思,意味着"虎虎有生气",也和我们的校名不谋而合。它面带微笑,扬起双手,寓意我们友善待人、阳光自信,好学会玩、善于合作。正在奔跑的"彪彪虎"勇敢、开朗、乐于进取,胸口的校徽代表着光彪学子在幸福的校园里茁壮成长。

对学校文化建设有突出作为和创意的学生,由校领导在每年的少代会上给予认定,并亲自颁发曹光彪小学"小小贡献奖",希望学生们能真正感受学校精神,在"好学会玩,善于合作"中成为学校建设的小主人,在校园里快乐成长、创新实践。

第二节　原创绘本的诞生

绘本是指图画书,英文名称为 Picture Book,指的是文字与图画相辅相成的图画故事书,表达特定情感和主题的读本,通过绘画和文字两种媒介,在不同向度上交织、互动来说故事的一门艺术。这种以绘画为主,辅以少量文字的图书形式在 17 世纪诞生于欧洲,20 世纪 30 年代,绘本图书的主流传向了美国,同时也迎来了黄金时代。到了五六十年代,绘本开始在韩国、日本兴起,70 年代的时候流向了中国台湾,随后引起了绘本阅读的热潮。

在故事之外,绘本往往传递着一定的普世价值,教授包括生活常识、情绪管理、社会共识在内的一系列启蒙内容,因而被认为是最适合幼儿阅读的图书。绘本不仅仅是在向孩子们讲述故事,教他们学知识,而且全方位帮助他们构筑精神世界,培养多元智能。到了 21 世纪,绘本阅读已成为全世界儿童的阅读时尚。

　　在绘本中,图画不再是文字的点缀,而是图书的命脉,甚至有些绘本一个字也没有,只有绘画来讲故事。绘本非常强调情绪和主题的连续性,在短短的几十页之内,形成一个连续的视觉影像。有人将绘本的作者和画者比作电影导演,因为他必须在有限的篇幅里,把故事讲得既好看又清晰。一本优秀的图画书,可以让不认字的孩子"读"出其中的意思。此外,绘本都比较唯美,版式设计精致独特,封面、扉页、正文以及封底连贯呼应,构成一个近乎完美的整体。

　　根据小学生的年龄特点、心理特点,我们运用"学校故事学理论"对学生进行品格培育。我们挖掘了学生身边的一些故事,编写成品格绘本,通过一些具有代表性的范例故事,对学生进行品格教育,以此增加学生的学习兴趣与注意力,并在各种品格绘本故事的熏陶中,潜移默化地给予正面引导,从而养成良好的品格。我们的基本操作思路如下图所示:

挖掘故事　⇒　撰写案例　⇒　编写绘本　⇒　应用绘本故事　⇒　形成新故事

图 3.2　品格绘本故事应用操作思路图

一、故事的挖掘

　　品格故事的挖掘,我们经历了从无到有、从群体到个体、从单一学科到不同学科、从任务驱动到自主自发的过程,可以分为三个阶段:

表 3.2　品格故事挖掘的三个阶段

不同阶段	故事采集者	撰写形式	参与方式
第一阶段	班主任	根据任务单自由撰写短篇小故事	学校指定全体参与
第二阶段	各学科教师	集体讨论,分主题撰写	学校挑选部分代表
第三阶段	班主任	即时性生成故事的撰写	教师自主申请

(一)"大海捞针"式

　　最初,我们设想每个班级都能有一本自编自创的品格绘本故事。因此,我们从班主任入手,开始全体动员征集素材。要求每个班主任围绕五大品格中的一个品格,从班级中挖掘素材,撰写 500 字以内的简要案例,只要能将故事讲清楚即可,其目的主要是作为初步的品格故事的备选,挑选到一些好素材。

之后,我们陆续收到了25个班级的品格案例。但由于过多的条件限制,所以这些案例从题目上来看,有的没有标题,有的有标题;从描写上来看,根据要求篇幅都不长,叙事简单,有的是简要概括,有的是有较为生动的对话;从反映的品格要素上来看,大多是写学生坚持不懈、好奇心的品格,反映学生自我调适、社会智商的很少;从内容上来看,大多是校园生活中学生常常发生的一些事情,都是比较普遍存在的。

这一次案例的收集并没有达到我们预期想要的效果。一个好的绘本故事需要有鲜活的好素材,那样才能吸引学生。与其大海捞针,不如缩小范围再试试。

(二) 范围锁定式

第二次的故事收集,我们改变了方式,决定从不同学科教师的不同视角来挖掘素材。我们事先对学校的教师和班级做了排摸,然后挑选了4位班主任老师,其中2位是校级模范班主任,以及1位市模范班主任、1位OM教练、1位自然学科的教师、1位大队辅导员等共8人,还从家委会中挑选了1位学生家长。我们将这8位老师召集在一起召开座谈会,把学校要编写品格绘本的想法告诉大家,希望他们能从自己的学生中挖掘一些好的典型故事。为了使座谈讨论能有一定的质量,我们要求与会者"围绕一个品格要素,讲清一个故事案例;围绕故事案例,思考提炼出培育这个品格所需要的一些关键要素,以及可供他人借鉴学习的具体方法。编写这个故事案例中存在的困惑,可现场请专家答疑解惑"。

参加座谈会的有校长室、德育室、科研室,为了帮助老师们解决编写绘本故事案例中存在的困惑,我们邀请了德育专家毛裕介、高释公司于国先生一起到校,与大家进行座谈。大家就如何编写品格绘本进行了2个多小时的讨论。

例如,有两位老师介绍了班级学生坚持不懈的故事,专家认为:

从德育的角度,借助绘本这个载体,很新颖。学生自己绘画,本身的意义大于我们对他们的教育。吕型伟老先生就曾说过:用自己的资源,把德育的过程还给学生,过去是老师、学校对学生的教育,这个过程本身就是教育。两位老师能发现学生的事例,说明老师有德育教育的意识,这是符合"教育工艺学""教育技术学"的。教师怎样发现故事?怎么利用这些故事?这也是一个故事。现在教育的对象是师生共同成长,就是老师在成就学生的过程中自身的职业素养也得到提升。要学生坚持，老师也要坚持。从不同中寻找共性，是教师的品格魅力影响学生。建议注意以下几点：故事不要求全，不要去"编"。要体现坚持，一定要写出碰到困难怎么去解决？斗争、克服要体验，要有过得去的槛。过了之后的愉悦，那种体验、感受就有啦。过了之后是追求境界，从要我做转变为我要做，从兴趣变成情趣，从明理到践行，要由浅到深。最后要有志趣，我要用自己的画笔画出最美的故事。这里有三个纬度：认知、情趣、情感。大家在老师的引导下共读一个故事。可以从情感出发，也可以懂得坚持中还需要有"目标"的调适。达到目标需要有目标调适，这样才能不断激发动力。

又如，对于好奇心这个品格，自然老师结合自然学科的探究讲了一个案例，OM 教练结合 OM 队员的培养做了介绍，认为求知动机和求知欲，都是学生学习的动力。学校就是要培养孩子有这样的能力。专家则认为：

> 好奇心最难写。好奇心是本性的、天生的，所以孩子总是要问"为什么"，我们都被孩子问倒的，许多问题是瞎回答的。如何满足孩子的好奇心、引导好奇心，是值得我们思考的。《三字经》的"习相近"与"求知欲"大不相同。"求"体现在外在需求，要不要、想不想？坚持是主观能力，"欲"也是主观能力。建议老师可以从求知欲的角度写，这样可以提炼：（1）鼓励有一种"劲"——打破砂锅问到底；（2）教方法：善于发问、巧问，什么时候问，问谁？

两位专家对十个案例逐一进行剖析，使大家明确了故事案例应该抓住的关键要素、呈现的方式。大家表示，这是对五大品格要素的又一次明辨与学习，但是对于公民意识、情绪调适的案例到底怎么挑选，还是存在一定的困惑，还需要再仔细想想。

座谈会之后，8 位老师各围绕一个品格要素，提供了相应的故事案例，并阐述了如何将培育该品格要素的关键点融入故事中。如，OM 教练骆老师所撰写故事《OM 队员诞生记》，既有画稿的文字介绍，又对这个案例做了相关分析，以便绘图者能明白这个案例所要表达的意图。

案例　好奇心品格故事

OM 队员诞生记
——好奇心让乐乐成为 OM 队员的故事

画稿脚本(每一节为一幅画):

我叫乐乐,平日里对新奇的事物充满好奇,喜欢看各个领域的书籍,尤其喜欢计算机方面的书。我还喜欢自己动手摆弄一些小玩意,拆过家里的闹钟,自己用乐高改装过机器人。

我在四年级加入了 OM 预备队,成为 OM 队员是我的梦想,但在最终的选拔中名落孙山。

放学后,我总是来训练室看哥哥姐姐训练。我对小车的制作情有独钟,总是想:不用电,小车用什么动力呢? 为什么重重的铅块能作为动力启动小车? 什么是齿轮? 什么是尺条?

充满好奇的我决定跟老师申请,作为 OM 的编外成员参加训练,即使不能参加比赛也很开心。

老师答应了我的申请,我成了 OM 队里的编外队员。画画、表演、制作、写剧本,我对 OM 的一切都很好奇,乐在其中。

五年级时,OM 队再次召集队员,我毫不犹豫地报名了。

这次终于成功了! 我对小车太好奇、太喜欢了,我加入了小车队。

老师要求制作一辆可以跨越间隙的小车时,同学们各抒己见,大多数队员都赞同加大小车的动力,让它冲过间隙。我觉得这个方法太一般,于是开始尝试各种方法。

我想过改装直升机让小车飞过间隙,也想过把小车藏在滚筒里,把车道改成斜坡滚过去。

后来从一个新奇的磁悬浮玩具中得到启发,把玩具改成了一辆酷似飞碟、没有轮子的小车,让小车悬浮起来通过了间隙。我成功了!

OM 队参加了在美国举行的世界头脑奥林匹克决赛,我的作品受到了国外裁判的表扬,他们仔细研究,说太令人惊奇了。

我们队最终获得了小车类的世界冠军,还受到了市长的接见。

我对一切充满了好奇,我还把喜欢的 OM 和计算机 SCRTH 结合,做成了模拟的智能洗车系统,获得了上海市创客新星大赛"生活新伴侣项目"三等奖。

案例分析：

　　乐乐和很多 OM 队员一样,对一切新鲜、好玩的事物感兴趣,喜欢探索。好奇心让他对 OM 的道具小车产生了兴趣,他好奇各种各样的工具,好奇小车五花八门的零部件,好奇于哥哥姐姐和老师一起组装的小车居然能开动。乐乐从 OM 队招募队员选拔中失败后,丝毫没有影响到他参与 OM 的热情。他站在教室门口看队员们训练、制作小车,只要能满足他的好奇心,他根本不在乎是不是正式队员。

　　第二年选队员的时候,好奇的乐乐再次报名并最终入选,在 OM 队的日子,他的好奇心得到了极大的满足。他追求新异,想出了与众不同的解题方案,最终拥有好奇心的乐乐获得世界冠军。好奇心被激发,创新在萌芽。体验了成功的乐乐好奇心并没有减弱,他追求新奇,把喜欢的计算机和 OM 两个本没有联系的项目联系在了一起,最终再次收获了创新的快乐与成功。

　　好奇心是创造性人才的重要特征已是不争的事实。爱因斯坦认为他之所以取得成功,原因在于他具有狂热的好奇心。小学生好奇心很强,这也许与他们知识经验贫乏有关。在他们看来,周围环境中的许多事物都是新奇的,很多都出乎他们的预期,他们想要观察、探索、询问、操作或摆弄这些事物。这些都是好奇心的外在行为表现。好奇心作为内在动机与主要的学习情绪之一,应当得到尊重与引导。如果这些行为能得到更多的鼓励与支持,就会逐渐内化为人格特征。相反,如果缺少环境的鼓励与支持,这些行为会逐渐消退,表现为对新奇事物的冷漠、回避等心理倾向,从而不利于创造性人格特征的形成。故事中的乐乐因为好奇心想成为 OM 队员,但并不因为落选而远离 OM,这些都是孩子纯真好奇心的体现,老师适当引导并给予机会,成就了孩子的好奇心,也成就了他们的创新梦想。

（供稿人：骆琳）

（三）主动请缨式

　　绘本编写的项目不是闭门造车,需要教师开阔视野,用心观察校园生活。随着案例的积累,陆续有老师主动找上门来跟我们讲故事,提出想把故事编写成绘本。因为在校园中,每天发生着无数的故事,有心的老师总能从学生身边经历的事情中发现其中的育人价值,找到教育的良好契机。

　　例如,有一天二(4)班的班主任蒋老师告诉我们,班级里最近发生了一件事情,她想把它编写成绘本。原来,班级的小王同学看了一个恐怖电视节目后感到害怕而不敢独自睡觉,严重影响了家长的正常工作和她自己正常的生活学习。蒋老师为了帮助小王克服心理的恐惧,花了不少心思。她找到孩子的家长共同商量办法,还以电视台的名义给孩子写了一封安慰信。后来,在家长、老师、同伴的帮助和鼓励下,小王终于勇敢地克服了困难,战胜了恐惧,能够独自安心睡觉了。蒋老师和科研主任探讨一番后,觉得这件事情正好可以从自我调适的角度来写,可以给其他孩子以借鉴。这样,就有了我们原创的绘本故事《晚安,小朵朵》。

　　每次倾听教师讲述的故事后,我们都会一起探讨这个故事能反映出哪一种品格,看看这个案例是否具有典型意义,能否引起其他学生共鸣,起到榜样示范或教育作用。对于有价值的案例,请教师及时将案例撰写出来,并帮助他们将其编写成品格绘本故事。

二、设计绘本

　　我们将选中的绘本故事进行了反复修改,努力做到用简洁的文字描述有情节的故事,同时能在故事中体现某一种品格。

　　有了故事,由谁来绘图呢?我们首先想到的是学校美术组的两位老师,希望她们能完成绘本图画的创作。但最终考虑到美术老师既要完成学科的教学,还要承担学校的博物馆课程,没有将任务强压给她们。既然故事来自班级、来自学生,我们换了一种思路,让老师们发挥班级的力量、学生的力量,自己完成绘本的创作。这个想法得到了老师们的认可,大家分头行动。于是,老师们有的请班级擅长绘画的学生;有的请班级几个同学绘图、涂色、写文字,分工合作完成;有的请担任广告设计的家长来绘画;还有一位武警家长请来了部队里喜爱绘画的小战士为我们的绘本故事绘图。一时之间,不同的绘本呈现出不同的风格来,有的虽然画法稚嫩,但是充满童趣;有的技法娴熟,看着赏心悦目;有的带点漫画风格,活泼可爱。一个个品格绘本故事相继完成。

(一)"让精灵的羽毛轻舞飞扬"——第一本品格绘本诞生记

学校征集原创品格绘本故事,班主任史老师就以班级里热爱画画的商沛琪

同学的事例,和她一起设计了《让精灵的羽毛轻舞飞扬》的绘本脚本:

案例 **让精灵的羽毛轻舞飞扬**

画稿脚本(每一节为一幅画)

我叫琪琪,很小的时候,就喜欢拿着画笔涂涂画画。每次妈妈见了我的画,总是一个劲儿地夸奖:"画得真棒! 妈妈真佩服你!"

在妈妈的鼓励下,我画画的动力更足了。每天,只要一有空闲的时间,就会忍不住画几笔。就这样,画画成了我最大的爱好和乐趣。

转眼,我上小学了。我的画经常受到老师的表扬,我还当上了美术课代表。于是,我报名参加了李颖老师的美术艺校班,继续深造。

一次,在美术艺校班,我画了一根长长的充满仙气的羽毛,我觉得好像缺了点什么,于是突发奇想,在羽毛下端画了一个小女孩,双手紧紧拽着羽毛……

语文史老师见到这幅画后,十分好奇。我说,这是精灵的羽毛,带着美丽善良的小姑娘去往任何她想去的地方。

史老师鼓励我和小伙伴一起把这个创意编成一本自己原创的绘本。我听了既兴奋又不安。这是前所未有的机会和挑战,我一定要尽力把它画好!

我和倩倩、恺恺几位同学利用课间的时间,一起开动脑筋,把这幅画编成了一个小农夫汤姆和姐姐艾玛用精灵的羽毛做善事的故事,情节很动人。

自从故事编完以后,我便开始抓紧一切时间:下课时,午餐后,放学到家,我都会沉下心来构思,从场景布置到人物的服饰表情,我都反复琢磨。

为了给故事里的各色人物设计符合他们身份的服装和场景,我会特意让妈妈带我去书店里,找些卡通图书和绘本来看,启发一下自己。

有时,实在拿不定主意,我就会跑到六楼去请教美术李老师。李老师十分热情慷慨,特意把一些上好的铜版纸和进口的水彩笔赠送给我。

下课时,小朋友在一起聊天做游戏,教室里好像欢乐的海洋,而我就像什么也没看见没听见一样,忘乎所以地埋头作画,沉醉其中。

放学了,我做完了功课,又要画画。妈妈让我放松放松,休息一下,我总会俏皮地说:"对我来说,画画就是玩儿,就是最好的休息呀!"

有一次,我上学时比较匆忙,忘了带绘本的稿子,下课时小伙伴邀请我一起玩,我却怎么也高兴不起来,一副失魂落魄的样子,心里很懊丧……

功夫不负有心人。经过一个多月的努力,我终于把绘本的插图全部画完了。小伙伴们简直看呆了,大家你争我夺,爱不释手,老师们看了也赞不绝口。

小伙伴们看了不过瘾,还把这个绘本改编的童话剧搬上舞台,在素质教育汇报中演出,全年级的同学、家长和老师看过后,爆发出阵阵热烈的掌声。

更没想到的是有一天,《少年日报》以整个版面对这个绘本故事进行了报道,还刊登了我的好几幅作品,我拿到了人生中第一笔稿费,心里美滋滋的。

我捧着自己用心血凝成的绘本,甜甜地笑了。依稀中,我仿佛看到精灵的羽毛真的飞起来了,承载着我的绘画梦想越飞越高,越飞越远!

不久,我还加入了班级的宣传小组,在黑板上画出一幅幅生动美丽的图片,我感到无比快乐和自豪! 我愿拿起画笔,画出更多真、善、美的图画……

(供稿人:史勤)

曹光彪小学原创的第一本品格绘本故事《让精灵的羽毛轻舞飞扬》在全校进行了推广,史老师向大家做了介绍:

兴趣+坚持,是琪琪在绘画方面不断进步,并最终出色地完成绘本创作《让精灵的羽毛轻舞飞扬》中所有插图的秘笈。一方面,是浓厚的兴趣使然。她自幼喜爱画画,看到什么就喜欢画什么。她并没有什么刻意的目的,也没有特意参加什么美术班,纯粹喜欢画画的感觉。受到妈妈的鼓励,她更加喜欢画画,养成了"一有空就画几笔"的习惯,这使她画画的技艺日益娴熟,为后来画绘本奠定了基础。另一方面,她有着坚忍的意志和积极的心态。画绘本,对一般的同学而言,是想都不敢想的事情,那是大画家的工作。但琪琪获悉这个机会后,虽然也有担心,但更多的是跃跃欲试的冲动,是尽力一搏的决心,并且,在此后的一个多月的时间里,她利用一切业余时间坚持作画。小学低年级的小朋友正是最贪玩的年纪,别的同学下课玩得火热,琪琪视而不见,一心画画。即使妈妈让她休息,她都不同意,在她眼里画画就是最好的玩和休息,这是多么积极主动的心态! 这样的心态也是成功的关键! 她十分珍惜这次机会来展示才能,遇到困难时主动求教老师,满满的正能量使她能克服一切困难,化解一切难题,把最完美出色的作品呈现在大家面前,而她自己也充分体验了全力付出后的巨大的快乐和满足。可见，对一件事情充满兴趣，其实那就是一个人的天赋所在。既然喜欢，就要全力去做。不能坚持下去，就不知道前面的风景有多么美！当我们认准一件事，义无反顾地投入兴趣和热情，坚持到底地去做，就一定会有成功的一天！

当商沛琪同学看到自己的绘本故事在全校推广时，她甜甜地笑着，庆幸自己没有知难而退，以后还会一如既往地追寻她的绘画梦想。我们也祝愿她能通过自己的努力，实现梦想，收获成长道路上一次又一次的精彩和成功！

（二）心语姐姐的加入——增加绘本的功能

既然是品格绘本故事，我们希望这些绘本不仅仅是让学生简单地阅读一个故事，而是能让学生通过阅读绘本了解这些品格，学习故事人物身上的品格，并能在一定方法或建议的指导下，潜移默化地养成这些品格。这时，我们想到了学校的心理老师。

2015 年，学校结合上海市心理合格校的建设，引进了华东师范大学心理系在读博士生王瑞安老师。学校陆续成立了心理健康教育领导小组、心理干预小组，建立了心理干预机制，开设了心理课程，设计了系列心理团队辅导活动，还完成了心理室的建设。因此，我们请心理老师一起参与此项课题研究，加入绘本创编团队，为品格绘本故事做一些相关的设计。学校的心理室叫"心语室"，我们就请心理老师以心语姐姐的身份，为每本绘本写一段卷首语，在卷首语中对绘本故事进行简要介绍，并对故事中蕴含的品格进行解读。每个故事后面还设计了辅助的小练习，有导向性地引导学生训练、塑造品格。

例如：以"OM 队员诞生记——好奇心让乐乐成为 OM 队员的故事"改编而成的绘本故事《好奇心成就小冠军》，绘图的是杨洁同学，她也是一名 OM 队员。二年级时，由于她在"OM 启蒙"课上的出色表现脱颖而出，曾代表学校参加了市区的 OM 万人大挑战。四、五年级她连续入选 OM 竞赛队。爱画画的她为 OM 竞赛队创意设计了很多道具。杨洁就是听着乐乐哥哥的故事长大的，她的梦想是像乐乐哥哥一样成为世界冠军。所以，当 OM 教练骆老师让她为乐乐的故事配图时，她爽快答应了。

OM 作为我校的一项传统特色项目，成就了一批又一批怀揣梦想、乐于挑战、不怕失败的孩子。我们希望让更多的学生能像乐乐和杨洁一样，保持好奇心,喜欢问为什么、喜欢去探索和挑战。心语姐姐在绘本的封二中用谈心的方式,告诉大家好奇心是什么,鼓励大家要呵护好奇心。封三她设计了小测试,让学生测一测自己的好奇心指数。这也是激发孩子们好奇心的一种方式。封四她给了孩子们保持好奇心的一些小建议,布置了相关的小任务,引导学生去保护好自己的好奇心。

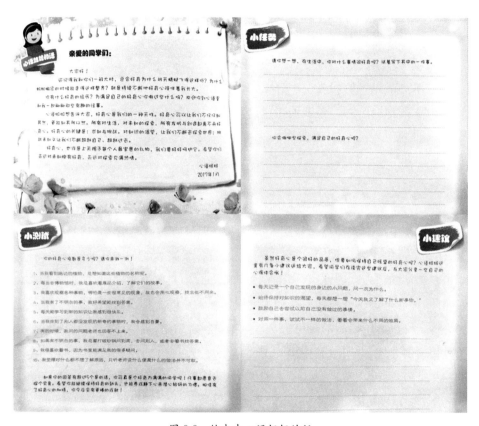

图 3.3　绘本中心语姐姐的话

就这样,我们给之后的每本绘本都设计了卷首语、故事的人物介绍或者绘本的作者介绍、心理提示和小练习,使绘本不仅成为可以阅读的故事,还是可以供教师使用的学习资料、学生品格养成的行为指导。

三、原创绘本故事的收获

从第一本绘本诞生到 2018 年的 9 月,三年里我们设计共完成了 8 本品格绘本。

表 3.3　原创品格绘本丛书统计表

品　　格	绘本名称	文字作者	绘图作者
好奇心	《好奇心成就小冠军》	骆琳 （OM 教练）	杨洁 （学生）
坚持不懈	《让精灵的羽毛轻舞飞扬》	唐祧倩、马恺 （学生）	商沛琪 （学生）
	《让嘹亮的号声从心中吹响》	朱育菡 （大队辅导员）	曾增 （武警战士）
公民意识	《汤打翻以后》	郭燕君（班主任）、 周一乐（语文老师）	涂馨匀 （学生）
社会智商	《小豆子成长记》 《精灵有爱》	李易之（学生） 汪艳（班主任）	李易之 罗青菡 （学生）
自我调适	《晚安，小朵朵》	蒋利华（班主任）、 赵静（家长）	王　欢 （广告设计师）
美感	《会变魔术的垃圾桶》	刘熙（学生）	刘熙（学生）

　　在这个过程中，我们对怎样撰写一个好的品格故事也形成了一些经验。首先是故事的真实性，基于真实的事件更容易让学生阅读时有代入感，从身边的平常事中也会发现真理；其次是故事具有典型性，无论是发生在校园内还是校园外，更容易让学生阅读时对照自我，向榜样学习；再次是故事具有启发性，不是纯粹叙述一个故事，而是将哲理蕴含在故事叙事中，让学生在阅读时通过人物事件启发思考。

　　绘本创作的过程见图 3.4：

　　绘本故事创作对师生而言是一种新生事物。整个的创作过程激发了学生的设计力、创造力、语言表达力，促进了班级学生的合作力。师生之间因为绘本的创作而促进了思想交流、心灵互动，提高了育人效率。

　　结合学校故事学理论进行品格教育而撰写了故事案例，编写了绘本故事后，学校又该如何发挥教师的智慧，用好绘本教材，设计一系列的活动对学生进行品格教育，并在教育的过程中不断积累，形成新的故事案例呢？研究因为新问题的产生而不断推进着……

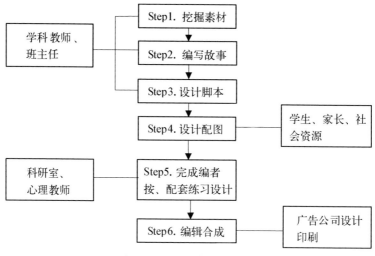

图 3.4 原创绘本创作流程图

第三节 品格绘本的应用

绘本教育有着很强的启蒙性和奠基意义,因此,绘本在教育教学中已被广泛应用。

学科教学中,语文、英语学科主要将绘本作为一种素材性的文本资料,侧重培养学生阅读习惯、激发阅读兴趣、提升阅读能力等;帮助学生积累词汇、语言表达、知识运用、写作练习;激发想象力、发散性思维、拓展知识等,可以起到很好的辅助教学的作用。在数学学科中,数学绘本抓住儿童的天性,以丰富的生活情境呈现数学知识,以此吸引学生的注意力,探究数学知识,使学生在故事情境中不知不觉地习得数学知识,提高学生的思维能力。数学绘本阅读已成为持续增值的教学策略,不少教师投入到开发数学绘本中,实现数学绘本的教育价值。在美术学科中,美术教师主要运用绘本创设教学情境,培养学生的想象力,学习绘画技巧,提高美术教学的效果。在历史教学中,教师主要通过绘本让学生认识历史人物,巧记历史事件等。在道德与法治教学中,绘本阅读可以让学生在简短的情境中辨析明理、联系生活、习得良好的行为习惯。

德育教育中,品格教育类的绘本丛书也很多。例如,被美国联邦教育权威推荐的美·费杰尼亚·克罗尔的"这样做我最棒"系列绘本丛书,从《我能尊重别人》《我能承担责任》《我能原谅别人》《我能关心别人》《我能诚实待人》等绘本故事，引导孩子独立思考、换位思考，实现独立人格与社会环境的和谐，将消极情绪转变为解决问题的力量。"美德在行动"*wirtues in action* 绘本丛书，从"服从""服务""友爱""团结""慷慨""勇气""责任"等 19 个不同的主题，让孩子在阅读中学会发掘自己做美好的事的一面。美国心理学会为 7—12 岁儿童量身打造的儿童情绪管理与性格培养绘本丛书，聚焦孩子成长中常见的情绪烦恼、校园欺凌、友谊危机、社交困惑、生活压力、完美主义等，培养儿童自我解决问题的能力，不仅仅对主人公的情绪问题进行了精彩展示，而且将解决问题的技巧和方法融入故事情节中。又如《蓝芝士嘴，臭汗脚》（让孩子学习拒绝校园欺凌，学会保护自己）、《好心的艾米》（让孩子学会说不）、《玩转篮球》（应对压力的自我训练）、《三个好朋友》（学会建立和维护友谊），通过孩子遇到的问题，引导孩子自己解决问题，等等。

学前期是幼儿品格形成的关键。因此，很多幼儿园会选择图文并茂、生动有趣的绘本对幼儿进行品格教育。借助绘本阅读促进幼儿的认识、情感和行为的发展。

在小学阶段，运用绘本实施品格教育的也很多。1—2 年级小学生《道德与法治》教材中，绘本故事就是这套教材的一种重要呈现方式，贯穿在教材的所有设计中。在很多课中都有辨析明理的绘本故事体现，如《小马过河》《蜗牛与寄居蟹》《小狐狸找"开心果"》等。又如，南京师范大学以绘本为媒介实施品格教育的行动研究，教学主题就涉及了"尊重""责任""自信""诚实""孝顺""合作""友爱"七个品格核心价值。

一、绘本课程的启动

我们以孩子们身边的真实故事为德育素材，将孩子的笔触、孩子的语言、孩子的视野融入绘本故事，师生共同创作成就了一本本鲜活的德育范本。我们觉得，用孩子身边的故事来教育孩子，让孩子们自己讲、自己写、自己编，是一件非常有趣味的事情。让孩子自己画绘本，做这个事情的过程，本身也是一种自我教育。而绘本出来了，还可以教育更多的孩子。

品格绘本课程的实施线路如图 3.5。

按照这一实施线路，品格绘本课程从设想到实施落地，自上而下地启动了。我们也制订了以"绘本滋养童心 悦读润泽童年"为主题的《悦读绘本课程方案》。

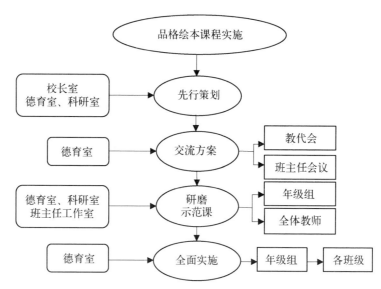

图 3.5　品格绘本课程的实施线路图

　　根据方案，德育室共推出 10 个绘本故事，其中 5 个是学校创编的品格绘本故事，另外 5 个是中外经典绘本故事。要求各年级明确本年级品格绘本故事主题内容后，由年级组老师集体备课完成相应的教案，班主任可以根据本年级学生的特点做相应的内容调整。各班每周利用一次 20 分钟的午会课进行品格绘本故事的教学。教学时，要尊重每个孩子的不同感受，重在引导学生读绘本，并积极鼓励他们边读边猜想后面将要发生的事，鼓励他们参与到编写故事中来，让学生有足够的时间来体验、感受、品味故事，慢慢地内化为知识和行为。教学形式也可以多样化，例如：讲述绘本《好奇心成就了小冠军》时，可以带学生到学校的梦想馆，营造一种积极的阅读氛围，拉近书与孩子之间的距离。还可以请 OM 教练一起参与讲述其他 OM 队员创新与挑战的精彩故事。又如，班主任老师如果有需求，可以邀请绘本中所讲的老师和同学到班级来和学生面对面交流，让学生身临其境地感受故事的真实性。绘本教学后，各年级还可以有针对性地、创造性地开展一系列内容丰富、形式多样的相关活动，从而使悦读绘本课程实施取得更佳效果。对于绘本课程的评价则由"学校课程领导小组"与教导处从课程内容、教学过程、学习效果、学情调查四个方面进行，以此督促教师加强教学反思，修改并完善绘本课程教学的设计。同时，评价中关注学生在五项品格养成过程中的道德品质、交往技能、学习愿望和能力，关注学生学习过程中的合作交流、情感、态度和价值观，从而有效促进学生品格养成。

二、绘本课程的设计与实施

品格绘本课程作为一门新开设的课程，我们秉着谨慎的态度，并没有一下子全面铺开，而是先试点与示范。

我们根据绘本内容，选择了适用于一、二年级学生的《晚安，小朵朵》、适用于中高年级学生的《汤打翻以后》两本绘本。我们挑选了二年级的一位青年教师张媛老师和区道德与法治学科的骨干教师、五年级的张玮老师来执教。我们让两位老师结合自己班级的学生特点，充分发挥自己的才能设计教案。接受任务后，她们分头去备课。张玮老师是有经验的道德与法治学科教师，曾在区的教学比赛中获得过一等奖，所以她独立备课。而年轻的张媛老师在拿到《晚安，小朵朵》绘本后，和她师傅（二年级的年级组长）以及教研组讨论后再备课。

一周之后，我们就收到了她们的绘本教学教案设计。看了她们的教案后，德育室、科研室以及班主任工作室的带头人再与她们一起进行备课研讨。从教学目标的制定，绘本教学内容的选择、教学环节的设计，绘本与学习生活联系的使用，都逐一进行了细致的讨论。

张媛老师一共设计了 4 个课时。第一个课时，让学生了解学校的心语室，了解在不同情况下，每个人都有不同的情绪；初步认识朵朵，了解绘本主人公发生了什么样的故事。第二课时，绘本带读。老师的带读让学生身临其境，进入绘本故事情境。在边读边讨论的过程中，让学生知道遇到害怕的事情或自己内心恐惧的事物时，不仅要大声说出来，还可以找自己身边信任的人共同寻找克服恐惧的方法，从而达到内心的自我调适。第三课时，阅读分享以及写书信。以"害怕"为主题，拓展两个绘本故事：《有时候我会害怕》《胆小鬼威利》。通过两本推荐绘本的共读，让学生可以更加真实地直面自己害怕的事物及情绪。之后，让学生动手写一封信给未来的自己，把自己当下害怕的事或物写下来，再试着写下解决害怕的方法。用这样的方式，再次告诉学生，当我们遇到让自己恐惧或者害怕的事和物时，首先要说出来，其次就是找到克服恐惧的方法。最后一课时，让学生找一些日常生活中容易让自己产生恐惧心理的事物或害怕面对的事情，让学生之间共同演绎情景剧。

两位老师的教案设计各有侧重地呈现内容，张媛老师上第一课时，侧重于如何导读绘本,引入故事。张玮老师上第三课时,则侧重于总结绘本内容,结合班级情况和生活实际引申内容,包括用好绘本后面的小练习。因此,她们都重新制订了教学目标,见下表:

表3.4　品格绘本课程的教学目标设计表

品　格	绘本名称	课　时	教　学　目　标
自我调适	《晚安,小朵朵》	第一课时	1. 让学生了解学校的心语室,认识心语姐姐。了解每个人都有不同的情绪,需要时可以找到心语姐姐倾诉。 2. 介绍主人公小朵朵,讲述朵朵的故事,初步了解朵朵的烦恼。 3. 通过场景带入、分组讨论,知道当遇到害怕和恐惧的事情时,要学会说出来。
公民意识	《汤打翻以后》	第三课时	1. 读一读绘本故事,了解事情发生的经过。 2. 讨论交流,分析事件发生的原因,说一说避免类似事件发生的方法。 3. 结合规范教育,明白不奔跑、不打闹,文明有序行走的重要性。

张媛老师在《晚安,小朵朵》教学环节导入部分的设计如下:

1. 直接切入、观看视频,了解心语室。

2. 师:周三的中午,张老师带着小朋友参观了哪里啊?(生:心语屋)。是啊,漂亮温馨的心语屋是可以让我们说出小秘密,释放压力的好地方哦!心语屋里有一位善解人意的心语姐姐。她特别想认识你们哦,让我们来听听心语姐姐和我们说了些什么吧!(播放录像)

师:当你有烦心的事、有苦恼的事情,心语姐姐都非常欢迎你去找她说说话,聊聊天哦!

3. 师:小朋友们,在平时的生活中,遇到事情时,你会有哪些不一样的情绪呢?(出示:当_____,我_____。)

预设:生气　高兴　焦急　难过　害怕

4. 师:心语姐姐遇到了一个小朋友,她叫朵朵。她发生了一些事情,需要心语姐姐的帮助。让我们来听听她的故事吧!(出示绘本《晚安,小朵朵》)

张媛老师根据自己的教学设计,还特地到心语屋拍了一组照片,以便学生在课堂上通过照片对心语屋有初步的了解。她还请学校的电视台为心语姐姐录了一段心语屋功能和绘本人物的介绍。

五年级的张玮老师则将班级中的现象和学校的行为规范教育一起融入自己的教学内容之中,帮助学生树立公民意识,争做合格小公民。《汤打翻以后》的教学设计节选如下:

教学环节一：小组交流解决问题,树立良好校园公德

师：同学们都说得很好,如果遇到了突发事件的时候,不要惊慌失措,要尽快想办法去弥补,能够及时想出合理的解决方案,这是我们每个人应该做的。同时,在集体中主动帮助别人解决困难,这会让我们每个人都感受到集体的力量,这才是学校的小主人。

在平时,我们怎样做才能成为学校的小主人呢?老师在校园里看到一些现象,想请同学们一起讨论一下,在集体中,我们要怎样做,才能给大家带来快乐和舒适呢?

出示：四个场景小组讨论,交流方式

过道里奔跑【演一演】　　　　　　　不文明用厕【标语】

图书馆书籍乱放【编儿歌】　　　　　走廊的纸屑【解决方案】

教学环节二：写写画画

师：大家都是懂事明理的好孩子,可见,养成良好的公民意识很重要。你有什么小建议可以写下来,给我们的弟弟妹妹们呢?请大家打开绘本,翻到第 18 页,让我们用写写画画的方式记录下来。

教学环节三：校外拓展

在学校里我们要注意自己的一言一行,走出校门,我们更要关注自己的言行举止,要培养自己良好的公民意识,成为文明小公民。

绘本故事的第 17 页上,就有几条我们出门在外时必须关注到的文明礼仪的小建议,我们也可以看一看,下节课,我们再一起讨论走出校门口,该如何做个文明小市民。

学校邀请全校班主任先一起观摩两位教师的绘本公开课教学"晚安,小朵

朵"和"汤打翻以后"。两位老师在教学之后再向大家分享绘本设计思路。张玮老师介绍道：

　　绘本《汤打翻以后》这个故事出自学校发生的真实故事，描述了小朋友在午餐盛汤时不慎把汤倒翻了，因为没有及时整理干净，导致老师摔了一跤。从这件事情中，小作者也吸取了教训，在有突发事件发生时，要懂得互帮互助，妥善处理，培养良好的公民意识。

　　这个绘本故事对于五年级学生来说还是很简单的，感觉真的没什么内容好上，孩子们看看绘本就应该都懂了。但是如何以绘本为载体，进行拓展和践行指导，才是绘本最值得研究的内容。

　　本课分为三个课时。第一课时是引入，介绍心语姐姐的话，介绍本书的主人公和绘画作者；第二课时引导学生阅读绘本，讨论其中包含的道理；第三课时目标是：1. 复习交流，学会如何妥善处理紧急事件，懂得互帮互助，体会团结的可贵；2. 情景设置，分组讨论，从自己做起，培养良好的公民意识。第一环节，我让学生回顾并总结上节课看过绘本后总结出来的道理；第二环节，也是本课的重点——导行。我把镜头转向了学生平时的校园生活中，主要是呈现了四幅图，也是在学校经常看到的画面——"过道里奔跑打闹""图书馆里的书堆放不整齐""厕所有异味""走廊地面有纸屑"，让学生分组进行讨论。其实对于五年级的孩子来说，道理都是懂的，看到图片后都明白错在哪里，问题是最后落实到行动时，有了偏差。所以，在小组讨论时，我要求每个小组用不同的方式来交流呈现，孩子们通过生动的演一演、读一读、说一说、写一写的方法，强化认知了作为一个具有良好公德心的人，什么该做，什么不该做，应该如何做一个有文明准则的人，如何做一个有公德心的人，怎样做才能让别人感到快乐和舒适。

　　最后一个环节，就将话题引入了下节课即将要学习的内容，走出校门，如何做一个有公德心的文明小公民。

　　绘本虽短小，但是却能有效地提高老师的育德能力。学校现在已经有了系列品格绘本故事，我们可以充分地利用起来，将它们也作为德育教育的一个有效载体，真正地为孩子们的品格教育助力。

　　张媛老师也交流了她绘本教学的心得：

这个故事传递给我的信息是：原来，在我们成人世界里容易忽略或者忽视的事和物恰恰是孩童眼里的大困难、大问题。我觉得，绘本可以成为很好的载体和依托。用绘本教学可以帮助学生更加直观地了解自己的情绪，教师也可以更准确、更及时地帮助学生处理我们容易忽略忽视的，却属于孩子的那些特别的"小情绪"。

绘本就像是一剂温和的中药，正在慢慢地改变孩子的体质。绘本是解决孩子成长中遇到问题的良药，能让孩子爱上阅读，温润孩子的心灵，慢慢感悟阅读给我们带来的变化。读绘本长大的孩子今后会是怎么样的呢？我想最大的不同，除了创意，还有就是学会了怎样正确积极地面对自己的内心，学会如何自我调适。因为绘本里可以找到方法，可以找到共鸣，也可以找到心灵的慰藉。读久了，也就会有所得了！

我们认为，低年级的学生喜欢绘本并充满好奇，但缺乏自我阅读的能力，老师们可以侧重于引导学生如何去阅读绘本，培养孩子初步感知与辨析的能力。

高年级学生对绘本的兴趣远低于低年级学生，老师们可以重在激发学生的道德反应，注重学生的道德体验和道德行为，培养学生的品格自我提升的能力。

我们建议各年级的班主任们在绘本教学开始前，大家进行集体备课。可以从以下几个方面着手：

1. 目标明确，内容聚焦。

2. 形式多变，留白适切。

3. 注重生成，善抓契机。

我们希望班主任能认真用好这些绘本，坚持上好绘本阅读课。那么，绘本教学的这 20 分钟，不仅会成为学校德育工作的又一个亮点，而且将成为我们学生品格提升与道德成长的乐园。

通过这样的一次品格绘本的示范、点评，各班班主任初步了解了绘本课程的基本教学方法。

为了在学校推行品格绘本课程，德育室又进行了一系列的安排。首先是让每个年级组根据级组情况，各自挑选 3 本绘本。德育室将信息汇总后，进行了统筹安排。

表 3.5　品格绘本教学安排

年　级	绘 本 内 容	时间(12:50—13:10)
一年级	晚安,小朵朵	第 12 周 11/14(周二)11/17(周五)
	汤打翻以后	第 14 周 11/28(周二)12/1(周五)
	好奇心成就小冠军	第 17 周 12/19(周二)12/20(周三)
二年级	晚安,小朵朵	第 11 周 11/7(周二)11/8(周三)11/10(周五)
	汤打翻以后	第 13 周 11/21(周二)11/22(周三)
	好奇心成就小冠军	第 16 周 12/12(周二)12/15(周五)
三年级	汤打翻以后	第 12 周 11/16(周四)11/17(周五)
	小豆子成长记	第 14 周 11/30(周四)12/1(周五)
	好奇心成就小冠军	第 15 周 12/6(周三)12/7(周四)
四年级	汤打翻以后	第 11 周 11/8(周三)11/9(周四)11/10(周五)
	小豆子成长记	第 13 周 11/22(周三)11/23(周四)
	好奇心成就小冠军	第 14 周 11/30(周四)12/1(周五)
五年级	精灵有爱	第 12 周 11/16(周四)11/17(周五)
	好奇心成就小冠军	第 13 周 11/22(周三)11/23(周四)
	汤打翻以后	第 15 周 12/6(周三)12/7(周四)12/8(周五)

其次,让每个年级组通过集体备课的方式,完成 3 本绘本的备课。每本绘本要求设计 3 到 4 课时的内容。随后,德育室将绘本的 PPT、各年级组上传的绘本教案打包,建立了品格绘本教学资料包,供老师们使用。一切准备就绪后,全校开始推行。每周周二的午会课时间就成了各个班级的品格绘本教学时间。为了确保品格绘本教学的实施,我们还建立了相应的保障机制:

1. 时间保障。每周二的午会课为品格绘本教学时间,教师不得挪为他用。德育室将巡视检查。

2. 绘本保障。由德育室统一根据年级组的选择下发绘本。课程完成后,再由各年级组将用好的绘本回收后交到德育室。

3. 教研保障。每个月至少进行一到两次教研活动,由年级组共同研究绘本,完成绘本备课,级组共享。

到了第二个学期,德育室再向老师们征集校外的优秀绘本,建立了校外优秀绘本资料包。再从中筛选出五本绘本,分别对应五种品格。要求各年级从学校品格绘本丛书中挑选两本,再从校外的品格绘本中挑选一本绘本,进行绘本课程的教学。每个年级至少要保证每个月完成一本绘本课程的教学。班主任们还可以从资料包里挑选自己喜欢的绘本进行绘本教学。这样,既确保学校品格绘本课程的正常开设,又可以让老师们根据班级需求,自由选择。德育室还是和上学期一样,为各年级的绘本教学提供绘本、教案、课后练习等。

三、悦读绘本中悄然转变的学生

在德育室的协调下,绘本课程顺利推行。虽然每个品格绘本故事都有现成的可参考使用的教案,但我们鼓励教师根据自己班级学生的实际情况,修改教案,上出班级的特色来。通过《晚安,小朵朵》《汤打翻以后》《精灵有爱》《好奇心成就小冠军》《小豆子成长记》等绘本课堂实践,孩子们心中悄然播撒下责任、善良、好奇的种子。在学生绘本学习后的练习中,我们看到了学生对绘本故事的思考,对品格内涵的理解。绘本故事的学习与思考潜移默化中影响着孩子们的思想和行为,也让我们看到了他们身上种种可喜的变化。

案例1　阅读绘本让他知道情绪可以调节

M老师班里有一位特殊的喜欢尖叫的自闭症孩子小H。开学后他的一次次震耳欲聋的尖叫,一个个异乎寻常的举动,让M老师也有些焦虑了。她觉得自己就是一个消防员,神经紧绷,随时待命,只要小H一有异常行为出现,她就必须立刻出动,被动地去处理突发状况。针对这种病理型的特殊学生,有时候老一套的教育方法反而适得其反,造成孩子更加的不安。M老师不断请教,不断摸索,调整着自己的教育教学方式。

一天中午,M老师照旧拿着一沓绘本走进教室,准备上绘本阅读课。她把《晚安,小朵朵》发了下去,发现小H快速地翻阅着。绘本薄薄的,没两分钟,他就看完了,无所事事,东张西望。这时,也有好几个孩子看完了,像小H一样坐立不安。M老师慢慢走到小H身边,摸摸他的头,然后语气平和地对大家说:

"朵朵睡不着觉后,是谁想出了好办法帮助朵朵的? 你能不能读读上面的句子呀?""你有类似的经历? 又是怎么解决的?"……于是,小 H 又兴致勃勃地低下头,专心地看了起来。M 老师看着他认真阅读绘本的模样,欣喜地想,也许可以借助绘本让他们的心彼此走近。

M 老师去图书馆,找到了特蕾西·莫洛尼的《宝宝的第一套情绪管理丛书》,挑选了《我不想生气》这本绘本。故事中小兔子的各种表现,帮助孩子们能更好地大胆表达自己的情感,知道正确的缓解生气情绪的简单方法,知道生气对自己和对别人来说都是不好的。根据小 H 的特点,M 老师将目标定位于:1. 能正确面对生气,知道这是人的正常情绪;2. 了解一些缓和生气情绪的简单方法。

一天中午,M 老师把小 H 叫到办公室,和他一起阅读《我不想生气》。她一边阅读,一边告诉他生气是最难控制的情绪,每个人都会生气,这是人的天性,但是我们能通过良好的手段控制和克服生气的情绪。

"呼——吸——""我们也像小兔子一样,找个安静的角落坐一坐吧!""我是你的好朋友,有什么不开心的事情,可以来办公室告诉我。"……在 M 老师的引导下,小 H 跟着绘本故事中的小兔子一起,兴致盎然地尝试着让生气的大火球慢慢变小、瘪掉。

事后,M 老师也写下了运用绘本教育的感想:阅读是一辈子的事,阅读绘本所给予的不仅是眼睛的享受,更多的是细节的领悟和心灵的体会。孩子们在与绘本进行心灵对话中,可以学会积极、坦然地接纳自己所谓的"缺陷",学会用幽默的态度面对生活,学会充分享受温暖的亲情和友情,丰富内心,升华境界,健全人格。教师需要用心体会孩子的期望,用"爱的眼神"给予鼓励,用"爱的绘本"创造一个陪他一起成长的共生环境。

案例2 **"相撞"以后,他们变友好**

五年级的 P 老师上完《汤打翻以后》绘本课后,发现学生再遇到同样的问题时,学会了如何处理情况,能比较好地解决问题。

于是,她建议学生在校园生活中做个有心人,多观察,看看会出现哪些意想不到的事情或状况，可以尝试通过绘画或文字的形式记录下来，创作出属于每个人自己的绘本故事。

周一早上，她收到了这样两篇周记：

星期五音乐课课间，我来到走廊排队。谁知，我刚挤进队伍，排在后面的小Q伸出手推我。我觉得很疼。他平时坐在我后面，常常捉弄我。这次一定又是故意的。我很生气。——小L

上个星期五，快上音乐课了，我去生活柜里拿好了音乐书和吹管，到走廊里排队。我刚刚站好，小L突然往后退，我没有办法站稳，只能使劲一推。我连忙对他说对不起，但他却对我很凶。——小Q

小L是个聪明的孩子，知识面广，擅长写作，但是和同学相处时，却不大懂得宽容。小Q坐在他旁边，比较调皮，成绩不太好，爱好画画。本来想让他俩做同桌，能够互帮互助，但却常常有点小摩擦。看来星期五排队的事儿，使两人之间的关系更不好了。怎么办呢？P老师没有把两个人都叫来批评教育一顿。而是思考着有没有比说教更好的方法。

P老师请来了两个孩子。先请他们交换彼此的周记，看完后留言，再交换阅读。

其实，我不是故意要推你的。只是你突然挤进队伍，我没有站稳，只能伸手推了你，没想到把你弄疼了。在此，我要对你真诚地说一声对不起。——小Q

我没有想到挤进队伍会让你站不稳。你推了我，我很疼。再加上，你以前捉弄过我，所以我很生气。现在，我知道你不是故意的了。我原谅你了。——小L

文字，往往比语言更有说服力。小L感受到了小Q的歉意，两个孩子对于这件事和解了。那么，能借助这次机会，让他们学会相处吗？一番思忖后，P老师又突然冒出了个念头。她找来了他俩。"这次的事情，你俩解决得很好呀！平时在排队时的确容易发生碰撞，你们还有什么解决的好方法吗？"他俩听了，面面相觑，不约而同地摇摇头。"你俩一个擅长写作，一个爱好画画，不如，你俩合作把这件事写成绘本故事吧！看看同学们还能想到些什么好办法，怎么样？"两人一听，能发挥所长，都笑眯眯地点头答应了。

课间，两个有了共同目标的小家伙，一个画，一个写，配合得从没那么默契过。

周五时，他俩一起拿着作品来了。P老师给他们的绘本故事取了个题目，叫作"相撞"。

　　绘本课上,他俩向大家讲述了这个故事。而故事的最后一个画面,他俩空着没画。只留下了问题——该怎样避免在排队时相撞?如果相撞了怎么办呢?孩子们七嘴八舌地讨论起来。"先排队的同学,可以把没到的同学位置预留好。""平时可以注意自己和排头的距离。""如果撞到了,要学会宽容。""看到别人要排在前面,就往后退一点。"……

　　其实,在班级里每天都会发生各种的突发情况。通过对故事内容的深入讨论,学生不仅知道了遇到相类似的情况怎么处理,更重要的是,将学习迁移到具体的生活实际中。P老师觉得学会发现问题、解决问题,正是学生成长过程中应该掌握的重要的能力。如果说阅读绘本故事,是对学生心灵的唤醒和启发。那么,在创作绘本故事的过程中,学生了解的是一种处理和解决问题的思维方法。

　　绘本课程以"随风潜入夜"的姿态,悄悄地滋润着学生的心灵。在不知不觉中帮助学生构建起立体的世界,在书本与生活、知识和情感间架起了桥梁。绘本课程成为学校品格教育的有效载体。

案例3　将责任与使命感根植孩子的心田

　　S老师班级有一个非常特殊的孩子W,从四年级下半学期起,他家里发生了翻天覆地的变化。父亲突然失业,母亲因此患上忧郁症,家里居然还生了二胎。W不再成为全家宠爱的焦点,他便以种种出格举动来引起大家对他的关注,他有时赖在家不肯上学,有时会莫名其妙打同学……经过学校老师与他父母多次商议,共同联手,耐心教育,W才渐渐收敛,稳定了情绪。

　　一番观察后,S老师发现W还有一个特质,别看他人高马大、膀阔腰圆,思想其实挺单纯,尤其爱看故事书。平时抓起一本喜欢的小说就会如痴如醉,茶不思饭不想地一口气读完。在绘本课上,W的专注程度也达到了前所未有,看大屏幕听《汤打翻以后》的绘本故事时他抬着头全程目不转睛。当S老师问道:"如果我们遇到类似的事情,应该怎么做?"他还出乎意料地举手,说:"一定要收拾干净,不能让老师同学再滑跤了!"S老师听了忙表扬道:"W同学故事听得非常认真,回答也很到位,做任何事都不能给别人添麻烦,这就是责任心的表现啊!说得好!掌声!"全班同学立刻掌声雷动,W喜滋滋地坐了下去。作为这节课的总结，S 老师语重心长地告诉全班同学：

"万物都有自己的责任，花有果的责任，云有雨的责任，太阳有光明的责任，而我们每个人，也都应担负各自的责任。作为学生，就要认真学习知识本领，这是责任；作为父母就要精心养育儿女，这是责任；作为老师就要解惑授业，这是责任；作为医生就要救死扶伤，这是责任；作为军人就要保家卫国，这也是责任！每个人都尽到自己的责任，国家才会繁荣昌盛，社会才会进步发展，个人才有价值体现！"

S 老师寻思着难得 W 对绘本故事如此感兴趣，可不能让他的进步如昙花一现。所以，午餐后又找 W 来办公室谈心，鼓励 W 做一个不给别人添麻烦，对自己、对他人都很负责的人！

接下来的一段时间，W 没有让老师失望，无论是上课还是做作业，都明显有了改善。于是，S 老师不仅在全班同学面前夸奖 W 决心做一个对自己负责任的人，不给别人添麻烦，真的做到了！说话算话，非常诚信。放学后，还备好了小饼干，并"乘胜追击"与他商量："还有两个月就要写字等级考试了，我想请你有空时放学留一个小时，帮你指导一下书法，当然我每次都会给你准备一些小点心垫垫饥，总不能饿着肚子写字。"W 充满感激地说："老师，我会认真练的！"

就这样，那些天放学以后，经常可以看到 W 一笔一画临摹书法的身影，而 S 老师则不断为他示范、点赞、加油、鼓劲……一段时间后，他的字开始有模有样起来，对自己也更有信心了。

W 一天天在努力践行自己的决心，做一个为自己的行为负责的人。S 师看在眼里，喜在心里，并进一步对他提出更高的要求："老师觉得你不仅诚信，勇于为自己负责，而且你很有潜力，完全可以在班级里承担一点责任，为集体做些事，你那么爱阅读，力气也很大，我想请你当图书保管员，管理图书，不知你是否愿意？"

"我当然愿意，这样我可以看更多的书了！"W 两眼放光，喜不自禁，转而神色又黯淡下来，"可是，我能行吗？"

"怎么不行？只要你有为大家服务的决心，就一定能做好的，老师相信你！"

就这样，图书员 W"上岗"了。每次借书，他都细致盘点图书，看看有无缺漏，逐个与同学沟通催讨。每次还书，他都捧着小山似的图书一口气跑到七楼，虽然气喘如牛但毫无怨言。虽然只是个小小的岗位，但他干得有声有色、有滋有味。

一个学期将近尾声,W已经脱胎换骨般地"重生"了。上课时,他目光专注;作业本上一干二净的字迹让人眼前一亮;写字等级考试顺利获得通过;在家他也能帮着妈妈一起照顾妹妹,变得更懂事了……

爱默生说:"责任具有至高无上的价值,它是一种伟大的品格,在所有价值中它处于最高的位置。"通过这次的绘本教育课,S老师发现责任心和使命感的确是一个无比奇妙的东西,能让一个原本做一天和尚撞一天钟、懒散成性的人渐渐焕然一新,慢慢地有了对自我成长的内驱力。可见,在教育中,引导激励学生履行责任,增强使命感是实现人的全面发展的必由之路。每个人只有在全面履行责任与使命中,才能实现个性的丰富和完善,使潜在能力得到充分挖掘和发挥,进而最大限度地实现自身价值。

四、绘本课程带给教师的思考

绘本课程开设后,老师们也总结了一些教学的心得。例如,二(1)班的曹静老师通过绘本教学,有了以下几点感受:

1. 教育要遵循儿童的年龄特征,一年级的孩子不适合用说教的方法进行教育,他们更喜欢的是故事,有情节的故事,生动鲜活的故事,故事更易导行,我们要在教育中多给孩子讲故事,少说大道理。

2. 教师在开展学生的教育工作时,选择的故事一定要贴近学生的实际生活。越是离学生生活近的人物、故事,越是能引起学生的共鸣,产生同感。绘本故事是身边同学身上发生的真实故事,学生容易与主人公产生同感。当学生与故事主人公产生了同感,教育更容易进入学生的内心,让学生能主动地去探究,主动地去吸收。

3. 教学的效果不一定与教学的时长有关。每周的绘本课虽然用的时间每次都不超过15分钟,但它起到的效果并不比一节35分钟的班会课或主题教育课差。对于低年级儿童来说,本身思想能集中的时间就短,时间长了听讲效率会越来越差,无效时间增多。而每周短小的绘本课的时间更接近学生思想能集中的时间,所以在绘本课上学生的听讲效率非常高,无效时间很少,因此短小的绘本课对学生的品格养成会起到良好的效果。

4. 绘本课在我的班主任工作中起到了明显的教育效果。作为一名班主任,我们应该在日常生活中，善于发现身边学生的小故事，把这些小故事积累起来，用这些小事去教育、引导更多的学生，也让更多的学生愿意成为故事中的主人公，把自己的故事与伙伴分享，从而帮助身边的伙伴走出困境，让这些小故事产生大能量。

教师不仅因为绘本课程的实施而改变了以往的教育方式，有的老师因为绘本教学而爱上了绘本，有的老师利用绘本，找到了品格培育的方法；有的老师对绘本中的榜样选择有了自己的思考和做法；有的老师还因为绘本课程而拓展着班级其他的育人渠道。

案例4 爱上绘本教学的老师

盛啸炜老师送走了五年级毕业班，迎来了一年级新生，她觉得班级里的每一个孩子都是萌萌的，非常可爱。随着慢慢接触，她发现这些孩子身上有着一些共性的特点：见识广、开朗热情、对于一切新鲜的事物都非常好奇，爱探索，可塑性非常强。当然，他们自信却也自我，尤其是在一个新的集体中，他们与人交往的能力较弱，在现在家庭的6＋1的背景下，也都娇生惯养，没有集体意识，碰到问题不会表达或者情绪失控。这些刚从幼儿园里毕业的孩子们，要进入一个新的环境和集体，面对新的规则，就必须要给他们树立新的规则意识。她觉得学校开展的绘本教育就是一个非常好的载体，可以用孩子们喜闻乐见的方式，在他们的世界观初步形成之际，让他们逐渐明白如何在集体中正确看待自己、学会独立、如何尊敬父母和师长，友爱同学。在教《晚安，小朵朵》品格绘本故事时，她就根据一年级学生的特点调整了教法，也发现孩子们的一些可喜的变化。

在教授这本绘本故事前，盛老师从学生这里了解到班级当中90％多的孩子都还是和爸爸妈妈睡一起，有的和祖辈睡，自己独立睡觉的只有不到10％。她认为孩子从小学开始甚至是在幼儿园大班期间，就应该有自己独立的卧室，并且独立睡觉，这对孩子形成独立自主的习惯是一个开始，应该要让学生知道，自己不再是个小婴儿，而是能够独立的大孩子了。于是，她以这个话题为切入口，结合绘本故事中的小朵朵也是独立睡觉的，让学生知道什么叫作独立，独立的长大的孩子应该做些什么。讨论完这个话题以后，学生们都纷纷表示准备回家和爸爸妈妈商量，想要自己睡觉了。接着，她给学生讲述了这本绘本的故事内容，大家都听得津津有味，若有所思。"你们有什么办法让小朵朵不再害怕？最终，小朵朵克服了心里的恐惧了吗？你认为小朵朵是个怎么样的孩子呢？如果你是小朵朵，你会怎么做呢？"盛老师提出了一系列的问题，学生们七嘴八舌地说着自己的想法，虽然思维稚嫩，话语浅显，但是他们在努力表达心中所想。这何尝不是鼓励学生独立思考、大胆表达呢？盛老师结合学生的发言，又告诉他们遇到问题该如何寻求帮助，努力解决。最让她惊喜的是，过了几周，有两位家长给她发微信说，他们的孩子居然主动要求独立睡觉了，这让他们感到非常惊喜和感激。听到这个消息后，盛老师也非常开心，这让她有一种自豪感和成就感。

　　用简单的语言、丰富的图片就能够发挥教育的作用，事半功倍。《晚安，小朵朵》的绘本课程结束之后，小盛老师也爱上了绘本教育。这之后，她还从家里把给儿子读的绘本《爱心树》拿到了学校给孩子们分享，引导学生要学会感恩，回家帮爸爸妈妈做些力所能及的家务，学会独立，让大人们少操心。在之后几天的微信朋友圈中，几个家长晒出了孩子帮忙做家务的照片，并感谢老师的辛勤教育。看到绘本教学对学生的品格教育有这样的效果，盛老师感觉特别欣慰，也越来越热爱绘本教学了。

（供稿人：盛啸炜）

　　其他一些老师也像盛老师一样，因为品格绘本的课程开设在班级教育中起到了意想不到的好效果，而爱上了绘本教学。

五、绘本教育中的品格榜样选择

　　绘本是儿童的主要精神食粮，给学生的精神、情感、认知等方面以启迪，绘本中多样的形象、丰富的情节和蕴含美好品质的故事能增加幼儿的体验和学习。人类的大部分学习都是靠模仿而习得，因此品格教育绘本非常注重榜样的选择和塑造，通过榜样，教会学生学习责任、分享、尊重等品质。随着学校优秀绘本的创编，班主任老师常常借助绘本故事对学生进行品格教育的渗透。

　　可是，当绘本教学成了学校一种教学时尚时，有些老师开始思考：仅有的资源远远不够，如何利用有限的绘本阅读并扩大绘本教育的范围；如何选择好的绘本，树立好榜样的引导；绘本中的榜样对孩子的品格养成而言会有多大的帮助？汪艳老师觉得，让孩子在阅读绘本的过程中养成品格，就需要把品格故事融入他们的生活中，让他们能在阅读中既体会故事的美妙，又能从中学习到榜样形象所展现的各种品格。

因此，在尝试充分利用学校有效资源的基础上，她还利用班级的阅读活动，推荐孩子去阅读一些学生喜欢的绘本，以绘本里的人物形象来潜移默化影响学生的品格养成。

案例5 选择绘本榜样进行品格培育

1. 榜样选择，激发兴趣。

许多古代的榜样人物停留在书本中和老师的讲述中，难以进入孩子的心里，也很难融入他们的生活。因此，需要结合时代背景在故事中塑造更多孩子们喜欢的榜样或偶像，这样才可以走进孩子的心灵，才能激发孩子的品格发展。

一位家长给我推荐了一套"小兔波力"系列绘本。该套书一共有十一册，由一个个温暖亲切的小故事构成。小兔波力就像我们身边真实的孩子，每天都会遇到很多困难：如何与人相处、如何承担责任、如何关爱他人等，小兔波力通过亲身经历和感悟为孩子处理问题提供了模仿的榜样，他淘气又可爱的形象会通过美丽的画面和温情的故事涓涓流入孩子的心田。

2. 榜样故事，提供教育契机。

洛克指出，"没有什么事情能像榜样这么能够温和而又深刻地打进人们的心里"。在每周绘本教育的时间，一开始，以我为主，以生动的讲述，以事感人、以情动人，用榜样范例的故事来引发学生的关注。小兔波力在犯错误和遇到困难时是如何做的，他遇到了哪些困难，又是如何处理这些困难的，这些在一个个小故事中都描绘得很细致，小兔的榜样行为也十分具体，贴近学生生活实际，容易让他们接受和模仿。后一阶段，孩子们利用每天的阅读时间自我阅读，并在中午绘本教育时间进行故事讲述，用他们的语言，从他们的视角来分享所得所感。

3. 形象的榜样典范，激发品格行为。

榜样人物能引发感情共鸣，增加认同感：小兔波力的性格并不是完美无缺的，他有时候很懂事，可有时候他经常闯祸让爸爸妈妈生气、他为了搭建水坝的事和好朋友艾迪争吵过、也不愿意分享自己好吃的食物。正是通过经历这些不完美的事情，才让小兔波力学会了许多做人做事的道理，也让小朋友们在阅读故事的时候理解了关于责任、爱、分享等品格的含义。班杜拉指出，自我效能感是影响复制过程的一个重要因素,所谓自我效能感,即一个人相信自己能成功地执行产生一种特定结果所要求的行为。高标准和高要求的完美道德形象的化身,不切实际、缺乏感召力,难以与孩子们在心理上达成一致,远离生活实际,从而失去了自我认同感,更难以使榜样精神转化为自身发展的动力。榜样形象越是过于完美,学习者越感到无法达到这样的标准,而会选择主动放弃学习这些榜样。总之,榜样的选择我考虑到了学生的心理特点,因此,更有助于学生的品格养成。

(供稿人:汪艳)

确实,榜样的力量是无穷的,我们常常用榜样来教育孩子,不同年龄阶段的幼儿需要不同的榜样形象,选择合适的榜样,对孩子的品格教育和道德发展有很大的帮助,榜样可以在潜移默化中培养孩子健全而富有魅力的品格。

还有的老师以绘本为载体,拓宽德育教育渠道。例如,孙小鹰老师在班级中尝试用多种形式。一是通过"献、购、借"的方法筹集绘本,使图书角的绘本常看常新,来推进学生的绘本阅读。她在班级建立了图书角,向学生推荐绘本阅读目录,激发学生的阅读兴趣,营造班级读书氛围,为推进绘本阅读奠定了坚实的基础。二是亲子共读绘本,她还要求班级家长参与,开展"故事爸爸(妈妈)"智慧妈妈智慧爸爸讲故事活动。要求每位家长至少准备两个智慧故事,与孩子共读绘本。绘本成为父母和孩子之间沟通的桥梁,增进了亲情,使家庭关系变得更加融洽。三是开展班级读书会,有计划地开展绘本阅读活动。有的时候,要求学生阅读相同的绘本故事;有的时候,大家讲述不同的绘本故事。在学生分享心得与讨论观点中,不断激发他们形成新的思考。

通过绘本阅读,学生在潜移默化中把绘本中的美好寓意逐步内化为自己的道德认识,从而升华自己的道德情感,影响自己的道德实践,提高了德育教育的实效性。

六、用绘本塑造学生的良好品格

小学阶段是塑造个人品格的重要时期,良好的品格教育能促进小学生健康成长,最终成为对社会有用的人才。在小学生的品格教育中,绘本发挥着重要的作用。

绘本由简练生动的语言和精致优美的图画紧密搭配而成,带给学生直接的感官享受,引领着学生飞翔在一个个或奇妙或真实的空间里。因此,很多老师尝试着引入绘本教学，有意识地开发和利用绘本中的内涵，塑造学生品格，促进学生良好行为的养成。侯小晶老师认为在教育学生的过程中，对学生品格的塑造，一个故事的作用远胜于长篇大论的说教。绘本故事短小单纯，画面有时很简单，只有寥寥数笔，但所勾勒的画面令人充满遐想，常常深藏着自我认知、友情、亲情、生命等人生哲理，读后令人回味无穷。因此，她在教学时注重指导学生仔细观察绘本画面，想象绘本所要表达的情感和感受，由此进一步体会绘本所传达的人生哲理，不断修养自己的品格。两个学期的绘本教学，不但让学生的心灵受到触动，精神得到满足，还潜移默化培养了学生品格，使教育目标无痕地内化为学生自身的行为和态度，真是一举两得。

由蒋利华老师和家长根据班级学生的真人真事编写的《晚安，小朵朵》这本绘本，学生读了之后有一种亲切感和认同感。这本绘本受到了很多师生的喜爱。在绘本阅读课上，蒋老师班级的同学们学习热情也格外高涨。课后，它成了小伙伴争先阅读的"宝贝"。课上完了，如何利用绘本效应进一步开展有效教育引起了蒋老师的思考和更深入的一系列实践。一学期结束后，蒋老师写下了自己实践的经验总结。

案例6 未完待续的小朵朵

一、联系实际，引申绘本内涵

《晚安，小朵朵》这个绘本故事的内涵是赞扬了小朵朵尝试自我调适，成为勇敢克服困难的小女孩。不同的孩子对于勇敢的理解是不同的，勇敢的表现形式也是不一样的，在绘本课上，我又设计了小组讨论和大组交流的教学形式，让学生联系自己的实际情况，说说怎样的行为是勇敢的表现。学生各抒己见，大胆发表自己的意见：勇于承认错误并及时改正是勇敢的表现，遇到难题自己动脑筋思考是勇敢的表现……勇敢的内涵在一次次讨论和交流中不断引申。接着，我们又开展了"谁是勇敢的小朵朵"的评选活动。通过一段时间的努力实践，班级涌现出许多勇敢的"小朵朵"。他们有的是不怕伤痛，积极治疗的小钱、小姜同学，有的是勇于改正错误的小涂、小文同学，还有的是不怕困难，学会游泳的小姚、小唐同学……小朵朵不再是小王一个同学的别称，而成了我们三(5)中队中一个具有代表性的群体的称呼了。

二、利用绘本效应，拓展绘本外延

通过各种方式的绘本学习，朵朵的形象已经深入人心，朵朵的精神也激励鼓舞着班级的学生。小小的绘本产生了较大的教育效应。在此基础上，我利用这一有效效应，拓展绘本的外延，进一步开展了绘本的后续教育。

我在平时的教育教学中，把班级中出现的一些典型问题也编写成一个个小故事。故事中的小主人就是大家熟悉的小朵朵，然后，把这些故事讲给同学们听，让大家来了解朵朵的问题和错误，同伴一起来帮助朵朵克服困难、解决问题或改正错误。有一次，我班的两位同学在厕所间玩耍，无意中发生了爬窗的危险事件。对此，我让大家一起学习讨论。在讨论的过程中，同学们纷纷指出了两个"小朵朵"的错误所在，并非常真诚地提出了改正意见。这种教育方式避免了让这两位犯错同学难堪，两个当事人也一起参与讨论。通过交流讨论，不但这两位"小朵朵"得到了自我教育，班级学生的安全意识也加强了。这样的教育方法收到了较好的教育效果。接下来，我又组织学生一起来编编讲讲朵朵的小故事。"挑食的小朵朵""能干的小朵朵""最美的小朵朵"等一系列故事出现在学生的周记本上，出现在中队的十分钟队会上……

三、家校合力，形成系列教育

在以后的班级活动中，我也经常会把学生存在的普遍问题归纳起来，以解决小朵朵的问题形成教育系列。二年级的时候，我们班级中很多学生在放学后时间安排上和家长之间产生矛盾，有的孩子在校学习了一天，感到比较累，放学后想放松一会儿再做家庭作业，家长不同意，一定要他们一回家就做作业；有的孩子喜欢一回家就把作业做完，可是爸爸妈妈回家看到孩子做好作业没事干就再布置作业给孩子。就这样，孩子和家长之间产生了矛盾，孩子的烦恼渐渐产生。对此，在第一次家长进课堂的活动中，我和家委会商量，确定了上课的主题——"朵朵的烦恼"。主讲家长以"朵朵的烦恼"为切入口，从各位朵朵的实际出发，教会他们如何去解决生活学习中的矛盾，课后，"朵朵们"和"朵朵"的家长们按照主讲老师所提供的方法去尝试和实践，两者之间的矛盾渐渐解决，"朵朵们"的烦恼也慢慢消除。进入三年级，班级大部分学生对学习和生活都缺乏明确的目标，学习的主动性不够。对此，在第二次的家长进课堂活动中，我们又确定了以"朵朵的梦想"为主题的教育活动。"追求理想，快乐学习"的主题教育课为学生指明了方向，起到了较好的教育效果。

（供稿人：蒋利华）

一本或几本绘本的教育影响力是有限的，但是蒋老师以此为开端，不断地去挖掘它的内涵，拓展它的外延，绘本的教育意义也将是无限的、深入的。学生读了《晚安，小朵朵》后也在拓展思考与积极实践。

案例7 我也是勇敢的小朵朵

我为什么会说自己也是勇敢的小朵朵呢？因为我克服了心理障碍，成为一名懂事勇敢的小男子汉。

我的故事要从幼儿园说起，那时我就觉得我的爸爸妈妈和其他小朋友的父母不一样：他们俩几乎不会同时出现，其他小朋友的父母会带他们的孩子一起去游乐场、去看电影，但在我的记忆中，几乎没有。我就是带着这样的疑惑，从幼儿园来到了小学。到了小学后，随着我年龄的增长，我似乎猜到了什么，又不敢开口问妈妈，所以整天闷闷不乐，性格也变得内向，上课也会思想不集中，担心爸爸妈妈不要我了。老师和妈妈都看出了我的心思。有一天，蒋老师在做操的时候轻声问我："你的爸爸妈妈为什么没和你住在一起？"我轻轻地摇摇头，回答："不知道。"一出校门我就心急如焚地问妈妈。妈妈先是沉默不语，在我的再三追问下，妈妈哽咽着对我说："我和你爸爸离婚了，但我们依然爱你。"我似懂非懂地点了点头。

一回到家，我还是忍不住哇哇大哭起来，虽然我已经猜到了，但是知道真相的我还是很难过。这时，妈妈把我抱在了怀里，妈妈说："就是怕你难过，怕你觉得和别人不一样，才一直没有开口告诉你。"

后来，爸爸妈妈一有空就带我出去吃饭、看电影，我感受到了他们依然爱我，我也变得开朗、活泼起来，走出了他们离婚的阴影。又过了一段时间，我才知道原来蒋老师和妈妈为了我的事已经沟通过很多次了，我既要谢谢蒋老师也要谢谢妈妈。在这里我要告诉蒋老师和妈妈，我已经长大了，是小男子汉了，不会再让妈妈为我的情绪而担忧了。

你们说我勇不勇敢？

勇 敢 的 朵 朵

上星期五，我们读了有趣的《晚安，小朵朵》绘本，大家都很喜欢。于是蒋老师决定在班级里推选一位勇敢的"朵朵"。我想了想,觉得自己这近一年来的经历也算是一个勇敢的"朵朵"。

记得去年七月,我在桐庐游玩,乘坐下山滑道时发生了事故,被撞到了铁轨外。当时,一阵阵钻心的疼痛让我没办法站立了。但是看着爸爸妈妈煞白的脸色,我想:不能哭闹,这样就不会增加他们的负担。于是我强忍着疼痛,一滴眼泪也没掉。

经过医生的诊断,发现我的大腿骨错位,必须接受手术。于是,经过第一次全麻手术,我的大腿骨里植入了钢板,用来固定骨头,足足缝了十四针,医生查房时,夸我:"这个小朋友真坚强啊!"护士阿姨也对我竖起大拇指。

没多久,我就坐着轮椅,拄着拐杖坚持上学了。

上个月,我又来到医院拆钢板,为了避免麻药伤脑子,这次手术用半麻。一想到要清醒面对手术,我有些紧张。为了消除恐惧,我躺在手术台上时,想象着自己腿好了,可以跑、跳、游泳该多好啊!这样一想,我好像就不那么害怕了。

如今,我恢复了健康,医生本来说至少要一年,可我却只用了八个月,就能正常行走。你们说我是不是个勇敢的"朵朵"呢?

我们真诚地愿所有的"小朵朵"都能在品格绘本的学习中,变得自信、坚强、勇敢,成为最好的自己!

第四章

追踪：心理健康教育的鲜活侧写

自赛里格曼提出积极心理学的概念以来,心理健康也经常以个体是否具有"积极心理"作为一项衡量标准。积极心理中的核心概念之一即为"品格优势",它是促进个体身心健康与幸福感,缓解抑郁与压力的良好资源。教育部门近年来提出,在中小学心理健康教育中,要在心理辅导活动课、心理健康教育活动中倡导积极心理学的内涵,将理论创造性地应用到实践中去。基于这样的背景,我校提出了与品格教育高度融合的、具有本校特色的心理健康教育的目标、路径与内容,探讨在心理健康教育的视角下,如何培育具有品格优势的学生,开发他们的潜能。

　　学校的心理辅导室是进行心理健康教育的重要场所之一,在学生心中,它是可以全然放松地表达心声的地方,所以也称之为"心语屋"。在这间色彩明亮的大屋子里,墙面上挂着充满想象力的儿童画,桌上摆放着学生爱读的各种图书,各式各样的卡通玩偶,还有一个大沙盘。很多学生都想到这里来玩一会儿,放松一下心情。在"心语屋"里,发生着一场场心与心的对话,接收着一封封承载学生心声的信件。"心语屋"外,课题组的老师们也为学生搭建了极其丰富的心理健康课程资源,从班级走向年级,从教室走向舞台,从整节课走向微课。

关于中小学心理健康教育,最早在教育部1998年《关于加强中小学心理健康教育的若干意见》(以下简称《意见》)中就有明确定义:"中小学心理健康教育是根据中小学生生理、心理发展特点,运用有关心理教育方法和手段,培养学生良好的心理素质,促进学生身心全面和谐发展和素质全面提高的教育活动,是素质教育的重要组成部分。"

在2012年12月,为进一步科学指导和规范中小学心理健康教育工作,在认真总结各地心理健康教育工作经验的基础上,教育部印发了《中小学心理健康教育指导纲要(2012年修订)》(以下简称《纲要》)。《纲要》明确要求:学校应将心理健康教育始终贯穿于教育教学全过程,将符合学生特点的心理健康教育内容有机渗透到日常教育教学活动中,将心理健康教育与班主任工作、班团队活动、校园文体活动、社会实践活动等有机结合,充分利用网络等现代信息技术手段,多种途径开展心理健康教育。《纲要》已成为中小学心理健康教育工作的行动指南,必将促进我国中小学心理健康教育工作深入发展和全面普及。如今,心理健康教育课已经作为进入课表的常规课程在全市乃至全国范围得到普及。

我校自2012年即在三年级开设了心理健康教育课,设立专职心理辅导教师,2016年取得了"上海市中小学心理健康教育达标校"的称号,并于2018年顺利通过复验。我校心理健康教育的工作不仅在上述《意见》与《纲要》的统领下开展,而且始终响应上海市所提出的以"健全人格、开发潜能"为核心理念的发展性心理辅导理论,本着"不忘本来、吸收外来、面向未来"的思路,以更多元、更广阔的视角来谋求校本化的心理健康教育的科学发展。

与此同时,我们也一直在思索和寻觅能够打造学校特色的心理健康教育之路。结合培育学生品格的研究,我们特将心理辅导教师纳入研究小组,从心理健康教育的视角,共同探讨培育具有品格优势的学生,开发他们潜能的方法。本章将通过若干具体的实践操作来评析我校以心理健康教育作为路径进行品格培育的案例及其成效。

第一节 品格培育视角下的心理健康教育

一、品格培育与心理健康密不可分的关联

心理健康指个体能够适应和发展着的环境,具有完善的个性特征;且其认知、情绪反应、意志行为处于积极状态,并能保持正常的调控能力。从广义上讲,心理健康是指一种高效而满意的、持续的心理状态。从狭义上讲,心理健康是指人的基本心理活动的过程内容完整、协调一致,即认识、情感、意志、行为、人格完整和协调,能适应社会,与社会保持同步。

自赛里格曼提出积极心理学的概念以来,心理健康也经常以个体是否具有"积极心理"作为一项衡量标准。积极心理学是研究导致个体、群体和组织心理繁荣以及最优功能的条件与过程,是对人的优势、幸福感、最优功能、繁荣的、严谨的科学研究。积极心理学不否认消极或病理导向的心理学的作用,但是更强调积极的心理健康的重要性。积极心理学有三方面内容,即积极的情绪、积极的个人特质、积极的组织。教育部门近年来提出,在中小学心理健康教育中,要在心理辅导活动课、心理健康教育活动中倡导积极心理学的内涵,将理论创造性地应用到实践中去。积极心理学是我们着眼于品格培育研究的重要理论背景,其中的核心概念即为"品格优势",具体指通过认知、情感和行为反映出来的一组积极人格特质,也是促进个体身心健康与幸福感,缓解抑郁与压力的良好资源。

在我校多项品格培育的具体内容中,可以看出品格与心理品质之间的高度对应性。因此,我们觉得对品格进行培育是个体通往心理健康的必经之路,也是培养与塑造个人人格的重要途径之一。

表 4.1 各年级心理健康教育目标与五大品格的内涵的对应

年　级	心理健康教育的目标	对 应 的 品 格
一年级	1. 初为小学生,适应新环境 2. 能够介绍自己的特点 3. 养成规则意识 4. 学会用"隔离"法调节自己的情绪 5. 感受学习知识的乐趣	好奇心：求得新知,接受新环境的挑战 自我调适：先学一点点情绪调节的小方法
二年级	1. 能清楚地知道自己和他人内在的不同,想法的不同 2. 学习如何更好地与朋友相处 3. 巩固已经学习的调节情绪的办法,并用更符合情境的方式来进行调节 4. 养成良好的学习习惯	社会智商：与人交往,学习站在别人的角度上思考 自我调适：情绪调节的小方法 坚持不懈：学习自我时间管理,能集中注意力地完成学习目标
三年级	1. 从正确看待自己中接受自己,培养自信心 2. 培养团队意识,在团体中感受成长,获得归属感 3. 体验助人的乐趣,培养利他行为 4. 学会自控,能专注于事,培养耐性	公民意识：担当自己在团队里的责任,为共同的目标精诚合作 坚持不懈：能够自我管理,做事有始有终 社会智商：帮助别人,发展亲社会行为
四年级	1. 学习如何站在他人的角度来表达观点,感受他人的情绪,培养同理心 2. 学会倾听他人的观点、看法 3. 理解、接纳团队中其他人与自己不同的观点 4. 对于他人的错漏造成的团队损失,能够有包容心	社会智商：发展观点采择的能力,更好地与人交往。能够宽容、理解他人 公民意识：有担当,会沟通,互相理解,更好合作
五年级	1. 根据现在的自己,对未来的自己发出畅想 2. 学习认知的情绪调节的方式 3. 直面困难与挫折,学习如何激励自己,不轻言放弃 4. 对于发生的事能有自己的价值判断,不人云亦云 5. 初识青春期,了解男孩与女孩的不同	自我调适：更多更成熟的情绪调节方法,帮助自己形成积极向上的心态；从他律的规则到有自己的价值判断 坚持不懈：遇到困难时,多想想对策和方法,努力去实现自己的目标

　　除了两者之间的紧密关联,品格培育课题的确立也为我校的心理健康教育带来了新视角。在现代儿童观确立后,众多研究者对儿童及青少年心理发展的特点进行了不断探索。尤其近百年来所积累的研究文献揭示了儿童、青少年发展的诸多本质特征,创立了诸多具有开创性的理论流派,譬如皮亚杰的认知理

论、班杜拉的社会学习理论、布洛芬布伦纳生态理论,等等。但是,随着上述著名理论被一一提出之后,研究者们开始更倾向于将对儿童、青少年问题行为的描述、解释、预测和矫正作为研究课题之一。譬如,儿童、青少年的社会性、情绪或者行为方面是否有"问题"。从对自闭症儿童群体的关注度持续上升中,我们也可以窥探到目前的研究趋势。

上述研究趋势,或者说倾向,对心理健康教育的影响就反映为一种"问题导向",即人们关注儿童、青少年的心理健康时,想到的是他们在心理行为问题方面有何表现、症状如何。那么,心理健康教育的具体实施就会把重点放在如何预防、矫正他们的行为问题上。这样的研究倾向也就势必会造成一种情况:获得心理健康教育益处的学生受众面变得窄小。

2001 年,世界卫生组织认为"心理健康是一种健康或幸福状态,在这种状态下,个体可以实现自我、能够应对日常的生活压力、工作富有成效和成果,以及有能力对所在社区做出贡献"。这样的取向强调了人性友好的一面,关注人性的潜能。这样的取向也符合我校对学生进行品格培育的目的和目标。在品格培育的视角下,所有学生都是可获益的对象,都能够得到适合自己的、发展自我的机会与资源。他们不是因为"有问题"才得到研究和关注,而是基于公平、普惠的原则,他们的友好与潜能将被系统、科学地挖掘。所以,我们认为,基于品格培育视角的心理健康教育可避免"问题导向",让更多学生获得"品格优势"。

二、我校心理健康教育工作开展途径与主要内容框架

我校对心理健康教育高度重视,该工作一直由校领导直接牵头,各相关部门携手共建,是一项延展至全校的综合性教育教学工作,我校的心理健康教育工作组织架构如下图所示。

学校的使命就是要为每一个孩子提供适合的教育。适合孩子的教育,是尊重每一个孩子的天赋能力、个性特点和兴趣爱好,为他们提供适合其发展优势和发展需要的教育。本着这样的理念,我校的心理健康教育始终从学生的成长需要出发,尊重学生的人格发展需要,激发学生的内在潜能和发展动力,努力创造能适合每一个孩子个性化发展的优质教育。为此,我校提出的心理健康教育的总目标是:在课题研究的引领下(品格培育),通过做实课程、做优辅导,以及做活实践等多种心理健康教育途径,帮助学生获取心理健康的初步知识,提高心理

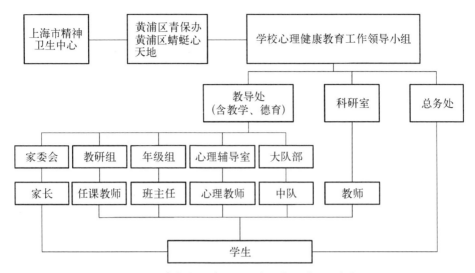

图 4.1　曹光彪小学心理健康教育工作组织架构

健康教育的针对性和时效性,促进学生适应力、情绪能力、社交技能等社会性能力的健全发展,以期塑造健康的人、快乐的人。

有了根本性的总目标,心理辅导室根据学校教育教学的特点和学生心理发展的规律,并结合市教委所提出的学习基础素养,提出"适合的教育"也应该体现在认知、社会性与情绪、身心健康与动作技能、学习品质等四大核心领域中。也就是说,学校教育,尤其在落实学校心理健康教育时,为学生所营造的环境应该不仅仅是辅助认知的发展,也应该是适宜其他能力得到良好发展的土壤。因此,我们针对不同年级的学生以及品格培育要点,提出了更为细化的心理健康教育目标。可以说,我校的心理健康教育既重视探索欲、勤奋、坚持性等学习品质类的能力,也强调自我理解、情绪调节、观点采择、道德发展、同伴关系、性别意识等社会性与情绪类的能力,表 4.1 正是其具体的内涵。

在具体实践上述目标时,我校参照《纲要》中所提出的"多种途径开展心理健康教育",为学生的健康成长搭建优质平台。一般而言,学校心理健康教育的途径可分为专门途径、渗透途径与支持途径,其中专门途径主要指开设心理健康教育课程和开展心理咨询与辅导;渗透途径是心理健康教育在学科教学中渗透、学生管理中渗透、课外活动中渗透和校园环境中渗透;支持途径是开展家庭心理健康教育和社区心理健康教育。我校心理健康教育框架中,对这几条途径都有所涉及,下面针对通过专门途径开展的教育实施内容做更具体的阐述。

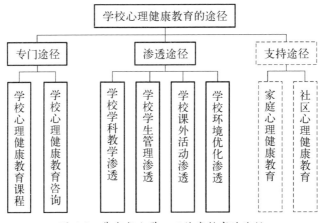

图 4.2 曹光彪小学心理健康教育的途径

（一）心理健康教育的专门途径

一般来说,学校心理健康教育的专门途径有两条：一条是对全体学生进行心理健康教育,这也和品格培育中面向全体学生的要求相匹配;另一条是针对有心理困扰的学生进行心理咨询与辅导。

1. 全面开设心理健康教育课

心理健康教育课程承担起面对全体学生进行心理健康教育的任务,成为其有效的表现形式。在学校心理健康教育体系中,学校心理健康教育课程是其中最核心的组成部分,也是学校心理健康教育最主要的工作内容。它以课程的形式,向学生传授心理保健的知识、训练学生的心理素质、陶冶学生的心理品质,以达到全面提高学生心理健康水平的目的。心理健康教育课程能促进个体身心健康,以个体经验为载体,以活动为中介,使学生获得学习、生活、社会适应与发展的技能。它是以个体的发展为基本的出发点,可以极大地调动学生学习的主动性和创造性。学校心理健康教育课程是多渠道、全方位的课程,它可以由心理健康教育学科课程、心理健康教育活动课程、心理健康教育环境课程和心理健康教育融合型课程等部分组成。值得注意的是,心理健康教育课程不等同于学校的心理健康教育,它承载了心理健康教育的外在表现,但不涵盖心理健康教育的全部内容。

目前,我校根据学校与学生的实际状况,在四年级发挥课堂主渠道作用,其他年级开展相应的学习心理、同伴交往、社会适应、情绪管理等专题团体辅导活动。其中,我校还采用了"微课程"的形式(本章第二节中将有详细案例),让学生除了集中参与辅导外,还能利用碎片时间进行自主活动。同时,开设心理社团,运用社团活动对存在共性问题的学生进行指导(见表 4.2)。

表 4.2 各年级心理健康教育课程开展情况

课程开设年级	课 程 名 称	课 程 类 型
一年级	拥抱自己(暂定) 团体辅导	主题式综合活动课 拓展课
二年级	立体故事 团体辅导	拓展课 拓展课
三年级	团体辅导	拓展课
四年级	小学生心理健康教育课 团体辅导	学科课程 拓展课
五年级	小小 72 家房客 团体辅导	拓展课(社团) 拓展课

尤其是三年级的学生,在一学年每周一次课程的完整学习中受益匪浅。以2019 学年三至五年级的(3)班学生为例,从表 4.3 中可以看到,学生的品格数据随着年级增长也都有所递增。

表 4.3 学生各品格三年均值

品 格	2016 三年级(3)班	2017 四年级(3)班	2018 五年级(3)班
好 奇 心	4.1	4.3	4.5
坚持不懈	4.0	3.9	4.3
社会智商	3.9	4.0	4.4
公民意识	4.2	4.3	4.5
自我调适	3.9	4.0	4.3
美 感	4.0	4.2	4.4

2. 专业、规范的心理辅导室为学生提供心理辅导

心理咨询与辅导工作是达到学校心理健康教育整体目标的另一条专门途

径。可以通过建立学生心理咨询中心，设立心理辅导室、咨询信箱、热线电话等，为求助学生提供必要的帮助。在心理健康教育体系中，心理咨询与辅导是极其重要的组成部分，是专业化程度最高的教育内容，包括面向个别的，以及面向团体的。我校的心理辅导室每日定时向学生开放，每日的开放时间、仪器的使用情况、辅导内容都由专人进行具体记录，并为特殊儿童专门建立档案。总的来说，我校学生的心理健康状况是积极健康向上的，以《小学生心理健康综合测量》作为测评问卷，心理健康水平的总体良好率达到了98％。但其中不乏需要关注的心理问题，主要涉及：入学初期的不适应，难以融入群体；行为问题，自制力差；专注力有所欠缺等。上述心理现象，虽存在于我校个别学生中，但在当前小学生中是普遍而具有代表性的，分析这些心理问题将有助于在对学生的教育活动中对症下药，找出相应的对策以帮助学生解决心理问题。

（二）心理健康教育的渗透途径

学校心理健康教育要渗透和融合到整个学校教育的全过程中，在学科教育、各项教育活动、德育和班主任工作等方面，其实都需要注重对学生进行心理健康教育，这是心理健康教育的主渠道和最基本途径。

1. 注重学科心理渗透

学校要求任课教师根据学科的特点，寻找心理健康教育的对应点，从而在学科教学中渗透心理健康教育。教师能根据学生的需要，自觉地、有意识地运用心理学的原理和方法，在授予学生一定的知识、技能，发展他们智力和创造力的同时，维护和增进学生的心理健康，形成学生健全人格所采取的各种积极措施。如此，心理健康教育的时间和空间得以延伸扩展，取得了潜移默化、润物无声的教育效果。

2. 在班级管理中融合心理健康教育

学校要求班主任在班级管理时将心理教育常规化、制度化，使班主任成为有效实施心理健康教育的主体力量。譬如，每学期每个班级都要开展心理健康教育的主题班会，班主任都会结合本班学生存在的问题与实际情况精心设计教案。主题内容贴近学生生活，或帮助他们提升自信，或帮助他们进行自我调适，或帮助他们学习合作、友善相处等。

案例 **班队主题活动——与同学友好相处**

曹光彪小学心理健康教育主题班、队会活动记录

班级	一(3)	参加人数	32	班主任	陈颖
活动时间		2014.11			
活动主题		与同学友好相处			

活动目的:
引导学生认识同学之间为什么要友好相处的道理,教给学生与同学友好相处的方法。

活动内容:
一、导入。
生活在同一个班集体中,难免有些碰撞,发生一些小矛盾、小冲突,只要站在对方立场上想一想,学会宽容和尊重,知错就改,这些小矛盾就不难解决。今天我们讲讲如何与同学友好相处。
二、讲授新课。
1. 想想说说。
A. 你是如何与同学友好相处的? 能举一个例子吗?
B. 你与同学闹过别扭吗? 为什么?
2. 想想议议。
A. 课间时,兵兵把毛毛虫放到小美笔盒中,当小美上课拿笔时,她吓得大叫起来。兵兵做得对吗? 为什么?
B. 考试进行中,惠惠的圆珠笔写不出字了,同桌的东东有两支笔,他为了超过惠惠的分数,不肯把笔借给惠惠用。东东做得对吗? 为什么?
C. 下雨了,丽丽带了雨伞,可蕊蕊没带雨伞,丽丽撑伞把蕊蕊先送回家,然后自己才回家。丽丽做得对吗? 为什么?
三、教师总结。
通过本课学习,我们又懂得了一些心理学知识,认识到要与同学友好相处,必须做到关心、爱护、帮助同学;在平时的学习和生活中,要尊重、信任同学;对同学要真诚、讲信义;对同学的进步要表示祝贺,并与他友好竞争,共同进步。
四、课外活动。
以小组为单位,搞一次假日小队活动。

活动效果:
通过教师的讲解和课堂活动,学生懂得什么是尊重、宽容、信任、真诚及信义。在与同学相处中,要把已学懂的道理用于学习和生活中。

如上面的案例中所呈现,每次主题班会课后,班主任都要填写心理健康教育主题班、队会活动记录,对活动进行总结与反思。通过主题班会的形式,班主任对学生进行心理上的疏导,收到了较好的教育效果。班级心理健康教育逐渐成为学校心理健康教育的一种重要形式。

3. 课外活动提升综合素养

通过开展丰富多彩的课外活动,寓教于乐,可以更自然地引导学生在丰富多彩的课外活动中提高认知水平,学会团结协作,锻炼身体,陶冶情操,提升综合素质。我们将每年五月定为学校的"心理健康活动月",面向全体师生。每年活动都设定不同主题与不同形式的活动内容,如 2015 学年"认识自我,创意表达,放飞心灵"、2016 学年"美丽心灵——友爱你我"(详见表 4.4)、2017 学年"快乐交友"。活动月作为"学校课外活动渗透"的方式之一,增强了学生正确认识自我、良好交往、适应环境的能力,提高了学生心理健康水平,以阳光积极的心态快乐地学习、生活。

表 4.4　2016 学年曹光彪小学心理活动月安排表
"美丽心灵——友爱你我"

主　题	活　动	参与形式	参与对象
我的好朋友	朋友画像	各班教室	一年级
谢谢你帮我	写感谢卡	各班教室	二年级
欣赏我的朋友	心灵剧场比赛	各班教室	三年级
珍贵的友谊	征文比赛	各班教室	四年级
朋友难相处	团体辅导	大礼堂	五年级

(三) 心理健康教育的支持途径: 家庭心理健康教育

无论是了解学生心理与行为问题产生的原因,还是辅导、矫治计划的制定和实施,都需要取得家长的积极支持和紧密配合。父母作为孩子的第一任教师,因其所具有的独特优势,对孩子开展心理健康教育存在着必然的优越性。

我们不仅将家委会成员纳入课题组携手进行品格培育,还把对全校家长进行心理健康教育知识的普及作为整体工程的一个组成部分,在家庭教育指导方面做了许多工作。我校通过各种形式帮助家长了解和掌握现代家庭教育的理念和科学的家庭教育方法,不断提高家庭教育的实效性。每学期都会分年级为家长作心理健康教育辅导讲座,围绕"小一新生入学适应""如何学会与孩子进行有效沟通"等内容,请心理学专家为家长开设专题讲座。我们积极引导家长们及时了解科学育人的方法,走出家庭教育的误区,努力使学生心理健康教育与家庭教育达到最大的合力。

第二节　"心语屋"外的广泛课程

根据《纲要》要求,在小学阶段,实施心理健康教育的核心载体是心理健康教育课程，我校将其安排在四年级，统一使用《小学生心理健康教育自助手册》作为主要教材进行授课，每班每周 1 课时，一学期共 18—19 课时。在研究中，我们还根据校情、学情，开设了团体辅导课、社团活动课、心理微课程等形式多样的不同课程，并在不同的年级实施（详见表 4.2）。通过这些丰富课程，更多的学生获得心理健康教育的途径与资源，从中受益。

一、团体辅导——男生在左，女生在右

团体辅导是心理咨询中常用的一种咨询技术，指在团体情境下，借助团体的力量和各种心理辅导的技术，通过团体内人际互动，使团体成员进行分享、体验、感受，从而达到消除症状、改善适应、发展健康人格的目的。大量研究表明，团体辅导有助于提升学生的自信心、情绪状态、人际关系质量、心理健康水平。也许有些人会有疑惑，在已有心理健康课的基础上，为何还要增设单独的、占用额外课时的团体辅导活动呢？这是否会对学生产生重复教育，从而导致学生在面对心理健康教育时有练习效应，没有新鲜感，也不容易产生共情共感？

起初，我们也存有这样的疑惑，虽然说心理健康教育的形式需要丰富，但是相似的课，真的有必要吗？但在实际开展团体辅导式心理课之后，这样的疑虑被打消了，我们继而将团体辅导拓展至各个年级，并根据年级差异创设了符合各年级特点的、形式不同的辅导方式。

心理辅导老师首先在五年级开设了团体辅导式心理课。借由学校学情调研与"男生、女生"的课程开发，心理辅导老师参考《小小男子汉》和《花样女孩》教材设计了关于男孩与女孩青春初期交友主题的辅导课。

案例 **女生酿蜜坊**

曹光彪小学心理团体辅导式心理课活动记录

参与对象	五年级女生	参加人数	24	心理老师	王瑞安
时间	2017.10				
主题	女生酿蜜坊				

背景：

　　小学五年级开始,女生和男生之间已经有了泾渭分明的界限感,这既是由于生理发育造成的,也说明了该年龄段的男孩女孩们有了明显不同的思维方式、行为特点。尤其是女孩相对男孩更早地表现出了少女的特征,所以在五年级的交友主题课中非常有必要进行性别区分。同时,在学情调研中,教师发现,女生的交友能力虽然不错,但容易陷入自卑情绪,以及更容易因为一些小矛盾而产生心结,她们的细腻心思也会引发多思和忧思。在本次活动中,参与的女生为认为自己有提升交友技能的需要,以及在学情调研中交友得分较低的学生。

目的：

1. 了解女生独有的特点,包括外貌、性格、行为上的。
2. 知道个体间存在差异,并学习尊重这样的差异。
3. 学习几种处理人际交往的方法。

准备：答题纸,笔
教学用具：黑板,吸铁石,调味料纸板,酸果和甜果纸板
分组：4人一组,6组
具体内容：
活动一——携友摘星
1. 七嘴八舌。
　　教师启发学生交流用什么样的词语形容女生。
　　女生更愿意和女生玩还是和男生玩,原因是什么。
2. 闺蜜答题。
　　邀请3对学生来进行默契答题的游戏,两人每答对一题可摘得一颗星。
规则：选择你的一位好朋友一起上台。背对背坐下,在题板上写下听到的问题答案,以此得出两位的好友指数。
　　默契问题：
　　对方的生日
　　对方喜欢的颜色
　　对方擅长的学科
　　对方喜欢的食物
　　对方住在哪一个区
　　对方喜欢看的书
　　对方的偶像
　　对方喜欢的运动
　　对方的视力
【小提示：在活动中,学生可能并不能表现出很高的默契度,但这并不能说明两者就不是好朋友。教师需要做正面引导,鼓励她们可以通过进一步的交往,更多时间的相处,继续提升默契。】
活动二——酿蜜坊开张

（续 表）

1. 酿蜜坊的运作规则。

教师："我们常常把女生之间的友谊称为闺蜜，有没有同学知道为什么要这么说呢？这个闺字是什么意思？闺：旧时指女子居住的内室，能进入到你住的屋子里和你聊天的人，那一定是很亲近的人了。但其实，再亲近的朋友，在交往的过程中，也难免会有一些小摩擦，老师把这些摩擦称为'小酸果'。今天，我们就要试着把这些小酸果酿成甜蜜的果子。让我们一起走进'女生酿蜜坊'。"

调味品："坦诚"牌冰糖，"互信"牌可可粉，"宽容"牌蜂蜜，"尊重"牌香草精，"欣赏"牌糖霜。

2. 各小组开始酿蜜。

教师："请每位组长到前排，抽取你们的'小酸果'，来制作一份属于你们小组的独家酿造秘方。"

各组进行场景抽取，共四个场景。

场景一：小欣和小美是一对好朋友，两人都成绩优秀，各有特长。在一次优秀少先队员的评选中，小美评上了，小欣落选了，她们两人疏远了起来……

场景二：小美马上要过生日了，小欣想到小美最爱吃巧克力，送给了她一个大大的巧克力蛋糕，谁知，小美刚好长了蛀牙，没有办法吃。小欣以为小美不再喜欢和她交往了，很失落……

场景三：小美和小欣经常在一起玩游戏，非常要好。这学期转来了一个新同学小枫，小枫成了小欣的同桌，两人下课便一起活动。小美觉得小欣冷落了自己，很不开心，也疏远了小欣。

场景四：小欣上学时没有戴红领巾被老师批评了，心里很委屈。她因为临时住在外婆家，所以前一天晚上特意打电话给小美请她今天多带一条红领巾给自己。结果小美忘了。小欣越想越生气，不理小美了。

【小提示：每个小组根据自己的想法选择"调味品"，通过不同的排列组合，配制一份"酿蜜"秘方，酿造友谊的"小甜果"。教师点评，鼓励学生开拓思维。】

活动三——闺蜜故事

1. 海伦·凯勒和老师的故事。

教师和学生共同阅读著名的闺蜜故事——海伦·凯勒与她的老师。

2. 教师总结。

教师："今天的女生酿蜜坊酿出了很多甜蜜的果子，希望大家能够收藏好今天所感受到的甜蜜友谊，在未来和闺蜜一起让你们的友谊更加长久、更加温暖。"

效果：

活动中，学生能够自由交流，流畅地表达自我感受，察觉到友谊的真谛。在关注自身感受的同时，也能站在他人立场学习感同身受。通过"酿蜜"活动，学生既有自我生成的技能，也能从其他小组中学到更多的交友方法和技巧。

团体辅导式心理健康课是基于团体互动过程的体验式学习，其中互动与体验是课程的特色。通过在课堂团体中与他人的互动，学生在行为、情感和认知上全方位投身于团体，获得对自己更全面的认识，获得对"他人"更多的了解。同时，学生可以在安全的团体氛围中尝试改善自己以往的人际交往模式，提升心理素质水平。因此,将团体辅导教育技术应用到心理健康教育的主要媒介——心理健康课程教学中是一个有重要意义的研究话题。

调动学生进行互动、交流,在学生有体验、有感受、有想法、有动力的基础上发展多元化的问题认知方式与解决模式,是团体辅导式心理健康课的目标,也是其与传统课程的区别所在。具体而言,教师需要巧妙运用团体动力,让学生积极参与人际互动,促进学生的自我觉察,让他们能够在受到团体保护的课堂中观察、了解自己的行为动力和思维特点,并根据对自我觉察的结果自行调整认知角度和行为模式。这就要求团体辅导的课堂中,内容要紧扣学生日常学习生活中的实际困扰问题。教师在课堂中要营造出安全、有力的氛围,适时调动班级团体动力以促进参与、互动、体验、感悟、实践。概论之,团体辅导式心理健康课和传统心理健康教育课最大的区别在于,课堂中学生的主动与被动。一般而言,课堂教学总是由教师先提出话题,学生进行感悟和讨论;而团体辅导则是先将有共同感受的学生集中起来,根据他们的需求来设计辅导内容。可以说,参加团体辅导的学生在开始前就已经知道今日要学习的内容是什么了。整个学习过程也是由学生的团体动力来推动的。它与课表中那节固定的心理健康课是并行的,互为补充的关系。

以案例"女生酿蜜坊"这节课来看,教师首先对参与课程的学生进行了招募,一方面将主动有需求的学生招募进课堂,另一方面又将交友上存在些许欠缺的学生纳入其中。当然,授课教师事先都与学生进行了沟通,确保她们愿意参加课程。这样的群体选择截然不同于传统课堂,不仅打破了班级为单位的边界,更重要的是,学生明确自己的需求,期待在课堂中解决若干问题。是需求和问题让他们形成了一个团体,共同进行了一次活动。

教师通过3个活动的设计,授课过程中重点强调了学生与学生间的互动、交流。活动一"携友摘星",让学生通过游戏自发地体察到友谊中亲密又各自独立的感受,让学生现场生成更丰富的对闺蜜间情感的看法。活动二为学生学习交友技能创设了一些在校园生活中常见的背景,将大团队再分割成小团队,让学生继续主动地解决问题。最后,活动三通过一则故事的分享让学生再一次沉浸到体察友谊真谛的感受之中。可以说,团体辅导式心理健康课非常适用于人际交往类的主题之中,它的高互动性、高共感性的特点可以让团体为了一个共同的目标群策群力,并且在自然环境中学习交往技能,提升体察他人感受的能力。

二、心理社团——小小 72 家房客

基于团体辅导式心理健康课的特点以及在我校的实际开展情况,我们发现这样的课程在进行品格培育时也非常适用,尤其是对公民意识、自我调适、社会智商这类需要人与人之间的碰撞才能有效激发潜能的品格。在此基础上,我们又将团体辅导式心理健康课进行了衍生,设立了"心理社团"。利用快乐活动日的半天时间,心理老师通过每周一次的社团活动,一学期共 12 次授课,以此形成一次完整、长时的团体心理辅导。

一般来说,完整的团体心理辅导分为形成初期的破冰阶段,团体规则、团体凝聚力出现的中期阶段,以及尾声的结束与分离阶段。初期和尾声可以是 1—2 次活动,中期约 6—8 次。在我校的团体心理辅导中,以社团课的形式,共设计了 12 次活动,详见表 4.5。

表 4.5 "小小 72 家房客"课程内容框架及说明

活动板块	活动名称	活动内容	活动目标	课时
初期	邻里邻居（破冰）	简单介绍活动背景后,让每个学生写下自己的特点,打乱后抽出让其他人猜是谁。互相认识后,开始分组游戏,并选出一位屋长 说明团体活动的规则,在每次任务完成后会根据成绩获得相应的积分奖励	1. 破除陌生感 2. 通过介绍自己来加深对自我的认识 3. 通过游戏自然形成大团体下的若干小团体 4. 竞争与选拔 5. 知晓规则	1
	狡猾的小毛贼（团体正式形成）	社区里进了小毛贼,大家都想要抓到这个贼,维护社区安全。但是这个小毛贼可真狡猾,竟然把大家的鞋子都系上了,要抓贼得先穿鞋啊	1. 为刚形成的团体增加凝聚力 2. 当情况陷入僵局时,如何化解	1
中期	我们有暗号（团体正式形成）	大家刚刚入住,却发现夜里来了不速之客,虽然没有损失,但为了保护每栋楼的安全,大家决定要设计些联络暗号,还要搭建围栏保卫小区。让学生以手势和眼神设计联络暗号,组成暗藏一定规律的队列	1. 为刚形成的团体增加凝聚力 2. 学习言语交流之外的其他交流方式 3. 当遇到挫折时,坚持的重要性 4. 当遭遇难题,如何发现规律,巧妙地解决问题	1

(续　表)

活动板块	活动名称	活动内容	活动目标	课时
中期	沟通 本领大 (成熟)	在上海的石库门里住着来自天南地北的人,大家说着各种不同的语言,我们希望住在这栋小屋子的每个租户都能沟通无间,亲密相处,请大家想想看,除了语言,我们还有什么沟通办法呢?	1. 在资源有限的情况下,拓展思路,巧想办法 2. 学会用言语之外的方式去沟通 3. 加深团队默契	1
	小区安全 人人有责 (成熟)	我们的小区自从进了小毛贼,大家都人心惶惶,为了保护我们的小区安全,我们也需要为小区建立起安全的篱笆 学生以身体为材料,建起最坚固的篱笆	1. 在活动中感受团队目标一致的重要性 2. 学会用肢体去彼此配合 3. 进一步建立团队间的默契	1
	心理 小短剧 (第一次) (成熟)	我们生活在同一栋楼房里,邻里之间虽说是好朋友,也会发生朋友间的摩擦和矛盾,你会处理这些磕磕绊绊吗? 请大家试着帮助我们身边的一些小伙伴来解决他们遇到的困境	1. 学习理解他人的感受 2. 学习交友的技巧 3. 学习矛盾冲突的解决办法	1
	心理 小短剧 (第二次) (成熟)	编写解决人际交往困境的剧本		1
	心理 小短剧 (第三次) (成熟)	排练与拍摄		1
	真假大卧底 (成熟)	屋顶的雨水收集管道突然坏了,导致屋顶积水,于是大家猜测是有人弄坏了,但担心被责怪,所以一直没有承认。现在需要大家确认这位损坏了水管的人是否在自己的队伍中。通过每一轮的小任务来获得线索,而卧底则要尽量避免被识破,如果成功则会获得额外的积分	1. 考验彼此之间的信任 2. 对待外界流言应保持何种态度 3. 团队凝聚力应该如何体现	1

（续　表）

活动板块	活动名称	活　动　内　容	活　动　目　标	课时
中期	专家授课：情绪小知识	外邀专家向学生深入浅出地讲述什么是情绪,情绪调节的小方法,并通过游戏环节让学生学习运用	1. 了解情绪调节小知识 2. 运用情绪调节方法	1
尾声	我想自己更快乐	写下自己目前最苦恼的事,然后彼此交换纸条,拿到的同学念出纸条内容,并大声告诉大家自己有没有办法解决,如果有,那么自己是怎么化解的,告诉大家自己的快乐法宝。由其他组投票,获得黄心越多说明大家越认可,黄心最多的小组赢得最高积分	1. 体会自己的和对方的情绪 2. 学会情绪调节的方法	1
	珍贵的回忆与郑重的告别（分离）	写下你在这次房客经历中,对自己的小屋以及整个社区最遗憾的事作为告别,彼此进行交流颁奖	总结一学期的活动收获	1

　　本次课程模拟了一个微型的石库门社区,以"房屋维修"为最初切入点,串联起发生在邻里之间的各个事件。每一个事件的发生与解决都会对应一项团体活动内容,这些内容的安排也会依据团体的不同阶段由浅入深。每一项活动内容将有针对性地训练学生某一社会性能力,其中包括自我觉察、社会智商、倾听能力、公民意识、与人合作、自我调适,等等。让学生在富有趣味的活动中深入角色,潜移默化间促进他们的品格和积极心理发展。在每堂课最后的10—15分钟,学生作为团体中的一员讨论本次活动的体会,在最后的交流中学习倾听和反思。

　　每学期心理社团都会招募15—18名学生,目前已经有78名学生参加了心理社团。通过一学期的课程学习,学生在合作、沟通、倾听的能力上有明显提升。以品格培育的视角来看,他们在社会智商、公民意识、自我调适方面都有不断上扬的趋势。

三、学校心理剧——心灵剧场

　　在学校"心语屋"中有一个专门的小舞台"心灵剧场",是学生们自编自导自演心理剧的场所。有心的读者也许已经发现了,在"小小72家房客"的内容安排中,就有三次活动是关于心理剧拍摄的。目前,心理辅导室将"校园心理剧"作为心理健康教育实施的途径之一,引导学生加深自我觉察,利用语言、肢体的表演来表达自己,达到心理自助,乃至自我疗愈的目的。

"心理剧"是由精神病理学家莫瑞努 1921 年首先在维也纳他的精神治疗中心提出的一种心理治疗方法。有研究者认为,"心理剧又称社会剧,是团体心理治疗的一种方式。其治疗与传统的以谈话为主要手段的心理治疗方式不同,而是帮助当事人通过角色扮演来表达其体验到的现实或想象的事件引起的心理冲突,进而减少惯性的心理防卫,唤起其自发性和创造力,达到心理治疗的目的"。从本质上来看,心理剧属于艺术治疗的一种心理疗法,心理咨询领域常用的空椅技术就来源于心理剧。

心理剧在 20 世纪 90 年代传入国内,目前广泛应用于心理学领域,并在学校范围内形成了独具特色的心理剧形式——校园心理剧,现逐渐发展成为学校心理健康教育的有效形式。它通过舞台来呈现各种典型的心理问题,在心理辅导教师、全体演出人员以及观众的帮助下学会如何应对和正确处理各种心理问题。在这一过程中,无论是演员还是观众都受到深刻的启发与教育。因此,校园心理剧是当事人、演员和观众共同成长的过程,既能够增进学生间的互动和交流,又能使学生更好地认识自我,从而促进其人格成长。

校园心理剧一般主张原创,即选题和剧情来源于学生日常的生活实际。当情境营造到位时,会让观众有很强的代入感,演员也很容易投入故事情境,并享受自己的表演过程。最好能选取对于大部分学生而言有共通性和代表性的事件,是学生普遍面临的问题,如人际交往问题、情绪调控问题、学习心理问题、自我认识问题、适应问题等。

我校目前的校园心理剧一般通过 4 次活动完成,考虑到小学生的能力以及课时设置,一般要求学生将剧目把控在 5 分钟内。

表 4.6　心理剧活动安排

活动次数	活动内容
第一次	介绍事件背景,体察各个主要人物的心理感受,并撰写剧本提纲。
第二次	找寻解决方法,帮助主人公化解困境或者心理不适,撰写详细剧本。
第三次	排练,并拍摄校园心理剧。
第四次	在校园内播放,并向其他学生,即观众发放与剧目相应的任务单。

案例　**如何开展一次校园心理剧活动(节选)**

活动实施：

教师首先提供三个从前期调研中获得的校园生活中较为常见的场景,请学生通过小组讨论,就如何解决场景中的问题为提纲,进行剧本编写。

场景一：误会与解释

同学们在操场上玩,小天的篮球不见了,他自言自语："咦,我的篮球明明放这里了,刚才小贾来过这里,肯定是他拿的。"他去问小贾："你把我的篮球放哪儿了?"小贾感到莫名其妙,大声说："我没拿,我怎么知道!"小天以为小贾说谎,就追着他要,小贾生气地吼道："你眼睛瞎了,凭什么说我拿了你的球!"小天生气地回骂："你的眼睛才瞎了呢!"两人就吵起来了。这时,小强走过来了,说球是他拿的。

场景二：竞争与合作

学校要求五年级各班推荐两位同学参加校级"金钥匙"科技知识比赛,获得第一名的同学代表学校参加区级比赛。五(1)班的小鹏和小毅是好朋友,他俩被推荐参加校级比赛,于是两人开始认真准备。小鹏的爸爸帮他找来一套参考试题,小毅知道了后,向小鹏借来看。小鹏犹豫了,他不知道要不要借给小毅看。

场景三：包容与欣赏

班级里的小唐是个被大家认为有点"奇怪"的女同学,她的桌面总是乱糟糟的,同桌有点嫌弃她。小唐成绩平平,跟大家话也不多,总喜欢自己低头画画。平时大家课间玩闹时也想不起她来,甚至有同学给她起了个绰号"闷葫芦"。有一次,小唐在学校里跌了一跤,手都擦出了血,但也没人发现,最后还是班主任察觉异样,将她送到卫生室。

接着,教师说明剧本的编写要求,以及学生可以使用的常见心理剧技术。譬如,对白、旁白、空椅子、角色互换、替身等。

在编写的剧本中要求学生回答以下三个问题：

1. 故事中的几位主人公分别是什么感受?

2. 他们困惑的主要问题是什么?

3. 可以用哪些方法来帮助他们解决困境呢?

然后,学生在教师指导下撰写校园心理剧剧本,并合作完成拍摄。

最后,在全校校园心理剧活动的当日,播放短剧,由全校学生对其进行投票。其中低年级学生仅进行投票,中高年级学生除了需要完成投票任务之外,还需就剧中某个角色进行情绪分析,并帮助其进行情绪调节。

在活动当天,每个学生都认真观看了短剧,并填写了任务单。

成效:

心理剧的形式对学生来说很新颖,尤其是五年级的学生向老师反馈,这样的方法一点也不说教,是他们自己想要去解决,而不是老师强迫他们学习。社团中抽到场景一的同学告诉老师,其实这样类似的场景几乎每天都在班级中发生,她就是那个几次挨过冤枉的人。她不想写这个剧目,因为她认为这是没法解决的问题,吵得过就吵,吵不过也只能自己生闷气认倒霉了,等下次有机会再报复那个人就好了。所以一开始她压根儿没有参与到小组活动之中。当其他同学表示也有过相似经历,所以积极地讨论"如何与人沟通更好"时,她嗤之以鼻。心理老师从旁观察到了这一现象,引导她能否试着先演一演场景中的"小天"一角,也就是错怪他人的角色。随后,再来饰演"小贾"。请她比较一下两者的心理感受与内心活动的差异,再想一想,如果再次遇到类似情况,她在不同的角色上会怎么做呢?通过真实情景再现,她也说出了自己的心声。被冤枉是一种令人非常不好受的经历,焦心、生气、烦躁等各种负面情绪翻涌而来。通过校园心理剧的活动,"小贾"也说出了她的感受,实现了真正的沟通,解开了心结。

通过校园心理剧的活动,其实获益的不仅仅是几位参与表演的学生,其他学生通过观察身边同龄人的做法,更易产生共感、共情,也更有利于他们进行模仿。再加上表单中的任务,就相当于剧目结束后的一次简短的讨论。不仅演员将自己的体验、感受和经历与大家一起分享,作为观众的学生也可以畅谈自己在遇到类似问题时如何处理。师生通过讨论,可以澄清错误的认知,宣泄压抑的情感,缓解焦虑的情绪,找到正确的应对策略和解决问题的方法。这样,有类似问题的学生就可以从不同角度看待问题,有意识地去体会心理过程的复杂和多变,并灵活运用恰当的策略去面对自己生活中遭遇的问题。

四、微课程——小情绪的大奥秘

互联网+教育正以超乎人们想象的速度迅猛发展,越来越多的新理念、新技术、新教法需要一线教师不断学习甚至终身学习，才能够跟上时代进步的步伐。教育信息化促进教育现代化已经成为教育发展的大趋势，全球教育教学改革的大潮流也推动着教学从信息工具的使用到教学模式的改变。微课的诞生也正是基于这样的大背景。

微课或者称微课程，是指基于教学设计思想，使用多媒体技术，以音频、视频为主要载体，针对某个学科知识点（如重点、难点、疑点、考点等）或教学环节（如学习活动、主题、实验、任务等），而设计开发的一种情景化、支持多种学习方式的在线视频网络课程。除了主要的微课视频以外，它还应该包括任务单、导学案、测试题以及评价等教学环节。

我校目前开展了主题名为"小情绪的大奥秘"系列心理微课程，内容由心理辅导室进行制作。该课程的开发设计既是为了让学生可以有更易于进行自由学习的素材，也为了便于教师的实施操作。微课程的内容可以由学生从学校公众号中获取，利用碎片时间进行观看和学习，家长也可以参与其中；同时，微课程也可由班主任或者其他教师根据自己的教学安排与需求进行使用。由于它具有时间短、内容针对性强的特点，教师可以分多次，在班会、专题教育等时间实施。

目前根据微课设计的要求，我校每次心理微课中都包含导入、测试（自评）、小任务等环节，可参见案例中的具体内容。

表 4.7　情绪微课程——小情绪的大奥秘

基本情绪	（先导课）	怒	乐	怕	厌	忧
课程名称	小情绪的大奥秘	好气好气的"怒怒"	快乐交友	晚安，小朵朵	难吃的西兰花	和悲伤大象握个手
适用年段	全校	全校	中高年级	低年级	低年级	全校

案例　情绪微课程——好气好气的"怒怒"（节选）

（一）导入：做一做情绪小伙伴

1. 简单回顾上一节课中认识的各个情绪小伙伴。

2. 学生模仿，做表情，上传表情自拍照。

【操作要点：本部分内容学生可以自己在家中完成，也可以在学校请老师帮

助完成。上传来的照片制作成课件,在之后的课程中可以继续使用。】

(二)自测:"怒怒"其人其事

1.学生做自测题。

"怒怒"其人其事

1 你可以控制自己的怒气。	是	否
2 生气是一个正常的情绪。	是	否
3 假装生气不存在可以让它快快消失。	是	否
4 生气和我们压力大有关系。	是	否
5 我们天生就有管理和控制生气的办法。	是	否
6 大发脾气可以解决问题。	是	否
7 憋着气对我们的身体不好。	是	否
8 最好在自己不生气的时候学习管理生气的方法。	是	否
9 每个人生气的原因都是一样的。	是	否

2.计算自测问卷得分并试着发现关于"怒怒"的秘密。

3.给出提示:

(1)生气是很正常的情绪。

(2)压力很大的时候更容易生气。

(3)光发脾气、宣泄情绪是不利于解决问题的。

(4)明明生气了却不承认、不面对,也是不对的。

(5)但是,一个人是可以控制自己的情绪的,方法是可以学习的。

【操作要点:自测可以由学生在家中完成。"怒怒"的秘密在自测题后可以直接出示给学生,让学生通过自测,对生气情绪有个基本的了解。】

(三)了解原因:我为什么生气呢?

1.观看微课视频(1分钟)。

2.学生讨论生气具体有哪些原因。

【操作要点:本部分可由教师统一引导学生观看和讨论。了解生气的原因因人而异,引导学生彼此之间需要相互理解,不轻易激怒他人。】

(四)观察表现:生气的样子是怎么样的?

1.播放生气的图片。

(1)播放学生、老师上传的照片。

(2) 引导学生思考除了看得见的外部肢体,在生气时身体内部器官还发生了什么变化。

2. 生气的表现各不相同,而且身体的各个部位都会参与到生气的情绪中去。

3. 画一画生气的表现。

【操作要点:本部分可由教师统一引导学生观看和讨论。引导学生深刻了解生气对自己产生的影响,不仅发生在肢体上,还会发生在思想上。】

(五) 分辨行为:生气的时候这样做好吗?

1. 观察教师手里的"怒怒",哪些举动是不合适的,对他人、对自己有伤害的?

2. 学生交流。

3. 学习两个原则"不伤己"和"不伤人"。

【操作要点:本部分可由教师统一引导学生讨论,学会分辨生气的行为。】

(六) 管理办法:管好我的"怒怒"

1. 请学生思考两个问题。

(1) 在自己所画的"怒怒"小人中有没有哪些行为是不合适的? 把它们指出来。

(2) 有什么方法可以管理、控制好生气? 把它们写下来。

(如:转移注意、适度宣泄、换个思考角度等)

2. 播放如何管理生气方法的微课视频(1分10秒)。

【操作要点:该小任务可以留给学生自选时间完成,鼓励同伴间讨论,引导学生探索调节生气情绪的方法。】

（七）实战演练：活学活用

1. 出示情境题。

情境1：今天的作业非常多也非常难,连下课时间小强也皱着眉头专心地做作业。就在这时,在教室走动的同学不留意把小强的铅笔盒整个打翻在地,文具散落了一地。眼看小强马上就要发脾气了。如果你想安抚小强,你也许可以这样说……

情境2：今天小美在上体育课的时候不小心摔了一跤,人没摔伤可裤子摔破了一个小洞,她一整天在学校里都觉得不自在。课间,小美从洗手间出来时,听见有同学正在背后议论她的裤子。小美不禁涨红了脸,一想到回家还很可能被妈妈数落,她都气得快要爆发了。如果你想安抚小美,你也许可以这样说……

2. 请学生演绎在情境中如何管理好"怒怒"。

【操作要点：本部分可由教师统一引导学生实施。训练学生在贴近校园生活的情境中,能够灵活运用所学方法。】

（八）总结与任务布置

1. 总结：每个人都有最适合自己的管理"怒怒"的独特方法。

2. 布置小任务。

填写承诺书,承诺做好"怒怒"的小主人。

我的承诺书

我承诺：

　　我生气的时候, 绝对不_____。

　　　　　　　　绝对不_____。

　　　　　　　　绝对不_____。

　　　　　　　　绝对不_____。

　　我会试着这样做：_____。

　　　　　　这样做：_____。

　　　　　　这样做：_____。

　　　　　　这样做：_____。

　　　　　　　　　　　　　　　承诺人：

【操作要点：本部分由教师统一引导学生实施。在公共场合进行的承诺有效性更高。】

利用微课,可以增强课堂的灵活性。微课最明显的特点就是其时间段很灵活,教师可以根据教学需要,随意安排教学时长。而不需要像传统的教学方式一样,按照一节课 35 分钟或 40 分钟的时间去设置教学内容。而且,微课可以针对某一个知识点进行详细讲解,或者针对性地解决某一个小问题。比如,我们可以在一次情绪课中只解决"怒怒"有哪些表现这一个问题。这样的学习方式使心理健康教育课堂更加灵活。

利用微课,还能够体现学习的自主性。心理学研究表明,人们通常会结合自身的实际情况,选择对自己而言难度适中的刺激信息,并产生对这类信息的兴趣。所以,在心理健康教育中采用微课教学时,学生可以结合自己的需要有选择地学习,并能够自主暂停。这样既能够弥补自己学习中的不足,又能够对已学的知识进行巩固,可更好地满足学生对不同知识点的学习需求。学生也可利用微课进行课外自主学习,培养自主学习能力。

第三节 "心语屋"里的焦点访谈

学校根据《上海市心理健康教育达标校和示范校评估指标》,在 2016 年将"心语屋"重新进行设计,色彩和空间都更为适合小学生的心理特点,希望学生在这里可以全然放松地表达他们的心声。"心语屋"里还有一位"心语姐姐",她就是学校的心理老师。心理老师把自己称为"心语姐姐",作为一位随时等待倾听学生心声、帮助他们建立乐观信念的好同伴。自"心语屋"对学生开放以来,它受到了每一位学生的喜爱。他们除了可以主动与"心语姐姐"预约,来这里或释放一下自己的心情,或寻求帮助,"心语姐姐"也会邀请一些较为特殊的学生来"心语屋"参观和活动,进行"焦点访谈",在他们的主动意愿下,进一步为其制定辅导方案。

这里的"焦点访谈"也就是我们常说的个体、个别心理辅导,是心理辅导中最为常见、常用的一种干预手段,是辅导者与来访者建立开放、协调的辅导关系,运用心理辅导的原理和技术,帮助来访者解决个别心理困惑,以促进其心理健康的辅导活动,包括问题评估、实施干预、效果评估和后续辅导几个阶段。

在学校中开展的个别辅导一般具有以下两个目标：第一,帮助学生更有效地处理自己面临的问题,解决成长中的烦恼,提高其心理自助能力。第二,帮助学生开发自身潜能,使其生活更有意义。上述的两个目标与积极心理学所倡导的理念是相呼应的,即每个学生内心都有积极的力量,关键在于心理辅导教师要引导其发现自己的优长和禀赋,在生活实践中积累积极的经验。这些经验包括积极的信念、情感和行为方式。这也要求教师在进行个别心理辅导时,切不可将其作为一种教育谈话,说一通大道理便打发学生离去。由于我校的个别辅导还同时作为品格培育的一种途径,教师更注重访谈技术在其中的作用,努力让学生打开心扉,觉察自己本身具有的能力,塑造品格,助其自助。

一、个体心理辅导小组的建立

为了有效预防并应对学生的一些突发事件,学校组建了个体心理辅导小组,专门针对一些有特别需求的学生提供及时的支持与帮助。该小组由校领导、德育处、心理辅导室、班主任共同组成,针对学校的特殊学生专门制订干预方案。譬如三年级有一位学生经常因情绪难以控制而很难与同伴进行良好交往,班级同学常常因他而矛盾不断。针对这位学生的情况,小组成员先就其情况进行了分析和讨论,再共同商量应对方法,然后共同发挥作用。心理辅导老师负责对其进行情绪表达、情绪宣泄调节等方法、技巧上的训练;班主任帮助他记录好每周的心情日记,安抚他在班级中的情绪;校领导走访他的家庭,和家长沟通,对家庭教育进行适当的指导。家长在知悉了学校的教育、辅导方案后非常赞同并积极配合。在多方合力之下,这位学生发生了很大的转变,不仅在班级中能和同学们融洽相处,而且对班级和学校的感情也更为亲密。

个别辅导的服务范围重点是三个层次:第一层次,帮助每个学生解决成长中的困惑;第二层次,对高危学生的重点预防性辅导,高危学生包括学习困难的、人际关系紧张的、性格缺失的、有行为问题的、家庭环境不利的、面临突发危机事件的学生;第三层次,对少数心理障碍学生的转介和后续辅导。第一层次为一般学生的辅导,第二、第三层次为对特殊学生的辅导,具体流程可见图 4.3。

由个体心理辅导小组牵头,目前我校已经建立起完善的学生心理档案资料。这些资料包括:涉及学生家庭、教育经历、生长发育类的基本资料;对学生量化材料收集,比如全校规模的新学生心理健康测验;此外,还有学生个案辅导、班主任访谈等资料。这些数据资料与品格培育的数据库互通,教师可以直接观测某一个或某一组学生的品格成长情况与心理健康水平。

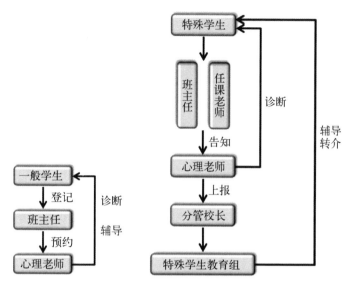

图 4.3　不同层次学生的个别心理辅导流程

二、访谈实录

在"心语屋"中，"心语姐姐"每学期都会进行很多次"焦点访谈"。前来访谈的学生可能出于各种不同的目的，有想来倾诉的，有陷入苦恼急于解决的，有闪躲回避的，有害怕坦白后会被异样对待的，等等。我们可以一起来看几个访谈片段，更好地了解学生们的想法以及"心语姐姐"如何帮助这些学生寻找自助的力量，对他们的品格塑造形成影响。

访谈片段一　自我调适

A：我就是很想在教室里哭。

师：哭了会觉得好一些吗？

A：当时会好一些，下次还是想哭。

师：有哪些情况让你想哭呢？

A：就是觉得老师好像没有看到我，我很急，觉得难过。

师：没有看到你，是指没有关心你还是没有和你说话？能具体说一说吗？

A：就是有读课文的时候，我举手，老师没叫我，我就一直举着，我想让她看到我。

师：你是希望老师多关注你，是吗？

A：（停顿）是的。

师：如果老师一时没能关注到你，你会？

A：我就觉得心里很难过，想哭、想叫、说怪话，这样老师就能关注到我了。

师：你觉得这样做，效果好吗？

A：（沉默）老师会生气。

师：不过老师确实注意到你了是吗？

A：（点头，不好意思地笑了）

师：你想要老师关注你，但不想老师因为你生气，是吗？

A：嗯，我不想老师生气。而且……

A：（沉默片刻）我也知道不好。

师：除了在课堂上大哭、大叫之外，你想一想还有其他方式可以让老师注意到你吗？

A：可是我举手了，老师不叫我，她叫了其他同学！

师：嗯，这确实让人很失望呢！老师每次都不叫你，是不是？

A：也不是的，她有时候叫有时候不叫，班级里那么多同学呢！

师：哦，原来是因为班级里同学多，老师也没办法每次都叫到你，是吗？

A：（有点不好意思）好像是的。我就是（没被老师注意到的时候）会不开心。

师：那我们试试看，和老师做个约定，如果你能用今天我教你的一些方法帮助自己调整心情，那么班主任老师也尽量做到每天请你回答两次问题，你愿意试试看吗？

A：（点头）可以的。

师：在你特别激动、难受的时候，我想请你先深呼吸三次，慢慢地呼、吸……

　　在这段访谈中，学生遇到了一些情绪调适上的困难，虽然他能意识到自己情绪产生的原因，但是表达的方式却是不合时宜的，而三年级的学生所具有的调整应对策略又不多，尤其是在感受强烈时会完全受情绪支配，无法进行控制。心理辅导老师在让学生进行了一定的情绪宣泄后，让学生思考可以用什么方式进行调适。比如，把注意力放在老师讲解的主题上而不是老师请了谁来回答问题；在解释原因时能够和整个环境相结合，从不同的几个角度进行；在情绪强烈时能够较迅速地用回避的方法先使自己冷静下来；等等。思考过后，心理老师还会与学生进行多次实景练习，用行动将方法落于实践。

访谈片段二 **社会智商**

B：我不该扔小云树叶。我知道的。

师：你能告诉我，你扔小云树叶时候她的反应吗？

B：她就一下子大叫了，我觉得很好笑的。

师：哦？为什么好笑呢？

B：因为就一片树叶，她就（害怕）尖叫。

师：小云为什么会怕到叫呢？

B：她以为我丢她虫子啦。

师：小云以为是虫子，而你知道是树叶，对吗？

B：嗯。

师：那后来呢？小云为什么更气了？

B：因为笑她，她不好意思了嘛。

师：原来如此，我现在知道小云的感受了。那么你呢？

（沉默）

师：如果你是被扔树叶的小云，你会是什么感受，能说说看吗？

B：我会很生气很生气，我想去打那个扔我树叶的人。

师：如果旁边的人都笑你呢？

B：很气很气。

师：我相信你也能理解小云不开心的感受了。

B：（沉默）我也没有要吓她。

师：我猜猜看，其实你是想和她打个招呼，是吗？

B：（点头）我想和她玩。

师：也许我们可以试试其他方法。你知道哪些更好的方法吗？

在来到"心语屋"之前，学生 B 已经意识到了自己行为不妥，但更大程度上是由于被老师批评了，而不是真正意识到这样的行为可能对对方造成的影响。在访谈过程中，心理老师引导 B 尝试着体会对方的感受，让他有一种更为真实的体验，从而思考在交友时更为合适的做法有哪些。学生 B 在老师指导下改写了之前日记中的场景："看到地上的树叶，捡起来扔在垃圾桶里，不要扔其他人。因为如果我被人扔树叶,我会很不开心,被笑话也不开心,那么其他人也会这样想,所以不可以这样做。我可以直接和小云打招呼,她同意和我玩,我们就一起玩。"

通过这样的日记改写,让学生换位思考如果事情发生在自己身上,会有什么样的感受以及如何做会更好。把这些内容写下来,作为新的日记内容,并大声朗读自己写的日记内容。之后,心理老师会和学生进行角色扮演,让他分别扮演自己和他人。通过角色的扮演,让学生再次体会新的处理方式带给他的感受。从说、写、演三个角度,促进学生重新思考,也帮助他提高自己的社会智商。

访谈片段三　　**环境适应**

C:我不想进去。我害怕呀。

师:你害怕进教室呀?那我们先站得离教室远一点好不好?

C:我不要进去。

师:(稍微远离教室,能看到教室的地方)在这里可不可以?还是很害怕吗?

C:这里可以。

师:你能不能告诉我,教室里有什么让你害怕呢?

C:(略带哭腔)我就是很怕进去。

师:你们的教室好漂亮,你能不能向我介绍下你们的教室?如果有你害怕的东西,你就先不介绍它,可以吗?

(介绍了教室里自己的桌子、橱柜、墙上的布置、同桌)

师:你介绍得真好。原来你的教室这么棒。那我们再站过去一些,让我看得更清楚些可以吗?

C:(点头)

(靠近教室门口,能看清楚学生)

师:现在还那么害怕进去吗?

C:还是有一点……而且今天也有点晚……

师:有点晚?

C:晚到……我不敢……

师:哦,你是怕老师批评你晚到学校了,是吗?

C:(点头)

师：那如果我陪你一起进去，和老师解释一下呢？

C：还是有一点怕。怕老师批评。

师：让心语姐姐猜猜，其实你喜欢学校也喜欢自己班级是不是？

C：（点头）

师：但是刚刚开始上学，怕自己做了什么被批评，所以有点紧张，对吗？

C：嗯，我有点怕老师批评我，我紧张的。

师：原来如此。心语姐姐小时候也害怕老师批评我，刚刚上学很不习惯，很紧张呢。

C：我也是的。

师：后来我告诉自己，别的同学也有做不好被批评的时候，而且做不好的地方我下次改了就好。除了批评，老师也会发积点给我们啊。

C：我们下个礼拜可以换积点的。

师：是呀，那你要是一直不进教室，怎么争取新的章，下周怎么多换积点呢？

C：（不好意思地笑了）

师：来，我们一起进去吧。

学生C是入学不久的一年级新生，刚刚转换身份，成为一名小学生。新的校园、新的同学、新的老师，都容易让一年级学生产生压力，从而可能导致入学适应问题，譬如不愿意上学，上课时不能集中，情绪起伏大，等等。在这一较为敏感的时期，心理教师和家长都需要用一定的耐心等待学生适应，并且引导学生"靠近"新的环境，找到新环境中的优势资源。既不能一味地强迫学生马上适应新环境，也不能完全纵容，任其负面情绪发展。在上述访谈中，心理教师先引导学生表达自己情绪产生的原因，再陪伴学生慢慢靠近目标，到学生情绪较为稳定的时候，帮助他一起找到新环境中的积极的部分，最终助力其融入环境。这一过程并不是一蹴而就的，学生的适应可能有反复，所以"心语屋"就成了学生能力提升的重要因素，对培养他们的品格起到积极作用。

三、心语信箱

心理咨询的形式除了"面询"，也就是来访者与咨询师一对一当面进行访谈之外，还包括电话咨询、书信咨询等形式。考虑到书信咨询的形式比较方便，也让学生觉得更有隐私被保护的感觉，所以，"心语姐姐"特意在"心语屋"的门口放置了一个"心语信箱"。这样，学生可以选择自己最为方便的时间写好信件，快速投递自己的小秘密、小烦恼。"心语姐姐"每周一和周四会开启信箱，并以信件的形式进行回复。希望问题得到解决的学生会在信件中留下自己的姓名，心理老师会将回复信件在课间私下给学生。之后，他们可以选择合适的时间阅读。当然，"心语姐姐"会根据来信中的具体事件、程度等判断是否要当面与学生进行访谈。我们可以读一读学生的来信片段以及教师的回信（隐私部分已隐去），来探讨我校如何利用"心语信箱"对学生进行品格的培育。

来信A：被忘记的友谊

不知何时起，朋友们渐渐远离了我。朋友们纷纷去跟班级里新来的同学在一起。我的好朋友，有的和某人一起说我坏话，有的已经大部分时间都去跟其他人一起了。总而言之，有的朋友几乎都不理我了。心语姐姐，我应该如何去应对呢？

学生A

回信A：主动出击，再交新友

A同学：

你好！

看了你的信，我仿佛也能感受到你有些寂寞、有些孤独。特别是被朋友在背后说坏话，更叫人伤心。

我想告诉你，交朋友本来就不是一件容易的事情。如果要找到一个志同道合，能够终身相处的好朋友，那可能就更难了。

关于你的朋友现在有一些远离你，那么你有没有主动找过他们呢？也许你可以试着问一问，为什么他们和你玩得少了，然后重新加入。

或许，你也可以试着主动结交一些新的朋友。寻找志同道合的朋友可能需要很久很久哦，希望你不要放弃交朋友的信心。如果在交友时碰到了具体的问题，可以来到心语屋，我们再深入地聊一聊。

祝

尽快找到新朋友！

心语姐姐
2019年5月8日

在这封来信中，学生 A 遇到了和朋友相处之间的困惑，A 既想和朋友们继续交往，可是又觉得难以融入。仅从来信中其实难以明确学生到底遇到了什么样的问题，但能感觉到 A 在交友的方式方法上有无从下手的感觉。所以心理老师没有妄下结论，而是对学生进行了初步安抚，理解她交友的难处，并邀请学生能够前来"心语屋"当面交流。交友问题也是小学高年级学生中的常见问题，除了冲突、误会等，还有被孤立的问题。有些有可能是学生原本个性造成的，而有些则可能是交友方法、策略上的欠缺，这就需要老师当面对其进行具体的指导。通过信件方式，老师可以快速对学生的情况作出初步判断，并为有需要的学生制定辅导方案。

来信 B：害怕的我需要帮助

心语姐姐，我想说，我最近看了本叫《查理九世》的书，我好怕，请你帮我可以吗？

学生 B

回信 B：一起找到克服害怕的勇气

B 小朋友：

你好呀！

悄悄告诉你，心语姐姐到现在都不敢看有鬼怪的或者情节恐怖的书和电影，原因和你一样，会害怕。虽然我会尽量少看这些内容，但有些故事太吸引我了，让我忍不住地去看。这时，我就找朋友一起看。

我知道很多小朋友都看《查理九世》这本书，故事也写得很吸引人。也许你也可以试试，和爸爸妈妈一起看。如果事后实在害怕，还可以抱着自己最喜欢的娃娃，拉着爸爸妈妈的手睡觉。

心语姐姐想向你推荐一本我们学校其他小朋友，也就是你的哥哥姐姐自己写的一本书，叫《晚安，小朵朵》。她遇到了和你类似的苦恼，你可以读一读，想一想，小朵朵是怎么找到勇气，克服害怕的呢？

如果这些方法都不管用，你仍然怕得很厉害，你可以到心语屋来找我聊聊天，心语姐姐非常欢迎你！

祝愿

成就越来越棒的自己！

心语姐姐
2017 年 10 月 21 日

在儿童成长的过程中,他们的好奇心也会日益增长,对于没见过、没听过、没试过的事物,他们都很愿意去尝试。但儿童发展心理学家也告诉我们,儿童恐惧的事物也开始慢慢变多,从很具体的对象变得抽象。比如幼儿园的儿童会害怕动物、小丑;到了小学,儿童恐惧的内容就成了蛇、虫,还有想象中的鬼怪。儿童总是一边对外部世界充满好奇,一边又对一些未知内容感到害怕,如果这时候家长、老师一味阻止儿童探索,不仅不能很好地帮助他们克服恐惧,甚至会阻断他们的好奇之路。基于此,"心语姐姐"为学生提供了若干降低恐惧情绪的方法,让其在保有好奇的同时能够应对自己的负面情绪。

来信C: 时间紧张的我该怎么办

心语姐姐:

我这学期觉得很紧张,因为我又要完成学校的作业,又要参加运动训练。每天早上很早到学校,晚上就要早睡觉。但是我家远,我回去也要七点多做作业。我觉得来不及做,早上也没时间。心语姐姐,我应该怎么办?

学生C

回信C: 坚持良好习惯,合理安排时间

C同学:

你好!

看了你的信,我仿佛也焦虑了起来,这么多的事情要在一天里完成,实在让人觉得为难。

所以,我需要请你先给自己做一做这样的表:

第一步,请你把一天中需要做的事全部写下来,按照周一到周日来写。

	星期一	星期二	星期三	星期四	星期五	星期六	星期天
我今天要做的事情							

第二步，以某一天为例，写下每件事大约需要占用你的时间，从最短时间到最长时间填写。

	我今天要做的事	需要占用的时间
星期 *		

第三步，试着按照课表，在当天把具体的事情根据时间长短安排进去。放学之后的时间特别长，你需要再把它分成几个时间段，来进行安排。

星期 *	时　　长	我可以试着做
第一节课		
课间	10 分钟	
第二节课		
课间	20 分钟	
第三节课		
课间	10 分钟	
第四节课		
午休	30 分钟	
第五节课		
课间	10 分钟	
第六节课		
课间	10 分钟	
第七节课		
放学体育锻炼		
晚餐前	（具体时长）	
晚餐后休息片刻	（具体时长）	
洗漱之前	（具体时长）	
睡觉之前	（具体时长）	

请你在坚持做好一周的表格之后,再给我来信,或者来心语屋,我们一起想想办法,帮助你更好地安排和利用时间,让你的心情轻松起来。

祝

学习进步!

心语姐姐

2018 年 9 月 17 日

这封来信在我校高年级的学生中颇具代表性,随着年级升高,学业压力相较于低年级也变得更大,无论是作业的量还是难度都有所增加。如果学生同时还参加一些兴趣班,那在时间上可能就捉襟见肘了,所以"心语姐姐"指导学生制定了初步的时间安排表。如果学生能够完成这样的表单,那么也就自然地安排好了自己的时间和需要完成的事项。在完成表单后更为重要的是执行,需要坚持不懈地照着自己安排的时间表去实施,而"坚持不懈"的品格才是真正解决问题的关键。

我校以积极心理学作为理论基础,探讨了品格培育视角下的特色心理健康教育。我们打破了原有的模式化课堂教学,利用团体辅导、心理社团、校园心理剧、微课程等多种形式,大大丰富了学生获得心理健康教育资源的平台,改变了学生单一的、固化的、被动的学习方式,在学习的过程中,强调学生的体验、实践。心理健康教育不同于其他的知识传授,有人称其"只可意会,不可言传"。学生势必需要通过高度的参与(观察学习也是一种高度参与),才能增强问题解决的能力,增进社会交往的能力,真正达到品格培育的目的。除了面向群体的课程建设外,我们也非常重视有需要的个体,欢迎和鼓励他们走进"心语屋",给予他们倾听的耳朵,解开他们的心结。正是通过这些改变与开拓,我校的心理健康教育越来越受到学生的欢迎,同时,也给他们的积极成长带去了更多益处。

第五章

解码：数据分析后的实践行动

"VIA"24 项优势特质的测量已在全球 200 多个国家使用,目前全球已超过 100 万人进行过测试。

　　学校每年对三至五年级学生进行"VIA"优势特质(儿童青少年版)问卷测试、数据采集与分析,四年来共汇总了 6 个年级 30 个班级的个体数据。一方面,基于数据,我们将其作为核心品格要素确定的重要依据,并适时把控某些品格生成或转变的关键期;另一方面,跟踪数据对照,我们将重点放在班级和个体,以此来检测学生品格,分析比对品格培育的效果,为品格培育提供了实施的切入面,为项目持续改进提供了数据支撑,同时为梳理总结个体背后有价值的经验提供了视角,力争更科学地开展行动研究。

　　我们努力将定量分析与定性分析两者结合,对学生品格养成的关键影响事件进行深入剖析,寻找规律。因为我们深知,立德树人不仅是教育发展的根本规律,也是人才成长的根本规律。

第一节 定量数据的采集与分析

我们运用"VIA"优势特质的测量工具对小学生进行跟踪测量,通过数据的统计与分析,比对与研究,挖掘数据背后的故事,探寻小学生品格形成的规律,提炼教师品格教育的成功经验。

2015年上半年,我们完成了品格试测和品格筛选,下半年开始了正式的测量。从2015年秋季(9月份、10月份)开始,之后2016年、2017年、2018年连续三年里的每一年秋季,我们都做同样的测量,以获取不同年级的跟踪数据。

测量用的问卷以"VIA"优势特质青少年版(英文版)为基础,24个维度共计192题(每个维度为8题),测量学生对优势特质的认可程度(五分制),有正向记分和反向记分。在海外中文翻译版的基础上,我们将儿童版问卷根据我国的语言习惯做了修改和调整。

"VIA"优势特质测量青少年版设定的起始年龄是10岁,正好对应的是我国小学三年级学生。因此,我们每年测量挑选的对象都是三至五年级的学生,每次基本在500人左右。考虑到一、二年级学生年龄小、识字量不多且存在一定的阅读障碍,对问卷的理解会有一些困难,故不参与测量。

数据分析采用SPSS统计分析软件,并使用T检验作数据对照的显著性分析(根据95%置信度来检验)。

我们采集了四年的学生品格测试数据,并将数据进行横向与纵向、个体与集体、男生与女生、学生与成人、本校与外校等不同的比对,从中观察与分析我校学生五大品格在数据上反映出来的一些特点。

一、外部参照下的数据对比分析

2015年秋季第一次正式测量时,为了增加参照值,我们邀请到了本市另外六所小学一起参与测量。而这六所小学中五所小学是曹光彪协作块的块内学校,分别是七色花小学、蓬莱路第二小学、卢湾三中心小学、董家渡路第二小学、回民小学,还有一所小学是曾受我校农村义务委托管理的松江九亭二小。他们中有和我校类似的现代城区小学,也有郊区农村小学、老城厢学校、新优质学校等,可谓各有特点。六所学校参与测量学生的总人数近2 000人,虽然并非三至五年级学生全部参与,但每个学校样本量最少的有179人,最多的有511人,数据上有足够的代表性,这为更好地解读我校学生的数据提供了有益的对照参数。

(一) 七所小学的品格数据整体表现

第一次拿到学生的品格数据,我们格外好奇,这些数据会呈现怎样的特点呢? 我们学校的数据好不好呢? 如果把六所学校的数据作为整体来看,我校学生五大品格在数据上的表现如下图5.1所示:

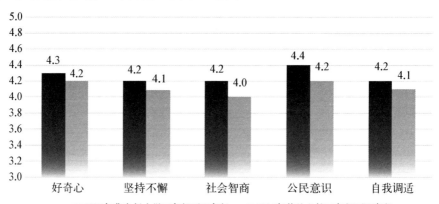

图 5.1　曹光彪小学学生与其他六校学生五大品格数据对比图

注:根据 T 检验,曹光彪小学作为一个整体对其他六校在所有五个维度上的数据均呈现统计上的显著性差异(95%置信度)。

七校中数据得分最高的三所小学之间的分数差距很小,在统计上几乎没有什么差异,见下图5.2:

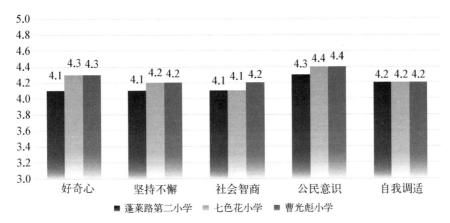

图 5.2　曹光彪小学学生与蓬莱路第二小学、七色花小学学生五大品格数据对比图

注：根据 T 检验，除了"好奇心"曹光彪小学对蓬莱路第二小学呈现统计上显著性差异（95％置信度）外，三所学校之间几乎所有五个维度上的数据均不呈现统计上的显著性差异。

表 5.1　曹光彪小学与其他六所小学统计上显示有显著性差异的维度

	六校 1	六校 2	六校 3	六校 4	六校 5	六校 6
好奇心		显著差异			显著差异	显著差异
坚持不懈						显著差异
社会智商					显著差异	显著差异
公民意识			显著差异	显著差异	显著差异	显著差异
自我调适						显著差异

这些数据反映出我校多年来坚持五育并举，持续深耕素质教育的果实，尤其是在公民意识、好奇心、社会智商这三个维度上有较为突出的表现。

我们除了关注学生五大品格的数据，还将学生在"VIA"的其他优势特质方面进行了比对分析，以了解小学生的"VIA"24 项优势特质的大致情况。

表 5.2　根据 2015 年的七校数据，"VIA"24 项优势特质的分值由高至低排序表

1. 感恩	4.28	7. 美感	4.20	13. 自我调适	4.14	19. 活力	4.08
2. 和善	4.27	8. 爱	4.19	14. 勇气	4.13	20. 社会智商	4.06
3. 公民意识	4.26	9. 真实性	4.19	15. 谦逊	4.12	21. 幽默	3.96
4. 希望	4.26	10. 好奇心	4.18	16. 坚持不懈	4.10	22. 谨慎	3.90
5. 宽容	4.23	11. 灵性	4.17	17. 好学性	4.09	23. 洞察力	3.88
6. 头脑开放	4.22	12. 公平	4.15	18. 创造力	4.09	24. 领导力	3.79

如表 5.2 所示,我们所选的公民意识、好奇心、自我调适、坚持不懈、社会智商这五大品格比较均衡地分布在高、中、低不同的排序中。

(二) 小学生品格数据远优于成年人

我们选取了学生数据与成人数据进行比对,发现在所有五个品格维度上,我校学生数据全部呈现统计上的显著性差异(95％置信度)。

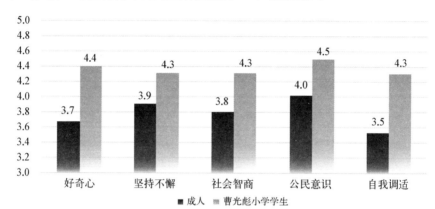

图 5.3　曹光彪小学学生与成年人五大品格数据对比图

注:曹光彪小学的数据取自 2018 年的测量数据,成人数据取自高释咨询 2018 年最新的成人数据,主要来自银行、保险、汽车、制造业、人力资源行业、教育等领域的中基层管理人员。

再看七校平均数据和成人的对比,结论跟曹光彪小学学生与成人的对比是一致的,所有维度均显示统计上的显著性差异(95％置信度)。

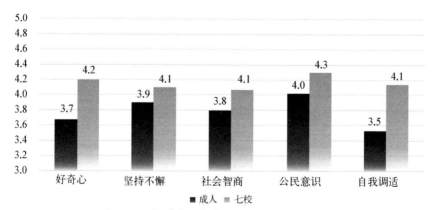

图 5.4　七校学生与成年人五大品格数据对比图

注:七校数据取自 2015 年的测量数据,成人数据取自高释咨询 2018 年最新的成人数据,主要来自银行、保险、汽车、制造业、人力资源行业、教育等领域的中基层管理人员。

为什么成人五大品格数据远落后于小学生五大品格数据？这个问题值得我们反思和深入研究。如果我们进一步查看全部"VIA"24项优势特质成人与小学生的比对，这个结论在大部分维度上也基本成立。

数据显示，除了洞察力、爱、公平、领导力、公民意识、谨慎和积极乐观这六个维度外，小学生的数据都好于成人数据，而且其中大部分（15项优势特质）具有统计上的显著性差异。

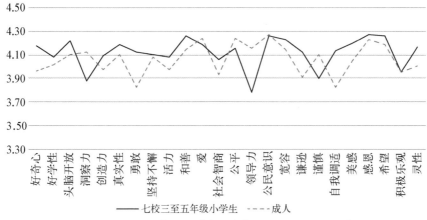

图5.5 七校三至五年级小学生与成年人24项品格数据对比图

注：根据T检验，在好奇心、好学性、头脑开放、创造力、真实性、勇敢、活力、和善、社会智商、宽容、谦逊、自我调适、美感、希望和灵性等15个维度呈现统计上的显著性差异（95%置信度）。

数据对比后，留给我们的思考是：从小学生到成人，在品格（优势特质）塑形的悠悠岁月里，不知道它的拐点发生在什么时候？又是在怎样的情况下出现拐点的？我们还需要长久地去探索、去发现。

（三）女生得分领先男生

无论是曹光彪小学的学生数据还是六校学生的数据，都显示：三年级至五年级女生在五大品格上的得分除了好奇心数据没有统计上的显著性差异外，其他四项都在统计上显著性地高于男生，如下图5.6、5.7所示。

就女生数据分值明显好于男生这个现象，我们认为：在10—12岁小学阶段，女生的心智能力（主要体现在社会化程度的领域）比同龄男生要成熟得早一些，这似乎是一个经验共识。只有在好奇心这个非社会化维度里，男生和女生在

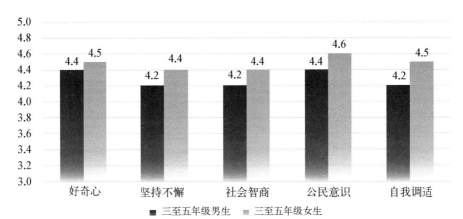

图 5.6　曹光彪小学男生与女生五大品格数据对比图

注：T检验显示，坚持不懈、社会智商、公民意识和自我调适四个维度在性别上的数据呈现显著性差异（95％置信度）。

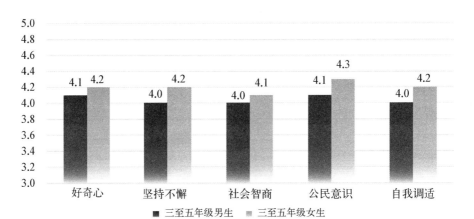

图 5.7　六所学校男生与女生五大品格数据对比图

注：T检验显示，坚持不懈、社会智商、公民意识和自我调适四个维度，在性别的数据统计上呈现显著性差异（95％置信度）。

数据上是没有统计性显著差异的。在小学阶段，女生的数据表现总体上要比男生稍好一些。这也是我们多年来一直关注更为均衡的性别发展机会的原因之一。

（四）从三年级到五年级的品格走势

从参与测评的三至五年级学生数据来看，总体趋势似乎是品格得分走向与年龄走向一致。以 2015 年的六校数据为例，见图 5.8：

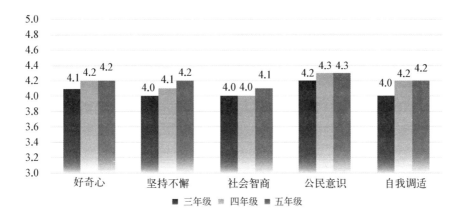

图 5.8 六所学校三至五年级学生五大品格数据对比图

注：T检验显示，五年级在所有维度上对三年级都呈显著性差异（95％置信度），但与四年级没有任何显著性差异（95％置信度）；而四年级对三年级在公民意识和自我调适两个维度上呈现显著性差异（95％置信度），其他三个维度没有显著性差异（95％置信度）。

但是，我们从 2015 年至 2018 年本校学生的数据比对中，发现四个年份的三至五年级学生品格得分却都有一些不同点。

2015 年的三至五年级学生数据显示，品格与年龄走向基本一致（除了社会智商，五年级分值略低于四年级），但三个年级之间的数据在统计上都不呈现显著性差异。见图 5.9：

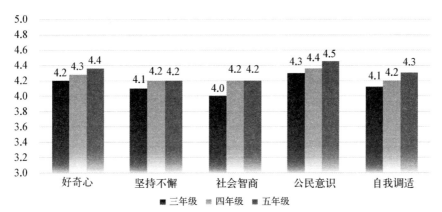

图 5.9 2015 年曹光彪小学三至五年级学生五大品格数据对比图

注：T检验显示，三个年级在所有维度上都不呈现统计上的显著性差异（95％置信度）。

而 2016 年的三至五年级学生数据显示，四年级变成了数据上的低谷，而且在某些维度上与另外两个年级形成统计上的明显差异。见图 5.10：

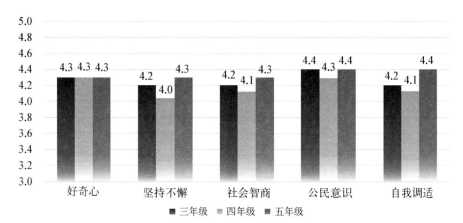

图 5.10　2016 年曹光彪小学三至五年级学生五大品格数据对比图

注：T 检验显示，在好奇心、公民意识两个维度上，三个年级之间在数据上都不呈现统计上的明显差异；在坚持不懈维度上，三年级、五年级对四年级都呈现统计上的显著性差异（95％置信度），但三年级和五年级之间没有统计上显著性差异；在社会智商维度上，五年级对四年级呈现统计上的显著性差异（95％置信度），但三年级和四年级之间、五年级和三年级之间，其数据都没有统计上的明显差异；在自我调适维度上，五年级分别对四年级和三年级呈现统计上的显著性差异（95％置信度），但三年级和四年级之间的数据则没有统计上的明显差异。

2017 年的三至五年级学生数据显示，三个年级的数据走向却又回到了"常规"状态，见图 5.11：

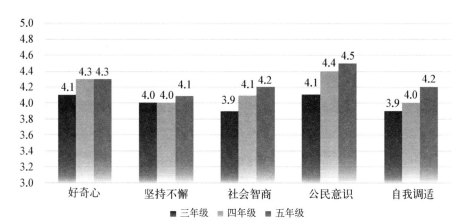

图 5.11　2017 年曹光彪小学三至五年级学生五大品格数据对比图

注：T 检验显示，只有坚持不懈一个维度，三个年级之间在数据上都不呈现统计上的明显差异；在好奇心、社会智商和公民意识三个维度上，五年级、四年级对三年级都呈现统计上的显著性差异（95％置信度），但五年级和四年级之间没有数据上显著性差异；在自我调适维度上，五年级分别对四年级和三年级呈现统计上的显著性差异（95％置信度），但三年级和四年级之间的数据则没有统计上的明显差异。

到了 2018 年，我们发现三至五年级学生数据模式则与 2016 年的相似，四年级数据再次回到低谷。见图 5.12：

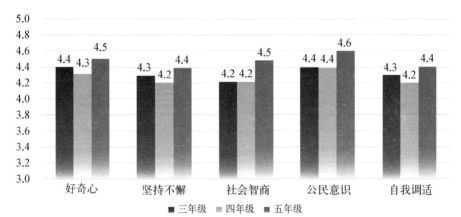

图 5.12　2018 年曹光彪小学三至五年级学生五大品格数据对比图

注：T 检验显示，在好奇心、坚持不懈和自我调适三个维度上，五年级对四年级的数据呈现统计上的显著性差异（95％置信度），但三年级和四年级之间、五年级和三年级之间，其数据都没有统计上的明显差异；而在社会智商和公民意识两个维度上，五年级分别对四年级和三年级呈现统计上的显著性差异（95％置信度），但三年级和四年级之间的数据则没有统计上的明显差异。

为什么不同年级的数据呈现出不同的走势？从目前的数据分析，我们认为：

第一，无论是六校的数据还是我校四年间的数据，五年级均是三个年级中数据整体表现最好的年级，这说明小学生从三年级至五年级品格数据的分值总体来说是提升的。

第二，从三年级到五年级，品格是不是呈连续上升的态势？以 2015 年六校数据来看，的确是这样的。可惜的是六校只参与了一次测量，而且参与的学校数量也相对有限，我们不能根据这一次的数据下定论；如果从曹光彪小学四个年份的数据来看，答案则是不确定的，其中 2015 年和 2017 年的数据是连续上升的，而 2016 年和 2018 年却不是这样——四年级成为三年间的一个数据低谷。因此，这一现象是否形成定律，目前下结论还为时过早，还有待进一步的数据支持。

为何品格提升的连续性在小学阶段可能是不确定的？我们猜想这个不确定性也许与小学生在中高年级阶段在心智上的一次变化有关。教师通常可以观察到一个较为普遍的现象，即在小学阶段，小学生一般都会有从"乖顺""比较听话"到"自主""开始说不"的明显转变，这个转变大多发生在四年级，有些学生会提前至三年级，有些则延后至五年级，由此可能会"干扰"了品格数据上升的连续性。

由于学生的转变在三年时间内是参差不齐的,因此数据结果也呈现出不稳定性。

二、曹光彪小学品格数据的深入分析

从 2015 年到 2018 年,我们做了四次秋季测量,共积累了六个年级组的品格数据。我们对这六个参与测评的年级组进行了编号:

Z 年级组:2015 年秋季五年级(只有当年数据,没有跟踪数据);

Y 年级组:2015 年秋季四年级/2016 年秋季五年级(有两年跟踪数据);

X 年级组:2015 年秋季三年级/2016 年秋季四年级/2017 年秋季五年级(有三年跟踪数据);

W 年级组:2016 年秋季三年级/2017 年秋季四年级/2018 年秋季五年级(有三年跟踪数据);

V 年级组:2017 年秋季三年级/2018 年秋季四年级(有两年跟踪数据);

U 年级组:2018 年秋季三年级(只有当年数据,没有跟踪数据)。

(一)同年级四个年级组的对比

比较 2015—2018 年同为三年级的 X、W、V、U 年级组,2018 年的 U 年级组和 2017 年的 W 年级组表现较突出,2015 年的 X 年级组排在第三,2017 年 V 年级组的数据则垫底。见下图 5.13:

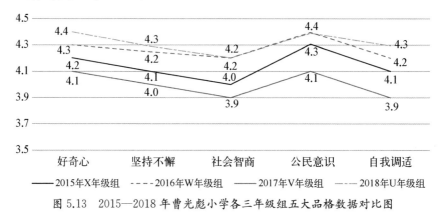

图 5.13　2015—2018 年曹光彪小学各三年级组五大品格数据对比图

注:根据 T 检验,在好奇心、坚持不懈、社会智商和公民意识四个维度上,U 年级组和 W 年级组的数据对 V 年级组呈现统计上的显著性差异(95％置信度),但 U、W、X 之间的数据没有统计上的显著性差异;在自我调适维度上,U 年级组对 V 年级组的数据呈现统计上的显著性差异(95％置信度),但 U、W、X 之间的数据没有统计上的显著性差异。

比较不同年份的 4 个四年级，2015 年的 Y 年级组、2016 年的 X 年级组、2017 年的 W 年级组和 2018 年的 V 年级组，它们之间的数据在统计上基本都没有明显差异（除了坚持不懈一个维度，Y 对 W 呈显著性差异），见图 5.14：

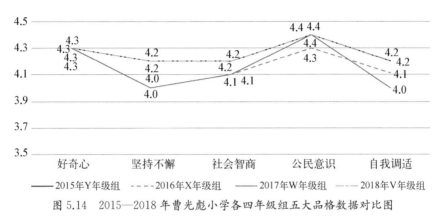

图 5.14　2015—2018 年曹光彪小学各四年级组五大品格数据对比图

注：根据 T 检验，除了坚持不懈一个维度 2015 年的 Y 年级组对 2017 年的 W 年级组在数据上呈现显著性差异（95％置信度）外，四个年级组在所有五个维度上数据间均没有统计上的明显差异。

再来看五年级，数据上比较突出的是 2018 年的 W 年级组，2016 年的 Y 年级在个别维度（如坚持不懈）上也表现较好。见下图 5.15：

图 5.15　2015—2018 年曹光彪小学五年级组五大品格数据对比图

注：根据 T 检验，2018 年的 W 年级组在坚持不懈、社会智商和自我调适三个维度上以及 2016 年的 Y 年级组在坚持不懈维度上对 2017 年的 X 年级组的数据均呈现统计上的显著性差异（95％置信度），2018 年的 W 年级组在社会智商上对 2015 年的 Z 年级组的数据也呈现统计上的显著性差异（95％置信度）；其他数据在四个年级组之间都没有统计上的显著差异。

综合上述数据结果，从 2015 年至 2018 年的四年中，总体上 W 年级组、U 年级组和 Y 年级组表现相对突出。

（二）本年级组自我跟踪对比

Y 年级组只有两年跟踪数据，其 2018 年（五年级）的数据比其 2017 年（四年级）的数据在所有五个维度上均表现出明显差异，尤其是自我调适这个维度。见图 5.16：

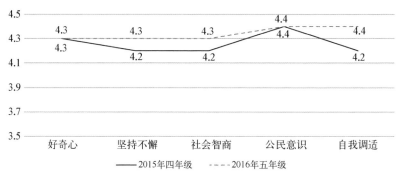

图 5.16 曹光彪小学 Y 年级组五大品格数据对比图

注：根据 T 检验，在所有五个维度上，Y 年级组五年级时的数据对其四年级时的数据全部呈现统计上的显著性差异（95％置信度）。

X 年级组有三年跟踪数据。三年间只有"公民意识"这一项，在 2017 年（五年级）时的数据比 2015 年（三年级）时的数据呈现明显差异，其他维度的数据三年间在统计上都没有明显差异。见图 5.17：

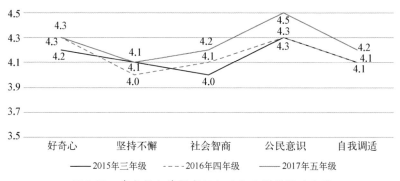

图 5.17 曹光彪小学 X 年级组五大品格数据对比图

注：根据 T 检验，除了五年级对四年级在公民意识这个维度上呈现统计上的显著性差异（95％置信度），其他所有数据在三年里均没有统计上的显著性差异。

同样是三年跟踪数据，W 年级组表现出不同的特点。其 2016 年（三年级）的数据和 2018 年（五年级）的数据都表现不俗，但四年级的数据呈现出明显的低谷，好在五年级时其数据已明显反弹，而且非常突出。见图 5.18：

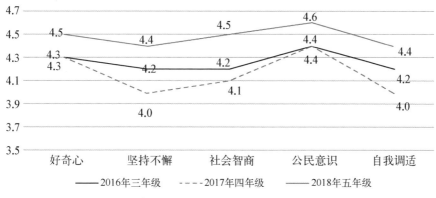

图 5.18　曹光彪小学 W 年级组五大品格数据对比图

注：根据 T 检验，五年级数据对四年级数据在所有维度上、五年级数据对三年级数据在社会智商、公民意识和自我调适三个维度上都呈现统计上的显著性差异（95％置信度）；三年级数据对四年级数据在坚持不懈和自我调适两个维度上呈现统计上的显著性差异（95％置信度）。其他数据间则没有统计上的明显差异。

再看只有两年跟踪数据的 V 年级组，最显著的特点是 2018 年（四年级）数据明显好于 2017 年（三年级），而且在所有五个维度上均表现优异，呈现统计上的明显差异。见图 5.19：

图 5.19　曹光彪小学 V 年级组五大品格数据对比图

注：根据 T 检验，五年级数据对四年级数据在所有五个维度上均呈现统计上的显著性差异（95％置信度）。

综合上述,各年级组的自我跟踪数据对比中,W 年级组、Y 年级组和 V 年级组的表现总体都不错。

(三) 四年间六个年级组的数据分析和比较

纵观四年间六个年级组的数据表现,我们发现其中四个年级组的品格数据可圈可点,两个年级组略逊。也就是说,通过开展品格培育项目后,学生品格在数据上呈现良好的年级组占了三分之二。

1. U 年级组——即 2018 年三年级

U 年级组虽然只有一年数据,但在 4 个参与测量的三年级组中分值排在首位。我们认为合理的解释是,学校课题研究当时已经进行了 3 年,在此期间,这个年级组的教师都通过校本培训、学校宣传等方式,对五项品格有了一定的了解和认识。教师在教授一、二年级时,已通过行为规范训练、学科教学、原创绘本故事、心理健康教育等形式,在学生的品格培育方面下了功夫,从而为三年级的数据表现奠定了一定的基础。

2. W 年级组——即 2016 年三年级/2017 年四年级/2018 年五年级

W 年级组获得三年跟踪数据,这个年级组在三年级时,学生的数据就反映出他们有着良好的起点,当时本项目已进入第二年。到五年级时,学生的数据表现格外突出,不仅在五年级中所有品格数据排位第一,而且成功避免了四年级时的"数据低谷",总体明显领先于其他年级。

3. V 年级组——即 2017 年三年级/2018 年四年级

V 年级组在三年级时的数据表现虽然排在四个年级组中末位,但大部分没有统计上的显著性差异,到四年级时,V 年级组已追上其他年级,五项品格得分中有四项排第一、坚持不懈排第二。这也是有跟踪数据对比的 3 个年级组中唯一一个四年级比三年级的数据在所有维度上都有提升,且全部呈现显著性差异的年级组。

4. Y 年级组——即 2015 年四年级/2016 年五年级

Y 年级组在四年级时,在坚持不懈这个维度上排四个年级组第一(甚至和 W 年级组呈现统计上的显著性差异),在社会智商、公民意识和自我调适三个维度上排第二,但在好奇心维度上排末位;到了五年级,在三个维度上(坚持不懈、社会智商和自我调适)排四个年级组第二,好奇心排第三,公民意识则排末位。

5. X 年级组——即 2015 年三年级/2016 年四年级/2017 年五年级

相对而言，X 年级组的数据表现总体一般，不仅在与其他三个年级组对比中常常落后（三年级时五个维度全部排第三，四年级时五个维度四个排第三、一个排末位，五年级时四个维度垫底，只有公民意识稍好，排第二），在自我对比中，三年间除了公民意识相对于四年级呈现统计上显著性差异外，其他所有数据在统计上都没有显著性差异。

6. Z 年级组——即 2015 年五年级

这个年级组比较特别，学生只参加了一次测量后就毕业了。当时，品格培育的项目研究刚开始，数据无法反映教师在学生身上执行的情况。仅从数据上看，Z 年级组在大部分维度上是落后的，因为其他年级都在后期不同程度地参与了项目研究。

综合来看，6 个年级组数据表现最突出的是 W 年级组。W 年级组历经了三年的数据考察，而且五年级时的数据表现非常优秀，所有五个品格分值均列四个参加测评的年级组第一。这个年级组强劲的数据表现背后可能的关联要素是什么呢？为此，我们对这个年级组的教师们进行了分析。

这个年级组共有 9 位教师，是老中青相结合但以中青年教师为主体。年级组长本身就是位"70 后"，五个班级的班主任有两位"60 后"，两位"70 后"，1 位"80 后"；数学、英语老师也以"70 后""80 后"为主。

W 年级组的组长是一位语文教学资历丰富的中青年教师，在语文教学和班主任工作方面都有自己的特色。自担任年级组组长及语文备课组组长以来，她逐步摸索出一套带领年级组共同进步的有效管理方法。

第一，身先士卒，以身作则，在年级组起到榜样示范作用。W 年级组组长作为一名语文教师，她在教学与研究方面硕果累累；作为班主任，她已经连续带了两届学生。无论是班级的学习成绩还是学生个人品行及家长的反馈都名列前茅；作为年级组负责人，当组内发生问题时，她既能主动承担责任，也能够深入了解情况，和老师们共同面对问题，提出建议和想法。

第二，主导年级组教师达成正确的教学理念和行为方式。

年级组每天都会遇到来自五个班级中发生的形形色色的事情。这些事情不免常常引起年级组老师间的广泛交流。为此，W 年级组组长紧抓两个导向以规范老师的教学理念和行为方式：

学生导向——教师想问题、做事情要换位思考,要以有利于孩子成长为出发点,眼睛里要有所有学生。

舆论导向——随时留意年级里发生的各类信息,引导级组教师客观地去理解和传播,把握办公室的舆论氛围,使大家学会积极、正向地看待问题和解决问题。

因为教研组氛围真诚、融洽,平时沟通交流多,因此,级组老师们对教育形成了比较一致的追求和目标。工作中,大家都努力把尊重学生、理解家长放在首位,遇到问题能从积极、正面的角度去思考、去处理。

第三,创建尊重、坦诚、民主、高效的团队合作文化。

W年级组像个大家庭,教师间工作时气氛率真、活泼。工作之余,大家会不定期开展一些团体活动,拉近了心与心的距离。年级组的老师都是志同道合的好伙伴,尊重、理解、沟通与互助是年级组老师之间的相处之道。

作为年级组负责人,年级组组长认为自己的角色是上传下达,推进学校各项工作落到实处。在这个过程中,教师间平等以待、包容互信,各种决策就比较容易得到教师们的理解和支持。年级组组长非常注重团队的开放性和透明性,有什么问题都坦诚地与大家一起探讨和协商。她也愿意广泛听取组内老师的意见和想法,集思广益,在此基础上,作出符合实情、客观高效的决策。W年级组的老师们本身都有很强的责任感、荣誉感。在这种工作氛围中,组内老师的专长和优势得以发挥,主动性、积极性和创造性得以发扬,直接影响着教育教学质量,影响着学生的健康成长。

第二节　五项品格培育与数据的良性互动

在四年的品格数据测量中,我校先后总共有30个班级参加了测评。同一个班级从只有一年数据到有两年或三年跟踪数据不等,所以四年中总计形成了60套班级数据,从三年级到五年级,每个年级则各有20套班级数据。我们通过调查、个别访谈、座谈等不同形式,去挖掘班级品格数据背后的故事,寻找教师品格育人的规律。

从中,我们也发现每个班级品格数据的背后都有着可挖掘和可追溯的成因。班主任是班级品格数据表现的一个重要影响因素,数据表现优异的班级,这些班主任身上有着一些共同的特质。他们或沉稳端庄，或开朗活泼，或平易近人，或幽默风趣，各具人格魅力。他们总是别具慧眼，能发现每个孩子身上的闪光点。他们善于利用活动的设计，善于捕捉教育的契机，引导学生树立正确的价值观，形成良好的个性品格。这是因为他们的心里都装着平等、尊重、宽容、客观、公正。他们亲近学生，视学生为自己的孩子、自己的朋友。他们研究学生，因材施教，适性扬才；他们敬畏童心，情系专业，教学相长。因此，他们所带的班级都是温馨和谐、团结友爱、积极向上，有着很强的集体荣誉感。

一、三年级数据巅峰班是如何造就的？

在所有 60 套班级数据的对比中，有一个班级的数据格外突出，这个班级就是 2016 年的三(5)班。这个班级的五项品格的分值为：

好奇心：4.81 分——位列 60 套班级数据第一；

坚持不懈：4.55 分——位列 60 套班级数据第二；

社会智商：4.61 分——位列 60 套班级数据第二(第一名是一个五年级班)；

公民意识：4.72 分——位列 60 套班级数据第三(第一、二名均在五年级)；

自我调适：4.47 分——位列 60 套班级数据第七(其中前六名中有五个均在五年级)。

这个班级共有学生 33 人，当年测评有效的学生是 25 人，其中五项品格得满分分别有：好奇心 15 人，坚持不懈 7 人，社会智商 9 人，公民意识 12 人，自我调适 9 人。得满分者合计所占班级总人次比例为 41.6%，是 60 套班级数据中最高的。

为何有如此高的分值？我们通过个别访谈对这个班级做了进一步的调查与分析。

该班班主任平老师已在曹光彪小学工作了 19 年，是一位"70 后"教师，她不仅是位优秀的班主任，也是一位出色的语文教师，而且她非常喜爱教师这个职业。她的带教风格是开朗活泼，严格中带有亲和力，而且非常富有真情和创意。

在平老师的讲台里有个"藏宝箱"，让班里每一个孩子都向往。藏宝箱里藏着的不是好吃的糖果，也不是有趣的玩具，而是四十五枚"有魔力"的图章。孩子们最期待的是周五，那是班级的"敲章日"。他们每个人都有一本荣誉本，本子上的每一枚奖章都记载着平老师对他们每一次努力的肯定与鼓励。

"星期三,我在走廊里见到老师,就热情地打招呼。""昨天,我认真做广播操,被老师表扬了。""星期一,老师称赞我小报做得有创意。""今天,我在图书馆静悄悄地借书。""前天,我们小组一起完成了小火箭,老师夸我们小组齐心协力。""老师表扬我这两个星期的作业本比以前整洁了。"一个又一个孩子欢呼雀跃地来到平老师身旁,汇报起自己一个星期表现好的地方或做的好事,语气中充满自豪。

平老师静静地微笑着,注视着每一个汇报的孩子。等孩子说完,她从藏宝箱里取出奖章,轻轻地郑重其事地敲在孩子们的荣誉本上。"彬彬有礼""刻苦锻炼""有创意""守纪律""善于合作""进步的孩子最可爱"……获得奖章的孩子或连蹦带跳,或抬头挺胸,或昂首阔步,走向自己的座位,还不忘得意地扫视一下班里其他同学,似乎想让全世界知道自己得到了宝贝似的。

真的,奖章"有魔力"。

每一枚奖章都是一次记录,记在了孩子们的心里。他们逐渐明白了哪些行为是应该做的,哪些事是必须要坚持的,哪些事是有意义的。有点小迷糊的孩子,渐渐关注起自己的言行举止;腼腆的孩子,渐渐敢于表达,产生了自信;顽皮的孩子,渐渐懂得了自律。

奖章让孩子们产生了规范言行的意识,让孩子们体会到了付出后收获的快乐。更重要的是,让孩子们懂得了荣誉的意义。

"星期一,我……语文课发言积极……被表扬了……"平老师注视着支支吾吾的小C,回忆起那天确实有好几个孩子因为发言积极被表扬了,但是,没有小C。平老师想了想,什么也没说,依旧拿起奖章,轻轻地郑重其事地敲在小C的荣誉本上。沉思片刻后,平老师决定在班里召开一次班会,主题是"我的奖章"。

主题班会上,孩子们交流起自己最得意的一次获得奖章的经历,个个说得眉飞色舞。这时,平老师问大家,为什么得到奖章会那么自豪呢? 教室里顿时安静下来,孩子们若有所思。经过一番讨论后,孩子们明白了,奖章是荣誉。荣誉的意义不在于被同学羡慕,也不在于换取物质的奖励,甚至不在于被表扬,而在于记录自己的汗水和努力,是自己成长的勋章。

主题班会结束了。小C捧着荣誉本,悄悄走到平老师身旁,承认了自己的错误。平老师摸摸他的头,划去了"积极发言"章。

那个周末,平老师给藏宝箱增加了一枚新的图章——"讲诚信"。周一早上,平老师拿出这枚奖章敲在了小C的荣誉本上。

每个孩子都知道平老师的藏宝箱里还藏着几枚警示章——"书写须努力""上课听讲须专心""退步了，加油"。不过，平老师却几乎从未敲在孩子们的本子上。在平老师眼里，这几枚章只是警示，提醒孩子们言行举止恪守准则。孩子们谁也不想在荣誉本上被敲上警示章，他们懂得每个人的荣誉需要自己去爱惜，去维护。

平老师除了用"有魔力"的奖章鼓励孩子们在班级中养成良好的学习习惯、行为习惯，做诚实、正直、积极向上的好学生，她还有一个口头禅，那就是"尊重孩子，理解家长"。她视自己为孩子的伙伴，把家长当成战友。她认为，如果一个人在集体中感受不到尊重，就会不敢表达自己的观点。这样的集体是无法传递温暖和力量的。因此，她总是引导学生理解在集体中每个人都是独立的人，有不同的个性，对待事物会有不同的看法，应该彼此尊重。她和孩子们共同在班级中营造着互相支持、彼此尊重、彼此宽容的氛围，共同创设着一个温馨向上的集体。

在平老师各种正能量的引导之下，这个班级氛围特别温馨融洽，使班级的每位学生都得到了突飞猛进的收获，并最终反映到了五项品格的数据之上。

二、品格表现在震荡中强力反弹的秘密

2018 年的五(2)班的数据是五年级中数据起伏变化最大的一个班级。从数据上看，2016 年秋季，这个班级第一次参加测评时，学生整体的数据基础相当不错，在本年级中所有五项品格数据均排第二。在 20 套三年级班级的数据中，三项品格排第三，两项品格排第四。2017 年秋季，该班的第二次测评数据呈现明显的下滑。2018 年秋季，第三次测试后，这个班级的数据又呈现出强烈反弹。见图 5.20。

我们将这个班级参加 2018 年秋季最后一次测试所得数据做比对后，发现该班级学生五项品格得满分者所占班级总人次比例是 34.7%，比 2017 年秋季四年级的 15% 和 2016 年秋季三年级的 24.6% 均有显著提升，具体数据如下：

好奇心：4.58 分——位列 60 套班级数据第四，五年级 20 套数据第二；

坚持不懈：4.51 分——位列 60 套班级数据第二，五年级 20 套数据第一；

社会智商：4.64 分——位列 60 套班级数据第一；

公民意识：4.73 分——位列 60 套班级数据第一；

自我调适：4.61 分——位列 60 套班级数据第一。

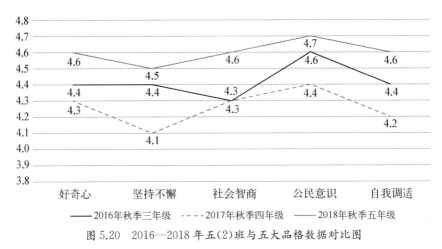

图 5.20　2016—2018 年五(2)班与五大品格数据对比图

注：根据 T 检验,五年级数据在社会智商、公民意识和自我调适三个维度上对四年级
数据呈现统计上的显著性差异(95％置信度);在社会智商维度上,五年级数据对三年级数
据也呈现统计上的显著性差异(95％置信度)。

三年里,这个班级究竟发生了什么呢? 追其原因,我们发现这个班级的起伏变化,与班主任、学科老师的调动等有一定的关系。

这个班级在一二年级时,班主任是蒋老师。她是上海市十佳班主任、模范班主任。可以说,三年级时的测试数据,主要是反映了该班学生一二年级时的情况。到了三年级,蒋老师因工作需要不再担任班主任,由数学老师暂时接任班主任。四年级时,学校从外校调入了一位年轻男教师林老师,让他接替这个班的班主任工作,一直到五年级毕业。

林老师是我校目前唯一一位在岗的男班主任,而且是位年轻的"80 后"教师。他从小立志做教师,大学毕业后先在静安区的一所重点小学担任班主任,后来还曾担任过年级组组长。

2017 年下半年,林老师调入我校接手了四(2)班。为了使林老师尽快适应曹光彪小学的带班和教育教学模式,他的年级组组长前期一直手把手带教他。林老师很快便适应了这里的班级管理和学校的各项规范要求。

林老师性格亲切、随和。他自己也有一个 3 岁的孩子。作为父亲,他感悟到很多带教孩子的心得,因此,他对学生有了更多的包容和耐心。他秉承 W 年级组"尊重学生、理解家长"的理念,视学生为朋友,经常和他们打成一片。林老师不但尊重学生们的个性,还鼓励他们有个性化的思考和创造。在他的班级里,学生们都可以民主、自由地发表自己的观点，和同学、老师们交流讨论。学生们都非常喜欢如此有亲和力的男班主任。

虽然是男教师，但林老师在班级教育中，却有着不输于女教师的细腻。例如，林老师发现班级里有不少男孩子都喜欢足球，足球是孩子们课间最感兴趣的话题之一。足球是一项团体运动，在比赛过程中，经常有球队落后的情况。林老师觉得这就好像孩子们在学习中遇到了困难。如果一场球赛中，落后的球队在极为困难的情况下，仍然能反败为胜、起死回生，取得一场逆转，带给大家的鼓舞则更为直观，感悟更为深刻。所以，林老师鼓励学生们去看足球、去踢足球。在看球和踢球的过程中，让学生感受运动是公平的，也引导他们去感悟，在学习和生活中只有努力了、付出了，洒下了辛苦的汗水，才有可能获得成功与收获。

又如，在十分钟队会的广播中讲到了植树节。林老师见同学们都知道植树的意义，但是由于城市里的孩子很少有机会亲自植树，而且认领树木的机会不多，所以大家都不太感兴趣。他便和他们聊起了支付宝中的蚂蚁森林。班级一下子热闹了起来，孩子们七嘴八舌地交流起来。原来不少学生都知道蚂蚁森林，还有自己的小树呢。而原本不了解的学生也产生了兴趣，准备回去也要认领一棵小树。就这样，林老师让孩子们感觉到原来自己和植树节的距离是这么近，对植树造林又有了新的了解和认识。

在这些每天发生的点滴小事中，林老师总是善于发现和捕捉教育的点，并用平易近人的、生活化的语言与学生沟通交流。久而久之，不仅打开了学生的眼界，咀嚼深化了信息，更重要的是，通过这样的方式，孩子们跳出单一的学习语境，切入到多姿多彩的日常现实生活，心智得到了启迪。

除了班主任林老师的影响，这个班级有如此优异的数据表现不得不提原班主任蒋老师。虽然她不再担任这个班的班主任，但是执教这个班级的品德与社会（现改称"道德与法治"）。2017年秋季，蒋老师以"友善"为主题立项了一个市级课题"培养小学生友善价值观的实践研究"。作为这项研究的重要内容，蒋老师每周设计一次主题谈话课。第一个学期为该班级学生讲解了什么是同情心、宽容心和感恩心，不仅在概念层面，而且从现实层面让学生们去理解和消化这些内容和自己的生活有哪些关联。

例如，"提醒"是人际交往中最平常的事，但却是与人相处的重要能力，能体现一个人的善心、善念。因此,蒋老师设计了主题谈话课"提醒,也是一种智慧"。教学过程中,她以谈话导入,揭示班会的主题;通过案例分析,让学生学会提醒的技巧;播放故事,让学生感受"善意的提醒"的魅力;情景辨析,让学生尝试解决生活中的问题。从而让学生学会"提醒他人"首先要懂得尊重他人;其次,能够在不同的场合选择适切的方式,顾及他人的情绪,才能让自己与他人的交流更畅通,相处更和谐,从而建立起良好的人际环境,营造出温馨的沟通氛围。

第二学期则以"同情心、宽容心、感恩心"为子标题,各设计为期一个月(四周)的实践性作业,总计三个月。在课上,蒋老师对学生每周的实践作业做点评,展示优秀作业范本,让孩子们可以对照差距,向优秀者靠近、模仿。

这项实践研究从 2017 年 9 月到 2018 年 6 月持续了整整一学年,而且只在这个班级实施,显然,这些教育及实践活动对这个班级学生五项品格的塑造痕迹是颇为明显的。

正是这两位有影响力的班主任的共同培育,在学生身上交汇、叠加,进而发酵,才使学生的五大品格呈现出美丽的风姿。

三、无论从哪里起步,永葆班级进步

从 2015 年至 2018 年的四次测评中,胡老师带过两个班级,即 2015 年秋季(四年级 5 班)至 2016 年秋季(五年级 5 班),以及 2017 年秋季(三年级 1 班)至 2018 年秋季(四年级 1 班),跟踪数据均表现良好,见图 5.21、5.22。

前一个班级在四年级时,数据处于年级组中下游。而进入五年级,社会智商和自我调适两个维度的分值已是年级组第二,公民意识分值则上升为年级组第一。2016 年秋季五年级时五项品格得满分者所占班级总人次比例是 25.4%,比 2015 年秋季四年级的 17.9% 有所提升。

后一个班级是胡老师在三年级时接手的。当时班级学生的五项品格大部分数据在年级组里垫底,但到了四年级时,大部分品格分值已进入年级组的中游或上游——社会智商排第三,好奇心、坚持不懈都排第二,公民意识和自我调适都排第一。

2018 年秋季,四年级时这个班级的五项品格得满分者所占班级总人次比例是 12.7%,比 2017 年秋季三年级的 5% 有所提升。

这一切都与胡老师带班方法有关。作为学校的模范班主任,她自有一套管

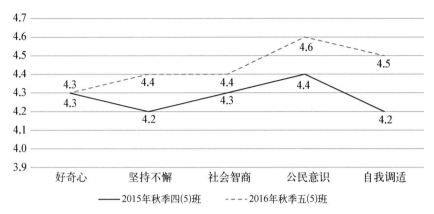

图 5.21 五(5)班学生 2015—2016 年五大品格数据对比图

注：根据 T 检验，在自我调适维度上，五年级数据在统计上与四年级数据呈现显著性差异（95％置信度）。

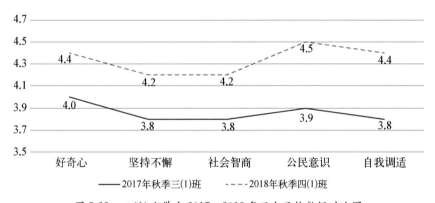

图 5.22 四(1)班学生 2017—2018 年五大品格数据对比图

注：根据 T 检验，在所有五个品格维度上，四年级数据在统计上与三年级数据呈现显著性差异（95％置信度）。

理班级的有效方法。就以现在的四(1)班为例，为了让每个学生对集体有参与感、荣誉感、归属感，觉得自己是集体中的一分子，胡老师努力做到以下三点：

首先，维护集体规则的公平。班级选举班干部，胡老师总是公开透明选举规则与方法。曾经有位班干部在改选中落选，但是一贯骄傲的她并没有意识到自己在人际关系方面有问题。如何让这位自尊心强的学生面对现实但又不至于造成心理伤害？考虑到这位同学有多年的班干部经验，胡老师说服新一届班委聘任她为中队干事，辅助新一届班委工作。这使得刚落选的她破涕为笑，很好地度过了一次可大可小的心理危机，也让其他同学感受到这个集体既有原则的一面，也有温馨的一面。

其次,发掘每个学生的优点,给予成长的机会。一个班级队干部就那么几个,虽然可以换届,能有机会当上班干部的学生还是少数。为此,胡老师根据不同学生的特点,按需要设置班级里各种责任岗位,力争让每个学生都感受到被需要,可参与,能为集体作贡献。

最后,对班级少数有特殊问题的学生,胡老师给予足够的关注和辅导,解决问题以点带面,使整个班级都能从中受益。以学生小 Y 为例。

师生眼中的小 Y 是个很聪明的学生,在课堂上,只要他感兴趣的内容,总是显得特别兴奋,抢着回答问题,而且常常因为思维活跃、见解独特而受到老师和同学们的赞扬。他喜欢讲,喜欢表演,喜欢集体活动,喜欢热闹,而且有很强的表现欲,可就是怕动笔写,怕一个人待着,很难静下心来做抄抄写写之类的作业。各科老师都说他在学习中自制力弱,比较懒惰,经常丢三落四。

胡老师进行了细致的分析与诊断后,针对小 Y 的情况,为他量身定做了一套教学方案,实施个性化教学,发挥他的智能优势。首先,通过肯定小 Y 在课堂表现、语言领域所取得的成绩,帮助他认识到自己是有能力的,是有特长的,从而使他树立起自尊心和自信心,为他将自己在优势领域所表现出来的智力特点和意志品质迁移到弱势领域的学习中奠定基础。其次,帮助小 Y 分析,并使他清醒地认识到自己在优势领域所表现出来的智能特点和意志品质,为这种积极的迁移提供保证。胡老师经常这样对小 Y 说:"你的课堂表现十分出色,能集中注意力专心听讲,积极发言;你讲故事也很生动,大家都喜欢听;你也十分爱读课外书,常常能读得入迷。如果你在完成作业时也能这样专注投入,你一定能够取得好成绩!"这些充满期待的鼓励,犹如春风阵阵,怎么能不在孩子的心灵荡起涟漪,鼓起前进的风帆呢?

四、让优势继续成为优势

曹老师是一位有 30 年教龄的资深班主任,她一贯秉持低调、谦逊的教学风格。2015 年秋季她接手了四(4)班。这个班级的前任有两位班主任,一、二年级时,是一位脚踏实地、经验丰富的老班主任,三年级则由一位年轻的数学老师带班。曹老师接手这个班级时,学生五项品格的得分高居年级五个班之首。难能可贵的是,经过曹老师一年悉心的培育,这个班在 2016 年秋季的测评中,不但所有五个维度在本年级组全部保持领先，而且分值不同程度均有提高。由于这个年级组其他班级在这个年度里也都取得了不同程度的进步，因此，这个班级所取得的成绩便显得难能可贵了。见下图5.23。

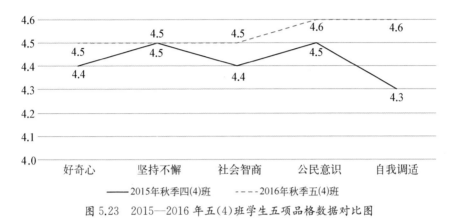

图 5.23　2015—2016 年五(4)班学生五项品格数据对比图

综合 60 套五项品格班级数据看，这个班级的数据分值居所有 60 套班级数据第四位。2016 年秋季五年级时五项品格得满分者所占班级总人次比例是 30.4％，比 2015 年秋季四年级的 18.5％有所提升。

曹老师带班的特点是培养孩子的集体意识，发挥各自的特点和优势。碰到问题提倡学生多从自己身上找原因，学会自主解决问题。因而，这个班级的坚持不懈、公民意识和自我调适三项品格分值比较高。她善于让学生通过找到适合自己的活动领域来提升学生素质：

1. 游泳队的长期训练。我校是游泳传统项目学校，在曹老师所带班级里就有 10 位学生参加游泳队。这些学生每天下午课后需要准时外出进行 2 小时的游泳训练。为此，她非常关注这批孩子，帮助他们调整好课业安排，确保训练和学习两不误。在此期间，她不仅要处理学生生病、各种意外、完成作业等烦琐细微的事情，还要时常鼓励并帮助学生，在训练不顺时学会面对挑战，不轻言放弃、百折不挠。

2. 坚持毛笔字教学训练。为学生准备参加五年级的写字等级考核，毛笔字指导成为一个重要的教学工作。上一届学生在写字等级考核中创了纪录，优秀率达到了 60％以上，这给曹老师带来了一定的压力。但是，她觉得虽然挑战很大，但只要摆正位置，尽心尽力地指导学生，一定有成。在一年多的时间里，曹老师想方设法,始终坚持以优秀学生榜样引领,以写字等第评价表明确规范,以各种奖励鼓舞孩子保持学习热情,最终全班有将近 20 名学生获得了考核优秀。

3. 积极参与各个领域的活动。曹老师积极配合各科老师,支持孩子们参加上海市小学生游泳比赛,区阳光体育大联赛,区科技节的车模、计算机等各类比赛,孩子们也发挥了他们的聪明才智,屡获殊荣。一个个的第一名,增长了孩子们的自信心,激励其他同学也不甘落后,奋勇拼搏。班级的正能量不断提升。对个别学习成绩一般但有特殊才能的学生,曹老师也是极尽鼓励和鞭策。例如小H,学习成绩上似乎没有任何特色,但他喜欢看书,喜欢写日记,甚至写起了小说,在同学中有一定的号召力。虽然后来因个人原因离开了游泳队,但曹老师没有放弃他,激励他在自己擅长的方面继续突飞猛进,不要对自身产生任何负面的情绪和心理压力。

曹老师认为,为了让孩子过上真正意义上的幸福完整的教育生活,老师的眼睛不能只盯着分数,不然培养出来的就是单向度的人。教育最重要的任务是建筑人格长城。影响孩子终生发展的因素中,分数并不是最重要的,起着制约作用的是品德、品格,是做人的快乐,是受人欢迎和得到尊重。日常教育教学中,对学生因材施教,更要关爱一些特殊学生。

五、救火队长的看家本领

侯老师拥有 29 年教龄,也是一位经验丰富的班主任。因而学校经常安排她接任棘手的班级,充当“救火队长”。侯老师不畏困难,每每都能化解班级中各类问题和矛盾,最终把班级带出泥沼,成为名副其实的“救兵”。2016 年秋季她接手的三(3)班五项品格数据在年级组各班级中基本垫底,但这个班级在接下来的两次年度测评中,数据呈连续上升态势,是这个年级中唯一一个四年级数据大部分没有下跌的班级,到 2018 年秋季五年级时,学生的大部分品格数据和过去两年相比,都呈明显上升态势,见下图 5.24。

这个班 2018 年秋季五年级时五项品格得满分者占班级总人次比例是 20%,比 2017 年秋季四年级的 7.6% 和 2016 年秋季三年级的 6.7% 均有显著提升。

侯老师当年接手这个班级的时候,学生整体乖巧,但活力不够,像小大人,缺乏孩子般的朝气,更缺乏自信心,不敢走出去参与年级和学校组织的竞赛活动。

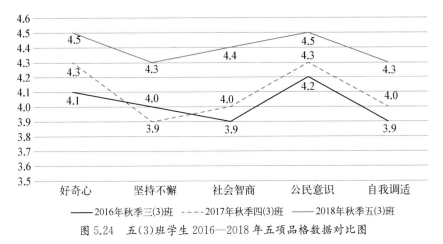

图 5.24 五(3)班学生 2016—2018 年五项品格数据对比图

注: 根据 T 检验, 在好奇心、社会智商和自我调适三个维度上, 五年级数据在统计上对三年级数据呈现显著性差异(95%置信度); 在坚持不懈和社会智商两个维度上, 五年数据在统计上对四年级数据呈现显著性差异(95%置信度)。

针对这些现象, 她首先加强对班级的正向信息反馈, 鼓励学生自强自信; 同时也鼓励同伴间的积极评价, 提振班级轻松、积极的氛围。

为了鼓舞士气, 侯老师不断抓住各种机会和场合让学生们展示自我。年级参加军训活动, 晚上有个文艺表演活动, 孩子们对自己的文艺才能表示怀疑, 纷纷表示没有才艺可以展示。侯老师见状让学生们以小组为单位, 每个小组准备一分钟的表演, 并配上简单舞蹈动作、新颖的服装道具, 形成一个歌舞串烧。既可以让孩子们减轻压力, 又可以让观众看到精髓。果然, 文艺演出时, (3)班学生的表演一炮打响, 赢得阵阵热烈的掌声。连孩子们自己也不相信, 原来他们是行的。从来没有过的自信洋溢在每个孩子的脸上, 从此, 他们为了班级的荣誉而战! 他们在校运动会集体项目和个人项目中纷纷崭露头角, 出现了一个个小健将、小能人。就这样, 在共同的目标下, 孩子们积极努力, 变得越来越自信。

由于班级整体基础薄弱, 有问题的学生相对较多, 侯老师通过个案分析判断, 逐一化解难题。如, 对班级自控能力不足、经常惹是生非的学生, 她注意掌握"火候", 适时教育: 一是情绪转移法。日常生活中, 有许多事会让学生产生愤怒的情绪。如果遇到这种情况, 就引导学生尽量避开, 暂时躲一躲, 转移一下话题, 以免刺激他们发怒。二是理智控制法。当学生控制不了自己的负面情绪时, 便引导他: 为什么这样? 这样能解决问题吗? 能不能让自己情绪稳定下来: 坚持一分钟！一分钟坚持住了，好样的，再坚持一分钟！两分钟都过去了，为什么不再坚持下去呢？三是心理换位法，引导学生"将心比心"。通过心理换位，充当别人的角色，来体会别人的情绪与思想，这样就有利于防止不良情绪的产生，并消除已产生的不良情绪。学生站在别人的立场上思考问题，不良情绪就会减弱，甚至烟消云散了。四是目标激励法。学生的负面情绪不是时时存在的，发现学生的闪光点，及时鼓励，或者制定阶段性的目标，使学生完成目标，增强学生的自信心，这样负面情绪也会一点点淡化。

如，小 J 从小父母离异，妈妈承担家庭经济收入和孩子教育双重重担。孩子没有学前教育，家中无人辅导，成绩很差，和同学相处也不融洽。接班后，侯老师经常为小 J 的成绩烦恼，一个知识点反复教学，包括个别辅导，他也掌握不了，回家作业更加糟糕，就是胡乱应付；各种活动时，经常有同学向老师报告，小 J 又来捣乱了。她试图与家长联系，尝试家校配合，但是收效甚微。

这样的状况持续了两年。这期间，侯老师也迷茫过，想是否真的可以像小 J 妈妈说的那样："老师，我对这个孩子放弃了，你也不用费心了。"但作为一位师长，作为一位长辈，她还是坚持着自己的为师之道。

一次学校到迪士尼乐园秋游。活动中，小 J 因缺乏安全感而不敢和伙伴一起玩。特别是大家在玩最震撼的"飞越地平线"时，小 J 因恐高不敢玩。侯老师对他说："没事，那就不玩，我在外面陪你。"但看到小 J 对同学们的羡慕样子，侯老师想了想对他说："要不我们也试试，老师陪着你！"于是，侯老师主动拉着他，玩了一个又一个惊险又刺激的项目。虽然很多项目侯老师也害怕，但在小 J 面前她镇定自若。看到小 J 开心的样子，她觉得这是值得的。

侯老师抓住这个契机给予孩子关怀和鼓励，让他也享受到和同龄孩子一样的安全和快乐。从那次秋游后，小 J 有了变化，不会的问题能主动来问了，作业基本上能做完了。由于偶然间接触而产生的信任，让小 J 重新认识了自己，认识了老师，由此敞开心扉，开始发奋努力，这就是一个良好的开始。

著名的俄国教育家乌申斯基说过："只有人格，能影响人格的发展和形成。"只有具备了"捧着一颗心来，不带半根草去"的无私奉献精神，满腔热血投入教育，才能对学生产生震撼心灵的力量，并拥有持续的影响力。侯老师就是这样前行在她的教育道路上，以信任作为教育沟通的桥梁，锲而不舍完成教育目标，以自身的人格魅力感染、影响着一批又一批学生。

六、小背篓公益助跑素质教育

睢老师所任教的班级学生在三年级时五项品格数据年级组垫底,四年级有所提升,是年级组唯一一个在四年级所有维度获得上升的班级,到了五年级品格数据已居年级组中等偏上。见下图 5.25。

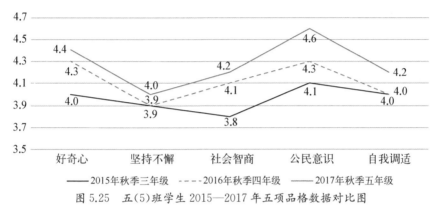

图 5.25 五(5)班学生 2015—2017 年五项品格数据对比图

注:根据 T 检验,在社会智商和公民意识两个维度上,五年级数据在统计上对三年级数据呈现显著性差异(95％置信度)。

这个班级在五年级的测量中,学生五项品格得满分者所占班级总人次比例是 16.9％,比 2016 年秋季四年级的 10.3％和 2015 年秋季三年级的 6.7％均有显著提升。

每个班级围绕培育五项品格都有自己独特的实践方式。睢老师这个班级则是通过开展"小小背篓公益跑"系列活动来实施学生品格塑造,最终在社会智商和公民意识两个维度上,学生有了比较明显的进步。

"小小背篓家庭公益跑"项目缘起于组织者在甘孜藏族自治州炉霍县宗塔乡中心小学的支教经历,在那里,孩子们每天都要徒步跋涉近五千米的山路上学。回到城市后,组织者就希望城市里的孩子们也能走一次五千米,体验藏区孩子上学路的艰辛与不易,更加珍惜自己良好的学习环境。睢老师选取该活动基于两个原因:首先它是"公益"活动,体现了助人为乐、承担责任、无私奉献的精神风貌。公益活动就是乐于付出,不计报酬,为他人或社会做善事。其次,该活动内容比较丰富,符合三年级学生年龄特点,动手动脑又有趣。同时,活动过程还可能涉及"社会智商""公民意识"等多方面的品质培养。活动之后,每位同学都将自动成为"田字格助学"山区"爱心小天使",给那里的小朋友送去一份帮助,很有实际的教育意义。

整个活动内容丰富,大致包括以下几大主题:竞选队长挑战自我;学习同伴交往最佳状态、宣传环保主动担当;学习同伴互助获得成功、徒步闯关坚持到底;学习相互协作分享快乐、亲子游戏真情浓浓、爱心天使助力公益。

班级以假期中队活动为契机,孩子们通过组队、徒步、闯关、游戏等环节,在实践活动中学习结交朋友、展示自我、挑战自我、相互协作的方法,体验着合作与分享快乐,播撒爱的种子。这项"小小背篓公益跑"连续进行了三年,在每个假期都开展类似的活动。

睢老师在活动总结中写道:"人的品格养成教育不是一朝一夕的,它离不开家庭、学校、社会的大教育环境。作为学校教师,有义务有责任担当起培养孩子良好品格的教育引导者。活动虽然结束了,但是学生的品格养成教育还将继续。如何让孩子们将获得的感悟延续到学习、生活中,学会与人正确交往,培养健康的心理,这值得我们好好地思索……我想,作为一名班主任,不仅要处理好烦琐的班务工作,而且还要具备一双慧眼,留心观察,善于发现,从小事入手,把握教育的契机,于平凡中见特色,于细微处见真情;开展丰富多彩、学生喜闻乐见的活动,教育于润物细无声,及时有效地达成教育目的。"

七、在队活动中练就好品格

孙老师从 2015 年秋季开始带新一届一年级学生。这个班级的数据显示,他们班在四年级时没有出现下跌,而且四个维度的增幅都呈现显著性。如图 5.26 所示。

孙老师能够跨过四年级数据"陷阱"的背后,与她的班级教育有着密切的关系。刚带班级时,孙老师惊叹于现在的孩子好聪明。比如,有不少孩子就已达到了可以直接从小学二、三年级念起的水平。这样的超越让她惊喜,但惊喜过后不得不忧虑。因为这种"超速"的"聪明"背后是家长巨大的人力、物力的投入,孩子精力、体力的过早投入换来的。而一些家长忽视了孩子的品格教育和养成,孩子们缺乏责任心。

近一年共同的学习生活中,孙老师观察到了孩子在集体中许多缺乏责任的"小"事。如:路过教室里的一堆纸屑,孩子们视而不见,任纸屑飘散;老师要收

图 5.26　四(2)班学生 2017—2018 年五项品格数据对比图

注：根据 T 检验,除自我调适一个维度外,在其他四个品格维度上,四年级数据在统计上与三年级数据呈现显著性差异(95％置信度)。

作业了,有些没翻到作业本的学生就说:"老师,妈妈没有把我的本子放进书包里。"当孙老师再去他们书包里看时,却总会发现本子就在书包里,只是塞在了底下而已。再如,做事没有耐心,遇到挫折就罢手不干了……这样的事例不胜枚举。

孙老师在一年级的寒假组织了一次前往"马上诺"制作比萨的亲子活动,在指导老师的带领下,家长的帮助下,孩子们围着一张长长的桌子制作起了比萨。在制作过程中,大家分工合作,互相帮助,没有吵闹,也没有埋怨。孙老师由此受到启发:在合作中能培养孩子们的责任意识,在合作中更能锻炼孩子们的责任品格。

从此,每年寒暑假孙老师都会联手家长组织各类中小队活动,让学生在中小队活动的碰撞中不断磨合,培育责任意识,锻炼沟通技巧,增加互助合作。有一次,学生们在班级微信群里共同完成了一份对上海的老字号品牌"大富贵"的小调查问卷。这是小王同学根据学校布置的"寻找与改革开放四十年相关的老物件"暑假活动而设计的问卷。孙老师觉得,光是数据采集还不能让学生真正了解老字号。于是就利用放暑假之际,组织在沪的学生一起前往"大富贵",进行实地调研,去挖掘老字号背后的故事。见学生们对老字号产生了浓厚的兴趣,孙老师想到学校周边有许多老字号,于是便在家长们的帮助下,让学生扩大调研的范围。学生们通过一次次的走访调研,不仅爱上了上海老字号,更学习了老字号背后朴实无华的匠人精神。班级里有责任心、善合作的孩子也越来越多,以前的那些小问题渐渐减少了。也因此,学生在参与集体活动与团队合作中不断历练成长,自然养成了好品格。

　　虽然我们对学生进行了长达四年的数据跟踪测试,积累了大量的数据,取得了一定的收获,但是在数据分析与应用的过程中,我们也发现了一些问题:

　　1. 测试时间的合理性

　　我们每年秋季的九、十月份对三至五年级学生进行一次测试。但是在数据统计和分析时,我们发现这样的时间安排致使三年级学生其实相当于是一二年级的认知水平,四年级相当于三年级的认知水平,五年级相当于四年级的认知水平。如果是放在春季的五、六月份,那才是真正的三、四、五年级学生的认知水平。可以说,五年级学生的真正情况我们并没有完全测试到。

　　2. 从"5＋1"向"24"项扩展

　　在数据分析中,我们发现一些学生群体的特质有待进一步的解析。例如,起初我们发现四年级也许是小学生成长中的一个拐点,可是,换一个年级,这个拐点就不存在了;又如,有些"5＋1"品格数据明显突出的孩子,其24项品格中的其他品格是否也都比一般学生要明显有优势呢? 学优生与队干部,他们在24项品格中,是否又有着共性呢? 这有待我们做进一步的调查分析。

　　3. 毕业后的数据跟踪

　　光彪学生在小学阶段接受的品格培育,对他今后是否会有显著影响? 之后如何对毕业的学生进一步进行跟踪研究? 后期,我们可能还会借助集团化办学,对一部分学生进行跟踪调查。

　　四年多的数据跟踪研究,只是阶段性的总结,学生的品格培育我们将一如既往地进行下去。就如习近平主席说的,要给学生心灵埋下真善美的种子,我们也将长期坚持不懈地品格育人,引导学生扣好人生第一粒扣子。

第三节　美感实验进行时

　　在"5＋1"品格培育的模型中,加"1"的品格就是指"美感"。我们增加美感培育的目的是想通过小范围的实验,探索"美感"品格在小学中的应用路径和方法,进一步充实学校品格培育的再研究。我们从低年级、中高年级中各挑选了一个班级,进行美感品格培育。这两位班主任,都有十几年的班主任工作经验。

实验主要分为两个阶段,从美感意识唤醒向美的行为习惯过渡。

第一阶段:2016.10—2017.1　美感意识唤醒,让学生感受:美,无处不在;美,多姿多彩。

第二阶段:2017.3—2017.6　美的行为习惯,让学生知道:美,你可参与;美,源自内心。

为了遵从孩子天然、质朴的成长之心,避免成年人的框架,我们将美感的培养尽可能融入现有的教育教学之中,以班主任为核心,动员家长共同参与。

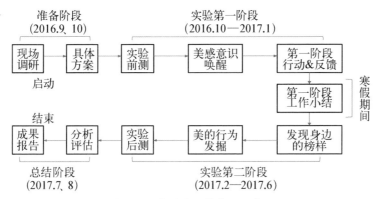

图 5.27　实验的操作步骤及进程

如,我们将第一阶段实验主题定为"美的发现之旅",让学生通过日常的观察感受眼中的美好事物,捕捉到美的瞬间,以及自己经历过的最美的时刻。每学期末,要每位学生展示 2—5 件关于"美"的东西,如照片、绘画、音乐、文章等。让学生在感受、体验、展示、交流中自己定义美的含义,从而达到美感唤醒的实验目的。

为了使两位教师顺利地投入研究,我们和于国先生一起对她们进行了项目培训,以便她们了解美感品格,寻找到适合班级的切入点,设计美感培育的方案。每个学期的开学初、学期中、学期末,我们都会定期进行交流探讨,及时解决研究中出现的问题,并从时间、资源、方法等方面,为两个班级提供项目支撑与保障。

一、实验 A 班——"小蝴蝶"班的寻美之旅

实验 A 班是二年级(3)班,共有 31 名学生。这个班级的学生大多都很天

真、乖巧、朴实,在年级中也不是冒尖类的班级。班主任钱老师在研究之初,对于如何开展实验,觉得心里没有底。"美感"这个词,对于在班主任岗位上奋战了19年的她来说,既熟悉又陌生。说"熟悉"是因为每天与学生接触,她知道孩子的世界充满了童真,天真无邪的生命中处处充盈着善良与美丽。说"陌生"是因为将"美感"作为一种品格进行培育,作为班主任的她对此相对缺乏研究,"概念界定""实施途径""研究的方法",这一系列的问题都困扰着她。

(一)万事开头难——实验方案初制定

钱老师尝试以美感为研究内容,通过翻阅大量资料、静心思考,完成了《在班集体活动中培养"美感"品格的实验研究》的文献综述,申报并立项了2016年的区规划课题。美感的概念界定、选题意义、研究价值、研究内容等关键内容清晰呈现,给她的实验研究指明了方向,她顺利地制定了"美感"品格培育的实施方案。方案确立了研究的原则、活动内容的设置、数据论证的方法等,其路径图如图5.28所示。

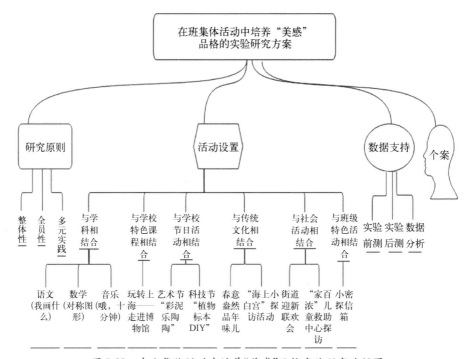

图5.28　在班集体活动中培养"美感"品格实验研究路径图

（二）"毛毛虫的奇妙之旅"——活动导入有新意

"美感"品格培养的研究方案制定之后，如何以新颖的活动吸引学生的注意，提高学生参与活动的兴趣，成了一道新的思考题。

于是，钱老师和班级家委会成员相聚在一起，共同讨论活动导入怎样展开。结合"小蝴蝶"班的班级建设，大家确定了以"毛毛虫的奇妙之旅"为主题开展实验活动。以"毛毛虫蜕变为美丽的蝴蝶"这个学生乐于接受的故事内容，来贯穿整个"美感"品格培育活动，借由丰富多彩的活动，让学生获得美的体验，提升美的认识，从中吸取积极、健康的能量，完成属于自己的美丽蜕变。

针对小学生容易被图片吸引的感知特点，钱老师和家委会成员们先设计了"毛毛虫的奇妙之旅"为主题的展板。当这块展板布置在教室后面的墙壁上时，立刻吸引了孩子们的目光。他们聚拢到钱老师的身旁，好奇地询问她活动的内容。然后，配合这一主题，他们设计了一整套"毛毛虫的奇妙之旅"的衍生产品，包括阶段活动记录卡纸和毛毛虫文件袋，便于学生将自己发现的美及时记录下来，并收集在袋子里。当孩子们拿到这些"奇妙之旅"用品时，真是爱不释手。

（三）"美感意识唤醒"——开启寻美的眼睛

二(3)班的孩子们对"毛毛虫的奇妙之旅"活动非常感兴趣。但孩子们眼中的美是怎样的呢？如何引导他们去发现生活中各种各样的美呢？钱老师让他们把自己在生活中发现的各种"美"及时记录下来，并定期进行交流。于是，一张张活动卡纸上留下了别具一格的答案。有的孩子写道："十五的月亮真美啊！圆圆的月亮就像用圆规画过，修剪了多余的边缘一样，大大的月亮像金色的车辖辘，高高地悬挂在夜空，朗朗普照着大地。"有的孩子认为："绿色很美、笑容很美、生活很美。"有的孩子说："亲人和朋友的笑容是最美的。"还有的孩子说："拥有善良的心，愿意帮助别人是美的。"在一次次的交流过程中，孩子们呈现了他们对于美的不同理解，产生了粗浅的审美意识。

（四）博物馆拓展课程——欣赏艺术之美

提升孩子们对于美的鉴赏能力，一直是"美感"品格培育实验活动的重要内容。课题实践开始不久，学生就进入了学校三年级"走进上海博物馆"的课程学习。该课程利用上海博物馆丰富的古代艺术藏品资源，改变了原有的班级授课式的学习方式,让学生走出课堂,培养他们自主参观的学习能力,激发了他们对于美的探求,提高审美情趣,提升艺术欣赏能力。钱老师将美感品格培育与场馆课程中的活动相结合,充分挖掘了上海博物馆七大展馆——青铜馆、雕塑馆、书法馆、绘画馆、陶瓷馆、少数民族馆、玉器馆中与"美感"意识唤醒相关联的大量艺术展品,组织学生有计划地进行参观,APP学习感受各种艺术之美,再通过美术老师的指导,进行相关学习内容的创作,如刮蜡画、丝巾扎染、印章篆刻、泥板画等,使学生在丰富多彩的实践活动中感受美、学习美、创造美。

表5.3　走进上海博物馆课程内容设置表

课　程　设　置		
时 间 设 置	具 体 场 馆	实 践 内 容
第一学期	中国古代青铜馆 中国历代雕塑馆 中国历代陶瓷馆 少数民族馆	刮蜡画 泥版画制作 陶瓷纹样书签制作 扎染
第二学期	中国历代绘画馆 中国古代书法馆 中国历代印章馆	工笔画笔袋 书写"福"字 印章篆刻

通过这样的活动,学生形成了一种主题式的学习路径:根据既定主题,将原先零碎的知识在参观、体验中得到整体加工,再生成自己的创作,从单纯的知识吸收转化成"美"的创作。在这一过程中,学生对于如何创造美的作品有了自己独特的理解与感受。当学生手捧自己创造的作品进行展示的时候,油然而生的是他们心底对艺术之美的欣赏与喜爱之情。

(五) 校园节活动——全员参与乐实践

校园节活动是以重要活动、节日为载体,以学生特有的思想观念、价值取向、思维方式等为核心,通过文化,体育等活动来实现对学生的教育。学校科技节是综合展示学生动手能力、思维创造力的舞台,展现的是科学技术教育中蕴含的真、善、美。而学校艺术节更是展示学校艺术教育成果的综合性平台,体现向善、向美和向上的校园文化特质。因此,利用好这些节日活动也能对学生进行"美感"品格培育。以往,钱老师只是按照学校的要求上传下达,组织学生代表完成好各项活动任务。因为美感实验班的任务,她努力寻找校园节活动中能与"美感"品格培育结合的内容,让班级全体学生积极参与,在各种体验中感受美。如,学生参加学校艺术节"彩泥陶陶乐"的比赛时,钱老师充分发掘班集体自身优势,引导学生人人参与,再推选出代表参加年级比赛。在学生的用心创作之下,一件件精美的彩陶作品诞生了,并在年级组比赛中获得了优异的成绩。又如科技节活动中,三年级学生参加的是"植物标本 DIY"活动。在学生收集各种各样的树叶,了解植物的不同习性的基础上,钱老师还让学生欣赏树叶的不同造型,体会它们的美丽再来设计,这才有了学生之后根据自己的喜好设计出的造型各异的植物标本画。体育节上,班级学生在钱老师的引导下,不仅积极参加各项运动比赛,还设计了口号牌、标语条幅,在校级活动中展现了他们心中理解的运动中的力量、坚持与美。

(六) 传统文化的挖掘——社会资源巧利用

中华优秀传统文化是中华民族在几千年的文明发展中所创造的宝贵财富,是中华民族文化传统、思想观念和情感认同的集中体现。加强中华优秀传统文化教育是增强德育实效性的重要手段。中国传统文化中有许多和美相关的内容,而这些民族的"文化瑰宝"可以培育学生对传统文化的亲切感和感受力,激发小学生对美、卓越的敬畏。因此,钱老师努力寻找和挖掘中国传统文化,加大对地方社会资源的利用,开展实践体验活动。如她组织学生和家长来到上海工艺美术博物馆进行参观。上海工艺美术博物馆内 500 余件件藏品让孩子们大开眼界。各位工艺传承人在各自的工作室里现场展示工艺品的制作过程,也让孩子们真切地感受到了匠心的难能可贵与海派工艺的魅力所在。

案例 **"海上小白宫"探访记**
——上海工艺美术博物馆参观记

8 月 19 日上午,二(3)小蝴蝶班的队员们来到坐落于徐汇区汾阳路 79 号的上海工艺美术博物馆参观。这座建于 1905 年的建筑本身与美国白宫十分相似,故有"海上小白宫"之称。

上海工艺美术博物馆收藏了一大批上海老一辈工艺美术大师留下的精湛高

雅的作品,涵盖绒绣、刺绣、灯彩、面塑、剪纸、玉雕、木雕、漆刻、竹刻、砚刻、工艺绘画等500余件藏品,极致凸显具有鲜明地域风格的"海派"工艺美术。这里也是弥足珍贵的国家级非物质文化遗产传承之所,面塑、剪纸、漆器、灯彩……一大批工艺美术大师的绝技在这里代代相传。

同学们在徐宝庆叔叔的象牙雕刻作品《我们爱科学》前驻足;惊叹于陈端友叔叔逼真的《香菇砚》;汤健阿姨的面塑作品栩栩如生,班里的彩陶达人们看得入了迷;剪纸大师赵子平爷爷的"一刀剪"也让大家啧啧称奇;年过古稀的绒绣传承人许凤英奶奶还在亲自带徒弟传授技艺,真令人感动。还有五颜六色的灯彩、别具一格的紫砂壶、古朴精致的砚刻。这些传统民间工艺让大家感受到了海派工艺的魅力。

(七) 用行动来践行美——社会活动献爱心

尊老爱幼是中华民族的传统美德,也是现代中国人的基本修养。中共中央办公厅2013年印发的《关于培育和践行社会主义核心价值观的意见》指出,各中小学在开展关爱老人、孤儿、残疾人教育实践活动时,要充分利用社区资源,如养老院、儿童福利机构等社区机构,引导学生敬老爱幼,扶弱助残。钱老师发现这和本课题"美的行为培养"阶段的实践路径不谋而合。她组织学生参加各种教育实践活动,用实际行动践行美。如组织学生前往"家百浓"儿童救助中心参加义务劳动,给那里的残疾儿童讲故事,陪他们玩耍,表演节目,给他们送去快乐。又如组织学生去社区老年公寓开展老残互助慰问活动,孩子们精心准备了许多节目给孤老表演,送去节日的美好祝愿,陪他们说说话,送去小辈的关心。再如,暑假探访消防支队,学生通过聆听消防用具介绍、穿戴消防服、逃生体验等活动,感受消防队员的勇敢和顽强,并制作了小礼物,撰写了慰问信,表示了少先队员对消防员叔叔的敬佩之情。每次活动后,钱老师让学生写下活动感受,进一步感悟行为美的力量。

有学生写道:"通过今天参观消防支队活动,近距离地体验,感受到消防员叔叔的辛苦不易。我们的一方平安原来有那么多人在默默守护,是最可爱的人在负重前行!"

还有学生说:"今天活动中,我感受到消防员叔叔不惧怕危险。因为在体验从楼上滑下来的时候,我不敢看下面,觉得太高了,其实只有两楼。可是,一旦有高空失火事故发生,消防员叔叔们必须从更高的地方快速降下去灭火救人。我要向叔叔学习,变得更加勇敢。"

这些活动不仅引导学生关注身边的人,帮助身边有困难的人,在实践活动中更好地探寻人与人之间的关系,而且在培养学生美的行为过程中,同时促进了学生"亲社会行为"的发展。

(八) 亲密的合作伙伴——家长智囊团之助力

家庭是学生行为习惯养成以及道德品质发展的重要场所,父母作为孩子的第一任老师,其言行习惯、教育理念及教育方法等,都会影响孩子的成长。家长的教育对于孩子品格培育的重要性是不言而喻的。因此,家校携手,精心育苗,能更好地推动学生的品格培育。而良好的家校合作有赖于家校合作机制的建立。因此,在课题实践之初,钱老师就组织家委会成员一起商量如何进行"美感"品格培育的环境布置,大家群策群力,设计了活动导入的展板,在班级里营造了浓浓的"寻美"文化氛围。她除了主动搭建家校沟通平台,还利用微信建立了"美感交流群",让家长也能积极参与到美感实验活动中来,使家校在思想上达成一定的共识。例如,组织学生家长开展电影《怦然心动》观后感研讨,就"什么是美?"的话题,展开深层次的讨论。

渐渐地,家长和老师之间达成了许多观念上的共识,也培养出了一定的默契。班级许多实践活动,如"探访地质博物馆""小蝴蝶班趣味亲子运动会""家百浓儿童救助中心探访活动""最美节气之美丽中国·申活馆",家长们有的自发组织策划,有的担任志愿者,主动地参与到课题的实验活动中去,发挥了应有的作用。

我们欣喜地看到,通过两年多的品格培育活动,家长和学校共同努力,不少孩子在性格、能力和品格方面有了不小的进步,完成了属于自己的成长和蜕变。就如何桓宇同学在学习羽毛球的过程中不仅感受了运动之美,而且使他磨炼了意志,收获了人生中的第一块奖牌。

案例 "王子"成长记

"体育可以磨炼一个人的品质,体育是一个国家综合国力的重要象征。"这是爸爸经常教育何桓宇的一句话。曹光彪小学四年级(3)班何桓宇同学从一年级开始进行羽毛球专业训练。先后师从我国著名的羽毛球国际级裁判张佩华教练和原国家青年队退役运动员杨辉教练。为了更好地提高他的水平，也曾是羽毛球半专业运动员的桓宇爸爸为他制定了一套适合他的训练方式。每周一次和杨教练一对一的训练，平时爸爸会提早下班给何桓宇进行一对一的复习和训练，并且可以达到每周四次的训练强度。

其实在这项运动上，桓宇表现出来的天赋很一般，另外他还是先天性的过敏性体质。但是在教练们、爸爸的耐心教导和帮助下，他渐渐开始真正地理解这项运动。长期一对一的高强度训练对于一个七八岁孩子来说，更多的是枯燥和乏味。并不是所有的孩子能以这样的方式坚持下来。炎热的夏天他出汗过多，身上虽然很痒，他也只是稍微抓挠后继续训练。寒冷的冬天整个球馆空荡冷清，也只有他的身影每天下午出现在那里。即使在元旦、春节假期，他训练的脚步也从未停止。

"我是一只丑小鸭吗？"

桓宇大概觉得自己羽毛球天赋差，有次这样问过爸爸。爸爸回答他："丑小鸭变天鹅的故事不仅仅只会在你们的教科书上和童话故事中出现，它也可能会出现在我们身边。只要你这样坚持下去，不怕苦，不怕累，坚持信念就会迎来收获的一天。"桓宇记住了爸爸的话，并且经过将近一年的刻苦训练，他的羽毛球水平已经超过了不少业余体校同龄的孩子。班主任钱老师为了鼓励桓宇，在班级组织的亲子运动会上积极搭建平台，设立了"灵动羽毛球"的项目，让桓宇在全班小朋友面前展示了自己的学习成果。那一招一式像模像样，展现出运动之美，吸引了众人的目光，赢得了大家的阵阵掌声。从此，桓宇训练羽毛球的积极性更高了。

体校跟训，虹口区新增注册运动员何桓宇

二年级结束，从暑假开始，桓宇开始在虹口少体校羽毛球队跟训。虹口体校羽毛球项目是上海市青少年羽毛球的一支强队，在这个队伍里，桓宇对羽毛球系统化训练有了深刻的认识。队员间的相互对练，高负荷的素质训练都是原来一对一训练方式里所缺乏的。在试训的大半年里，爸爸都经常有要放弃的念头，但是桓宇坚持下来了。有一次他对爸爸说："爸爸，你知道吗，即使天才也是1％的灵感＋99％的努力，所以我会坚持练下去的。"桓宇以其认真的训练态度，不懈的努力获得了虹口教练组的认可，终于在三年级下学期成为虹口区正式的青少年羽毛球注册运动员。而在此之前，虹口区2008—2009年龄段该项目注册男运动

员一共仅有五人。

初次比赛，输赢参半

2018 年 5 月，桓宇第一次代表虹口区参加上海市青少年十项系列赛羽毛球比赛。小组赛第一场桓宇就碰到闵行的一名 2008 年的大队员，对方具备上海市该年龄组前八名的实力，结果桓宇输得很惨，比赛的时候他就哗啦啦地流眼泪。经过爸爸和教练的安慰和指导，桓宇克服了之前比赛失利的阴影，迅速全身心地投入到接下来的比赛中，并在小组赛第二场轻松战胜一名青浦区 2009 年的队员。这次比赛让他收获了经验，收获了信心。不久后，在学校芬芳奖学金的评比中，桓宇在班级推荐中脱颖而出，荣获校"好孩子"奖，并在颁奖仪式上落落大方地向全校师生讲述了自己的学习经历，受到了广泛的好评。

人生中的第一次获奖——市运会团体铜牌！

2018 年 10 月，桓宇迎来了人生中第一个市运会。市运会是上海最高级别的赛事，被各队视为重中之重。在这次比赛中，虹口 2008—2009 年的男队员们比赛中敢打敢拼，发挥出色，相继战胜了长宁、徐汇等强队，一举斩获了 D 组男子团体季军。桓宇作为队里的一分子，光荣地站上了领奖台，这也是他人生中的第一次获奖。站上领奖台的那一刻，他笑得很开心、很自豪，那是经历无数委屈、困难还有眼泪才换来的收获。

（供稿人：何宁）

（九）收获与感受

近两年的美感品格培育实验活动带给钱老师很多思考。学习、实践和反思的过程，也使她加深了对于品格培育的理解，有了新的收获。她觉得有目的、有计划开展美感实验研究，激发了学生参与审美活动的兴趣，使学生从活动实践中得到丰富多样的感受，欣赏美和创造美的能力有了提升，而且也促使学生从无处不在的美中拓展了自己的理解力与创造力，发展了自己有善性、有灵性的美丽生命。与此同时，自己的科研能力和工作水平，对于校内、外资源的整合能力都得到了提高。

在此过程中，家长也积极参与体验活动，感受到了品格培育的重要性，将单方面关注学习成绩逐步转变为关注孩子的品格养成，促进了家长育人观念的转变。美感实验真可谓是一举三得。

二、实验 B 班——"寻美之旅"

"美感"品格怎样界定？要做怎样的研究？如何进行具体的操作？为此，张老师翻阅了很多的资料，进一步了解"美感"品格的意义和内涵。原来，"美感"品格就是人们在日常的生活交流中，对于美的主观反映、感受、欣赏和评价。而"美"不仅仅局限于眼睛所看到的美丽事物，更包括对美好心灵的感受，对优秀品格的传承……同时，随着社会物质文明的建立和逐步完善，人类精神层面的需求，尤其是对美的发现、领悟和创造正迎面而至。将美感作为一种品格来培养，是社会转型期全面塑造新一代儿童的前瞻性和创意性的尝试。

经过认真的思考后，张老师决定先在班级里进行摸底和调查。一节班会课上，她郑重其事地将一个问题写在了黑板上："美究竟是什么？"孩子们纷纷发表自己的见解："我去云南旅游，那边的风景很美丽。""爸爸给我买了一条美丽的裙子作为生日礼物，我觉得很漂亮。""雨后的彩虹最好看。"……一节课下来，孩子们交流了很多，但大多数都浮于表面，只能感受到眼睛所看到的美丽事物，却缺少对美好行为、美丽心灵和优良品格的感受。

该如何开始对孩子们的引导和教育呢？那几天里，张老师认真慎重地思考着这个问题，正巧有一天，发生了这么一件事。

（一）会变魔术的垃圾桶

"老师，小凯在走廊上奔跑打闹。""老师，小凯上课时总是发出怪声音，不守纪律。""老师，小凯……"虽然开学没几天，但充斥在张老师耳边的，都是同学们对小凯的各种"投诉"，张老师只能恼火地一次又一次把他拉到身边进行批评教育。

那天，张老师吃完午饭走进教室，看到垃圾桶已经被餐巾纸堆满了。刚想叫值日生来清理，却发现垃圾桶突然变干净了，而且一连几天都是如此。真是件奇怪的事，究竟是谁做好事不留名？

张老师暗中留心观察着，想要好好表扬这个小雷锋，却意外地发现，原来是小凯在每天午饭后悄悄地更换了垃圾袋。

望着这一幕，张老师惊呆了，因为这个一直被同学们"投诉"，被她批评的孩子，却也是乐于为班级服务的孩子。再环顾其他同学，平时他们看到小凯就只会皱眉头，不停地向她告状，他们可曾看到小伙伴身上的闪光点呢？

　　张老师不禁自我反省到,作为一个老师,教书育人是她的职责所在,她缺失了什么？对于孩子们来说,眼睛所看到的,都是小伙伴身上的缺点,他们又缺失了什么？关注他人的优点,才能更好地发现别人的长处,才能学会善待他人,宽容谦和,才能真正成为一个心胸宽广,有修养有风度的人。作为一名班主任,她应该教会孩子用善意的眼睛去发现身边美好的行为,学习别人身上的优点。这件事不正是她开展"美感"品格教育的好契机吗？

　　张老师觉得可以开展一次寻"美"之旅的活动,带孩子去欣赏身边的美好,学习伙伴的优点,成就更好的自己。

（二）寻"美"之旅扬帆起航

　　第二天,张老师召集了家委会的家长,开始了本学期的第一次家委会会议。在得知了张老师的想法后,家长们纷纷表示赞同,还为她出谋划策。小林爸爸说:"可以邀请一些对此课题感兴趣的家长,组建一个实验小组,针对美感品格的教育进行专项研究和实践。"小钱爸爸说:"美感品格教育的确很重要,这么好的活动,一定要有一个隆重的启动仪式。"小郭爸爸说:"我想到一个好名字——'寻美之旅',我来拟定一份倡议书,让更多的家长们了解我们这次活动的宗旨,提出宝贵的建议。"而一向做事相当仔细的小姜妈妈说:"我来梳理家长们的反馈意见,说不定会有更多新的灵感和收获。"大家你一言我一语,讨论得很热烈。之后,寻美之旅的准备工作很快就有序地开展起来了。

　　"寻美之旅"启动仪式上,张老师把小凯的故事说给同学们听。同学们听了起先很诧异,继而教室里响起了热烈的掌声。大家纷纷向小凯竖起了大拇指:"小凯真棒！""小凯,谢谢你！"小凯听了,不好意思地笑了。

　　张老师将事先拟好的倡议书发给大家,说:"其实我们身边有很多像小凯一样的伙伴,每个人身上都有值得他人学习的优点。我们要拥有一双能发现美的眼睛,找到别人身上的长处,向他人学习,这样才能让自己的世界更美好。"同学们热情高涨地表示要积极参与。

　　第二天,张老师就收到了许多家长的宝贵建议。看得出,爸爸妈妈们可是动足了脑筋的。有的提出根据自己的个人所长,教孩子们学习欣赏油画；有的愿意带队,领孩子们出去参加志愿者服务；还有的家长建议在教室里贴块绒版,将孩子们发现的生活中的美好展示出来,和更多的小伙伴一起欣赏……

于是,家委会的扩大会议再次召开。在主持人小郭爸爸的组织下,活动方案正式出炉。四(1)班的寻"美"旅程正式开始。

(三) 寻"美"旅程

1. 旅程第一站——《会变魔术的垃圾桶》绘本诞生记

小凯的故事感动了很多同学,也给了大家更多的思考和启发。小刘妈妈提出,可以把这个故事改编成一个绘本故事,给更多的小伙伴分享。于是,在张老师和刘妈妈的商量讨论下,决定带领几个喜爱绘画的孩子,美化涂色、撰写文字、设计初稿……在学校课题组老师的帮助下,《会变魔术的垃圾桶》绘本故事终于顺利出版了。

这个绘本很快在全校范围传开,受到了大家的喜爱。张老师邀请小凯带着绘本故事到其他班级去谈谈自己的体会。老师和同学们对于他乐于为集体服务的好品德都表示赞赏。同时,同学们也纷纷表示,愿意多看小伙伴身上的优点,乐于向他们学习。而小凯没有想到自己的一个小小的行为能对其他同学带来启发和帮助,能得到那么多老师和同学的称赞,也更加意识到了美的行为的重要性。

2. 旅程第二站——"我眼中的美丽世界"绒版展示

为了让孩子们能够交流自己每天看到的美丽瞬间,张老师在班级的墙壁上增添了一块特别的绒版——"我眼中的美丽世界"。这块绒版上记录着孩子们眼中所看到的各种美丽事物。

起初,绒版贴出的不是金黄的树叶,就是美丽的绘画作品。渐渐的,上面的内容开始变化了:"同桌帮助自己"的小漫画;"爸爸扶起路边共享单车"的照片,还有"帮助妈妈照顾刚出生的小弟弟"的感人画面……最喜欢为班级同学服务的小浩同学主动要求负责这块绒版的布置。他每天都收集小伙伴们的新发现,利用课间休息时间为绒版换上新作品。每次他布置的时候,同学们都会围着他,一边看一边讨论着……

而张老师则利用午会课的时间,请同学们分享自己发现的小美好,温馨的氛围充盈在教室里。

3. 旅程第三站——"关注认知症老人"爱心服务小分队

小陈爸爸一直是"剪爱公益"的热心参与者,为患有阿尔兹海默病的老人送去温暖。在他的提议和带领下,四(1)班也成立了一支爱心小分队。队员们有时到商场参加宣传活动，让更多的人了解认知症；有时随公益团体一起到敬老院，给老人们表演节目，教老人们折纸、唱歌。这群有爱心的小伙伴们，用自己最温暖的行动，给老人们带去了快乐。当然，他们也成了班级中最特别、最令人感到暖心的小社团。

张老师让爱心小分队的同学们将自己的活动心得记录下来，还鼓励他们向自己家里的老人进行宣传，关爱小区内需要帮助的老人，使他们获得温暖。

4. 旅程第四站——"知善至美，童心飞扬"美感品格汇报展示

一个学期匆匆而过，看到家长们的全情投入，看到孩子们的可喜变化，张老师感到无比感动和自豪。学期结束前，家长们自发举行了"美感品格班级小结会议"。大家兴奋地你一言，我一语：有的谈论自己孩子在生活中的点滴变化，有的就自己负责的工作做了汇报；更有家长提出，可以举行一个美感品格的学习汇报展示活动。

张老师觉得这是个好主意，她灵机一动，觉得可以对孩子们的寻美之旅做一个总结，还可以将他们的学习成果展示在更多的小伙伴眼前。说干就干，在众多家长的协助下，四(1)班在学期末面向全校师生开展了"知善至美，童心飞扬"的汇报展示会。内容有绘本故事的小品展示，家长代表分享孩子的可喜变化，同学们投票评选出的"美动心弦"人物，以及汇集孩子们寻美旅程中点滴收获的数字故事……展示活动在大家的笑声和掌声中达到了高潮。

学期结束了，但是四(1)班的寻美之旅并没有结束。孩子们意犹未尽地继续投入到寻"美"的旅程中……教室里，再也看不到同学们为了鸡毛蒜皮的事情相互埋怨的情景，不再有人胡乱给他人起绰号，张老师耳边也不再听到这样那样的投诉和告状之音……相反，孩子们每次下课总喜欢三五成堆地聊天谈笑；每当看到有小伙伴遇到困难，周围总会伸出无数双援助的手；而每月一次的公益活动，大家也都始终如一地坚持着，善良的笑容在每个孩子脸上绽放。

（四）美丽的收获

"寻美之旅"的活动让张老师和家长们一次次地为孩子们的变化而感到惊喜，孩子们的美好行为让我们感动，更引发了我们的思考。

1. 寻"美"之路——助孩子的品格养成

随着社会物质文明的建立和逐步完善，我们对于精神层面的需求就变得更

为迫切。作为一名教育工作者,尤其是班主任,更应该在陪伴孩子的同时,酝酿、播撒道德品质的种子,让他们在不断的学习、体验过程中逐步树立正确的人生观、价值观,成长为一个拥有健康人格的人。

而美感品格的培养,对一个孩子的成长来说就尤为重要。通过美感品格的熏陶和教育,我们可以教会孩子欣赏美、体验美、创造美,他们将来才会拥有更美好的未来。

有句话说得好——当孩子拥有了一双发现美的慧眼,世界也会变得更为绚烂多姿。因此张老师感到庆幸,小凯的故事给了她启发,更感激家长们和她有效沟通,合作共育,使美感品格实践活动带给孩子们更多的思考和改变。

2. 创"美"之行——促孩子的品格发展

虽然寻美之旅暂告一段落,但是后续的各项探究活动还在如火如荼地展开:小郑爸爸带领的"艺粟工坊"水粉画大课堂活动,小康妈妈组织的"社区之家"假期服务系列活动……孩子们在校内外丰富多彩的活动中,提高了对美感的认知,提升了对"美"和"优秀"的欣赏能力,同时也提升了学生的美感品质。

这次的活动能够如此有效地展开,达到那么显著的效果,与平时张老师和家长之间良好的互动合作、有效沟通是分不开的。其实班主任与家长的目的都是一致的,都是为了孩子更好地成长。家长的倾力付出与配合,家班共育平台的建立,为孩子的品格发展提供了最有力的依托和支持。

3. 育"美"之举——显班主任的教育智慧

掐指算来,张老师在班主任岗位上已经工作了20多年。关于家班合作,共育成长,她自认为颇有心得:无论是"家长进课堂",还是每年一次的"亲子主题会",她的班级一向走在学校前列,每次都搞得热火朝天,气氛热烈。但是这次"寻美之旅"的活动,却给了张老师不一样的感受。

由一开始小凯的故事,到后续的"寻美之旅",让张老师意识到:一个好的班主任,不能只是埋头苦干,更需要动脑巧干;不能只是就事论事,更需要深入研究,把问题变成课题,做一个智慧型的班主任。

同时,也让张老师明白了一个好的德育工作者,更应该是一个好的研究者。我们的教育对象是孩子,是富有个性的生命个体。每一个学生都是独一无二的,而我们所需要采取的教育行为也应该是因人而异的。深入研究教育现象,发掘教育本质，从而总结提炼教育措施，才能更好地达成教育目的。这也是一个智慧型的教师应该终生研究的课题。

近两年的美感实验看似告一段落了，钱老师的美感课题已成功结题。两个班级都在校级范围内进行了美感实验的交流与展示。但是，两个班级的班主任们都还在思考，如何将这一活动持续下去。因为，实验的过程带给她们许多的收获，让她们感受到了美感培养给学生、家长、老师带来的非凡意义。

寻找"美"的过程——让孩子们的行为变得更优雅，也让他们更加关注自己的德行，努力养成高尚的品格，从而真正地感受到美带来的愉悦。

寻找"美"的过程——充分体现了家班共育的重要性，只有在老师和家长的有效合作和有力互动中，不断提高教育意识，统一教育理念，才能真正有效达成育人目标。

寻找"美"的过程——也让班主任学会边做边思考，边做边研究，边做边提升，真正地促进学生的品格发展。

探索美的过程，让老师、家长、学生甘之如饴。如今，孩子们的"寻美之旅"仍在进行时……

第六章

收获：师生、家长的共同成长

"寻找适合每一个孩子的教育"是我校的办学主张。在"和气、正气、灵气、大气"校风的引领下,我们努力培养"知识丰富心灵美、体魄强健生活美、创意卓越行动美"的极光少年,让每个孩子全面而有个性地发展。

　　教育是一项复杂的系统工程,就像一棵树的成长离不开土壤、阳光、雨水、气候等诸多因素,一个人的成长是家庭、学校、社会等多种教育力量共同作用的结果。基于这样的认识,我们深入分析影响学生成长的各种要素,努力调动一切可以调动的教育力量,构建"成长共同体",在促进学生成长的共同目标之下,凝聚教师、家长、社会等多种教育力量,相互影响、同生共长,在学生品格培育的过程中形成教育合力,提供智慧保障,也加快了智慧型家长的成长步伐。

　　五年的研究,推动了学校的可持续发展,教师的专业成长,让学生拥有了快乐而有意义的童年。

数年来,在品格培育的实践道路上,我们砥砺前行,日有所得,月有所长,年有所获,通过有意义的每一天开启学生的美好未来。

在学校的文化建设中,我们还提出了"品格育品格"的教师专业发展之路,开发构建适合学生"个性成长＋五育并举"的教育教学模式,促进学校内涵发展,造就了一支具有良好品格修养,精湛教育技能,懂得儿童心理,有爱心、有进取心、有责任心和创造性的教师队伍,关注学生个性,发现学生长处,促进学生成长,打好学生人生的底色。

在品格培育的目标下,我们逐渐构建了绿色、和谐、充满活力、可持续发展的教育生态,教师、家长、学生构成成长共同体,在同一目标的引领下,互相影响、相互促进、同生共长,向着美好的未来不断前行。

第一节　金色童年　成功起点

一、孕育学生生命底色

人需要全面发展,但是全面发展也要有重点。那么,对于转型背景下的新时代少年,最为核心与关键的素养应该是什么呢?《国家中长期教育改革和发展规划纲要(2010～2020年)》将"坚持以人为本、全面实施素质教育"作为教育改革发展的战略主题,明确指出素质教育的核心是"培养什么人、怎样培养人"的问题,重点要求"着力提高学生的学习能力、实践能力、创新能力"。2017年,《关于深化教育体制机制改革的意见》明确提出"要注重培养支撑终身发展、适应时代要求的关键能力"。未来的世界是个多元的世界,关注学生的个性发展,培养学生的学科素养和关键能力已成为学校教育不容回避的课题。

细观我们的学生,他们的思维品质、情感态度、个性兴趣都表现出强烈的独特性,要想真正提升学校的教育内涵,必须促进全体孩子的健康成长,养成学生健康的体魄、健全的人格、良好的行为习惯和道德修养,让不同层次和类别的学生都有所发展。因此,我们聚焦注重"关键能力"的培养,从坚持不懈、好奇心、公民意识、社会智商、自我调适和美感等角度,强化品格养成的意识,帮助全校师生主动建构生命的意义,释放各自生命的精彩。

经过一段时间的实践,我们在五大品格的培育方面取得了不小的成果,有些学生身上发生了较为明显的改进。

(一) 坚持不懈

坚持不懈,主要指有恒心,做事有始有终,并能不顾困难险阻坚持行动,努力、勤奋,目标如一。在"坚持不懈"这一品格上,原四(4)班宋致远同学有了一定的进步(见图 6.1),他在游泳上的坚持精神是这一品格的具体呈现。

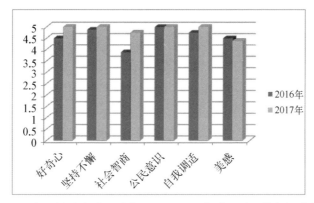

图 6.1　原四(4)班宋致远同学 2016—2017 年的五项品格数据对比图

案例　想当"飞鱼"的男孩

每个人的心中都有一个美好的理想,有的想当伟大的科学家,有的想当英姿飒爽的解放军,有的想当风度翩翩的作家……而我,则想当一个像"飞鱼"菲利普斯一样的游泳健将。

　　记得我第一次步入游泳池学游泳的时候，别的小朋友畏缩地不敢下水，而我望着那清澈的池水，却迫不及待地跳了进去。那时，我觉得那清凉的水像妈妈温柔的手一样抚摸着我，让我觉得无比的畅快。但训练是艰苦而乏味的。平时，我一直练习 200 米混合泳和 400 米自由泳这两个训练项目。每天，我在教练的严格指导下认真练习，苦练各个分解动作。有几天甚至因为腿用力过猛而有点酸，不过，我仍然不放弃。我想：如果腿酸了，手总归还可以练吧？于是我即使在看电视还会用手比划比划。但有时候我也会因为疲倦而松懈，没有达到教练的要求，教练会严厉批评我，甚至会用脚蹼让我的屁股尝尝痛的滋味，把我身体中的潜力再发挥出来，去做到自己以前做不到的事情。以前我不理解，觉得教练太凶狠，后来同样是游泳教练的爸爸与我谈心，让我明白了"教不严，师之惰""严师出高徒"的道理。

　　功夫不负有心人。去年 8 月，我代表学校参加了上海市"五星体育杯"游泳大联赛，获得了 10 岁以下组男子 50 米自由泳打腿和 50 米自由泳这两个项目的亚军。11 月中旬，我代表上海市体育俱乐部参加了上海市"浦游杯"游泳比赛，获得了男子 B 组 50 米、100 米自由泳两个项目的第四名，还和队友们合作，拼得了 4×50 米自由泳接力第六名。

　　我爱游泳，爱运动。因为运动带给我健康，带给我快乐。尤其我从游泳运动中领悟了许多生活中的道理："非淡泊无以明志，非宁静无以致远。"我会永不放弃，继续努力，也许在不久的将来，我将会站在更高的领奖台上向你们微笑呢！

（供稿人：宋致远）

　　有一首民歌《蜗牛和黄鹂鸟》，歌中唱到葡萄树刚发出嫩绿的新芽，蜗牛就背着笨重的壳往上爬，两只黄鹂笑话它，"葡萄成熟还早得很呢"，可它却说："阿黄阿黄鹂儿不要笑，等我爬上它就熟了。"我们且不去管小蜗牛最终是否吃到了葡萄，但是这种为着梦想而坚持努力的精神却是值得大家学习的。就如宋致远坚持日复一日艰苦训练，面对困难不放弃；又如在运动场刷新着学校记录的长绳队，还有在头脑奥林匹克赛场上摘金夺银的 OM 队……怀揣梦想往前走，不逃避不后退，正是这种坚持不懈的优秀品格让光彪孩子们愈发光彩夺目。

（二）公民意识

　　公民意识，主要指忠于群体，克己奉公，以成为团队的一员为豪，具有良好的工作与协作心态。在"公民意识"这一品格上,五(3)班何敬悦同学有十分明显的收获(见图6.2)。

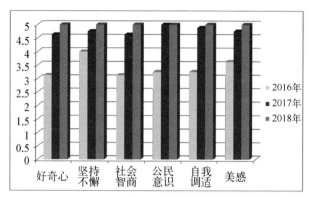

图6.2　五(3)班何敬悦同学2016—2018年的五项品格数据对比图

案例　在分享中传递快乐

五(3)中队的何敬悦是上海市优秀少先队员、一名优秀的队干部。自从在队旗下宣誓那天起,她就爱上了"少先队"这个新集体,以成为队集体的一员为傲。在平时的学习生活中,阳光开朗的她就很乐意为学校、老师和同伴服务。渐渐地,她的小主人意识也越来越强。

她大胆地尝试,活跃在小记者的舞台上。中国是礼仪之邦,在采访国际画家塔莱克的过程中,何敬悦不但做了详尽的采访背景调查,还带了自己的画作为礼物送给他。心灵的交流是最好的互动。画家先生非常欣赏何敬悦,还和她分享了自己的创作经历:他也是和小何差不多大的时候就非常喜欢画画,绘画是一种表达方式,画画的过程就像在做梦一样,特别的快乐。通过创作和采访,何敬悦得到了很多的乐趣和灵感,她的文章、采访稿和画稿先后多次发表在《少年日报》等教育类报纸期刊上。

无论是在校内外志愿服务中,还是在慈善关爱活动上,总是活跃着何敬悦的身影。学校的"满天心"公益活动,她是小小志愿者,协助老师组织策划,带领弟弟妹妹们共同参与。每年12月,她都会参与"蓝天下的至爱"募捐活动,并以《少年日报》小记者的身份采访报道。从义卖摊位的宣传口号,到准备布展,再到卖力吆喝,最后筹得善款,她都亲力亲为。看着小小的会场汇集了越来越多爱心,她还用文字进行了记录,更好地传递温暖和爱。更为难得的是,她还把自己所有的奖学金和稿费都以爱心捐赠的方式默默地给予那些需要帮助的人。她觉得作为一名社会的小公民,就应该为身边的人带去快乐,为社会尽一份自己的责任。

作为"上海市少先队工作示范校",曹光彪小学一直与时俱进、锐意创新,让光荣的星星火炬事业跟上党的步伐、时代的步伐。队员们积极参加社会实践活动,践行社会主义核心价值观。许多队员都像何敬悦同学那样乐于助人、乐于分享,把正能量传递给身边的人。在队组织的各项活动中,光彪少年们锻炼着自己的实践能力,公民意识的萌芽逐渐转化成对社会的责任感、使命感,在星星火炬的照耀下不断前进。

(三) 好奇心

好奇心,主要指对各种新奇的体验都保持兴趣,能发现许多吸引人的主题与话题,有探索与发现精神。

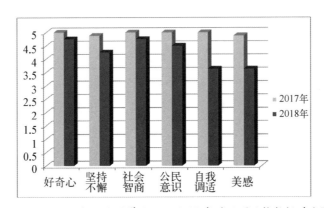

图 6.3 三(3)班胡兴恺同学 2017—2018 年的五项品格数据对比图

案例 **好奇心让创意无限**

在 2017 年 11 月 25 日举行的头脑奥林匹克创意亲子节上,三(3)中队胡兴恺同学制作的模拟靠边停车报警装置展示,引起了现场大小朋友们的关注。这款装置是他用 Scratch 计算机编程软件与超声波感应器、蜂鸣器、LED 灯等硬件设备结合完成的。

从小爱动脑筋的胡兴恺喜欢看科普探索类节目,《我爱发明》《走近科学》等电视栏目都是他的最爱。这款模拟靠边停车报警装置的制作,是他听妈妈说起驾考新规靠边停车项目时作出的思考和探索。考试采用电子设备测考,要求车停稳后,车身不得超过道路右侧边缘线且距离应保持在25—30厘米,如有违规,电子设备将直接判定不合格。妈妈在考前练习时,却没有电子设备,只能一次次找感觉,非常麻烦。他开始思索,是否可以通过编程和硬件实现模拟应用装置。经过探索和努力,胡兴恺终于完成了这个模拟靠边停车报警装置,一旦模拟小车违规操作,蜂鸣器将报警,LED灯也会闪烁。

正是在"好奇心"的驱动下,胡兴恺发现了许多吸引人的主题与话题,他把兴趣和应用结合起来,先后荣获了2017年Scratch Day China主题活动最佳技术奖、2017年Scratch中国大会最佳创意奖、2017年黄浦区第18届教育信息化大赛三等奖、黄浦区第六届青少年科技节Scratch创意设计制作与评比活动(小学组)三等奖等多个奖项,成为校园里人人皆知的"小小发明家"。

居里夫人说"好奇心是学习者的第一美德"。光彪学子们在学习中萌发的好奇心、求知欲也让他们的创造力无限发酵。学校OM队的小选手们几乎年年都能在全国比赛中获一、二等奖。近两年来,学校在科创方面也取得了突破,有上百位科创小达人从学校科普创新活动中脱颖而出,参加各级各类科创比赛,硕果累累。仅2019年,小达人们就荣获过"第二届上海市青少年人工智能创新大赛"一等奖、二等奖等多个奖项;"上海市百万青少年争创明日科技之星"科技希望之星和明日科技之星提名奖;创智达人社被评为黄浦区科学生活传播大使;"DI创新思维综合素养展示活动"达·芬奇奖。还有两位学生荣获上海市青少年创意编程与智能设计大赛一等奖第一名,即将代表上海参加第五届全国青少年创意编程与智能设计大赛。

(四) 社会智商

社会智商,主要指能够意识到自己和他人的动机和感受,知道如何做才能适应不同的社会情境。原五(4)班李易之同学在社会智商这一品格上取得了明显的进步,这与她积极参与校内外各项活动是分不开的。

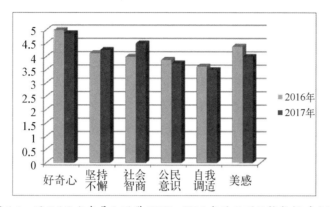

图 6.4　原五(4)班李易之同学 2017—2018 年的五项品格数据对比图

案例 "百变小精灵"

李易之和普通女孩子一样,活泼开朗,爱说爱笑。不过,她喜欢玩,喜欢参加校内外各项活动。她就像一个"百变小精灵",在不同的场合散发着自己的光芒。

她是班级里的"智多星",经常策划、主持十分钟队会以及主题活动,给大家带来惊喜。在"玩转上海课程"课上,她是一名光荣的小助教,带领大家参观、记录,组织大家讨论、实践、制作研究报告,每一件事都做得井井有条。李易之进入校 OM 队后,更激发了她无限的创造能力,并深深爱上了这个活动。她利用课余时间,坚持认真刻苦训练。在赛场上,她灵活机智,排除"险情",和队员们在上海市第三十届 OM 比赛中取得了好成绩,并将代表上海市参加全国比赛。在一次次的活动中,她充分展示了组织能力和随机应变的能力。

她是队集体中的"火车头"。她带领小辅导员给二年级的弟弟妹妹上儿童团团课,还积极参与学校的少代会工作,多次在少代会上发言、认真提写方案,主动地为少先队工作献言献策。她喜欢舞台,喜欢主持。她曾主持过学校"芬芳奖学金"颁奖仪式、开学典礼、少代会等校重大活动和年级集会。一站上舞台,她似乎变成了一个小精灵,她用自信的声音和表演,向每一位聆听者传递着热情和快乐。

李易之也是一位兴趣爱好广泛的女孩子,唱歌、画画、跳舞、讲笑话……样样都有一手。她不仅在校运动会、科技节、艺术节等各种比赛活动中为班级增光,还在市区的各类比赛中获奖,为校争光。她常说时间不够用,不然她要学更多的本领,参加更多的活动。

无论是行走在不同的场馆之间,还是登上不同的舞台,或是走向社会参与某项公益活动,我们总是能听到这样的评价:光彪的学生就是不一样。这份不一样源于学生们在课程学习与社会实践中培养出的自信、乐观。就如善学习、乐合作、积极参加校内外各项活动的李易之,许多学生积极投身于不同的场合与活动之中。在与人沟通交往时,学生们不断意识到自己和他人的感受,慢慢学会如何做才能适应不同的社会情境,而他们也在这样的过程中开拓了眼界、增长了知识、学习了合作、展示了自己独特的风采。

(五) 美感

美感主要是指对于美和优秀的感悟与鉴赏能力。能够发现并欣赏来自自然和人文各领域的美、优秀,以及人的智慧与品性,沉浸于其中,获得满足和丰富。五(1)海星中队2016年至2018年五项品格满分人数占比逐年呈极大递增趋势,他们形成了一个合作向善、温暖和谐、勇于逐梦的优秀队集体。

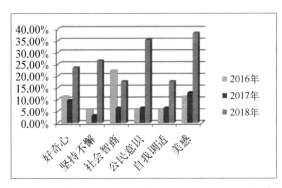

图 6.5　五(1)海星中队 2016—2018 年的五项品格满分人数占比对比图

案例　知善至美,童心飞扬

在光彪校园,有一个合作向善、温暖和谐、勇于逐梦的优秀队集体,它就是五(1)海星中队。在这个温馨快乐的大家庭里,每一位队员快乐、自主、友爱、向上,发掘潜能、提升素养、播撒爱心、展示风采,不断前进。

学校的"光标"课程极富特色,海星中队的队员们以学校特色课程为载体,主动学习，勇于实践，快乐成长，塑造良好品格。作为学校"美感品格"的实践中队，在中队辅导员张老师的带领下，每个队员都认真参与，边学习、边交流、共成长。

中队的墙壁上有一块特别的绒板，记录着队员们眼中所看到的各种美丽事物。起初，绒板贴出的不是金黄的树叶，就是美丽的绘画作品。渐渐的，上面的内容开始变化："同桌帮助自己"的小漫画，"爸爸扶起路边共享单车"的照片，还有"帮助妈妈照顾刚出生的小弟弟"的感人画面……队员们学习着用欣赏的眼睛来看待他人和社会。"今天我们为社会做了什么""地铁文明小卫队""文明用语大家学""爱心传递，爱满社区""爱心满天下"的主题更是经常出现在海星中队十分钟队会上。

学雷锋的日子里，在中队辅导员的带领下，队员们分组分工，来到学校的"摘星阁""阳光谷""彩虹桥""萌芽园"等公共区域，进行打扫工作，干得热火朝天。看到干净的地面、明亮的过道、没有灰尘的楼梯，大家感到非常高兴。学雷锋日后，队员们还提出：开展这样的活动不能只是停留在3月5日，更可贵的是坚持学雷锋。从此以后，队员们决定每月一次，分散到校园各个岗位去做卫生清洁工作。一年来，他们始终如一，"小海星"环保小使者的坚持付出获得了老师和队员们的一致好评。

了解到还有很多贫困山区的小伙伴们缺吃少穿，没法过上快乐的儿童节，队员们商量着如何给远方的伙伴们送上自己的祝福和心意。在中队辅导员的帮助下，海星中队的队员和甘肃省甘南藏族自治州的一个小学取得了联系，大家共同写了一封信，与那边的小伙伴们交友，还把自己的零用钱和喜爱的书籍寄了过去，尽自己的绵薄之力，献出自己真诚的爱心，希望那边的伙伴们也能和自己一样每天有喜爱的书籍，能过上快乐的儿童节。

2018年暑假起，海星中队还在辅导员张老师的带领下开展了"守护记忆，给生命两端同样的关爱"系列活动。队员们来到"剪爱"公益发展中心，了解有关认知症的基本知识，成立了"守护记忆"爱心小分队。周末，他们还小手牵大手，和爸爸妈妈一起积极参与了慈善公益募捐活动，用自己的行动传承传统美德，践行社会主义核心价值观。

学期末，海星中队还举行了"知善至美，童心飞扬"品格汇报展示会：绘本故事的小品展示，寻美之旅中可喜变化的数字故事，还有大家投票评选出的"美动心弦"人物……美感品格探索之旅中，队员们收获颇丰。值得一提的是，队员小凯立足美化垃圾桶这个小岗位,乐于为集体服务。在辅导员老师的引导下,队员们各展所长,以这个故事为原型,有的撰写文字,有的设计初稿,有的绘画涂色,《会变魔术的垃圾桶》绘本故事从海星中队诞生,在全校各个中队进行了交流。

海星中队的每个队员都在自己的人生道路上坚持不懈地努力着,且有了丰硕的成果:"围棋小王子"屡次获得市区的各类围棋赛冠军;小钱优美的舞姿也在多次体育舞蹈联赛中斩获头奖;大队委员小刘参加了学校的 OM 队,通过不懈的努力获得了 2019 年 OM 赛一等奖的好成绩;特别爱朗诵的小姜同学参加了区"少年绘演说"的比赛,获得了优秀奖的好成绩;坚持游泳训练的小杨和小房同学,则在快乐体育大联赛中获得佳绩……还有小孙同学的琵琶、小冯同学的钢琴……队员们都在自己的成长道路上,发现自己和他人的"美",坚持努力,收获成长。

班级环境的建设、主题活动的创新、评价方式的改进,在正能量的引领下,五(1)海星中队的队员们勇于创新、自主自动、积极向上、执着追梦。尤其是在"美感"的实践中,队员们不断发现自然、人文、艺术等不同领域的闪光点,愉悦地沉浸其中。当美的眼界打开了,队员们对"美"也有了新的理解,美不仅仅是外在可见、可触摸的事物,它更是一种源于内心、化于行动的行为美。当我们的学生不仅能够执着地追求美,而且能够敏锐地发现美、自觉地创造美,那么,他们自身也会充满美,而且我们的学校乃至整个社会也会处处皆是美。因此,我们也期望所有的光彪队员都能在美的滋养中,用自己的双手创造出更美好的明天。

二、展望学生美好未来

我校品格培育的实践,丰富了教育的内涵,满足与激发了学生的内在需求,从而促进了学生兴趣、意志、情感、态度与价值观等方面的综合发展,为学生的美好未来奠定了坚固的基石。

案例　　　　　　　**小雏鹰　大梦想**
——记 2018 年全国优秀少先队员姜艾彤

姜艾彤是学校大队副主席、黄浦区红领巾理事会理事,曾被评为"上海市优秀少先队员""上海市好苗苗"。她善良正直、心怀梦想，希望长大后能成为一名新闻工作者，传播社会正能量，让世界更好地了解中国。为此她努力学习、奋发向上，是一名有作为、有志向、有梦想的新时代好队员。

参与公益，从小学习做人。姜艾彤积极践行社会主义核心价值观，长期坚持参加社会公益活动，弘扬社会主义新风尚。她曾参加青年报举办的"爱心小报童"活动，为山区小朋友筹集书款。纪念世界反法西斯战争胜利 70 周年，她曾和上海市老干部合唱团一起合唱新四军军歌。成为一名"小小践行家"后，她更积极地用行动"从小学习做人"，一点一滴积累，养成好品格。2016 年，为了宣传《反家庭暴力法》的颁布，她主演了上海市妇联的公益宣传广告，在电视台及各大商场播放。世界阿尔茨海默病日，她参加了中央电视台"社会与法"频道的大型全球直播节目《记得我爱你》，呼吁社会关爱失智老人。2017 年，她参加了上海国际自然保护节"趣绘自然"公益活动，呼吁社会保护自然、爱护环境。"同一苍穹下"公益活动中，她为帮助筹集贫困山区儿童的教育资金积极义卖。为配合《中华人民共和国慈善法》实施，她通过使用手语等方式向路人宣传。近期，她还主持了"云遇童缘，童心筑爱"云开朵朵公益基金少儿社会大调查，受到社会的好评。

勤奋努力，从小学习立志。为了实现梦想，姜艾彤从小学习立志，德智体美全面发展。她曾获小学生科普英语市一等奖、鲁迅青少年文学奖二等奖，连续三年获校"芬芳奖学金"。成绩优异的她兴趣广泛，阅读、主持、表演和声乐都是她的强项。她爱党爱国，心系中国梦。在"我向习爷爷说句心里话"活动中，她参与团区委"青春喜迎十九大，接续奋斗中国梦"微视频拍摄，并带领队员开展板报交流、原创儿童诗创作、"十大感言"征集等活动，还在校少先队微信公众号"光彪领巾号"上进行了即时发布，增强了队员们的光荣感和组织归属感。作为一名小记者，她多次参加现场采访活动，有著名作家郁雨君、京剧表演艺术家李军以及导演吕秋秋等，落落大方的台风给被访者留下了深刻的印象。2016 年，姜艾彤参加了黄浦区"文文明明幸福小使者"评选，在当代艺术馆中完成规定任务，由评委老师全程观察团队合作精神、领导力和创新精神。她有胆识、有想法、有执行力，最终获得银奖的好成绩。

善于思考，从小学习创造。"动感中队"的创建给了姜艾彤更大的逐梦空间。作为红领巾小主人，她心中总是装着集体，有着高度的责任心；红领巾小健将，她设计的拉拉队横幅和口号为参加比赛的小运动员们增加了巨大的能量;红领巾小创客,她在学校特色 OM 领域和"玩转上海"课程中不断收获;红领巾小书虫,她广泛阅读,参加了上海市中小学生百名阅读小达人活动;红领巾小百灵,她多次代表学校参加区艺术节展演,曾获区一等奖。作为队干部,为了把团队建设得更好,她总有想不完的金点子。历次少代会,她发挥特长,为队组织献计献策。在开学典礼、手拉手结对仪式等重要活动中,也经常看到她的身影。校读书节上,她和伙伴们共同设计开展了"朗读者"系列活动,新颖的形式受到了师生肯定。作为区红理会理事,她设计了"弘扬非遗文化,尽展中华魅力"的活动,倡议"非遗"走进校园,让伙伴们感受新时代海派文化,传承中华传统美德。在学习与实践中,她热心热情、勇于创新、快乐成长。

点燃智慧、放飞梦想
——记全国宋庆龄奖学金获得者王远方

王远方同学曾任学校大队主席、黄浦区红领巾理事会理事,曾先后被评为"黄浦区优秀少先队员"和"上海市优秀少先队员"。"点燃智慧、放飞梦想"是他努力的方向。

勤学善思考。爱动脑的王远方是伙伴眼中的好榜样,在探求知识的过程中,他勤勉奋进、爱思考、不墨守成规。例如,班里有好几个同学都多了"二胎"的弟弟或妹妹,有的欢喜,有的却愁眉苦脸不开心,王远方突然萌生了进行"二宝对哥哥姐姐的影响"社会调查的想法。

萌生了探究的念头后,王远方跟好朋友赵翌辰、窦唯奕进行了交流,大家不谋而合。自然老师许安琪觉得"二胎"政策是社会热点话题,值得探究。在她的指导下,王远方和伙伴们确定了"二胎政策对第一个孩子心理及生活的影响"这个课题,并罗列了该课题的论文提纲。伙伴们在老师的指导下,展开了问卷题目的编制,并将问卷发放给了三所学校,共计1162份。假期里,大家对问卷进行审查、统计、分析,最终把得出的数据和结论整理成论文。通过这次的深入研究,他们得出了"二胎政策的到来势必会影响到第一个孩子的心理情绪,在二胎政策放开的当下,生两个孩子就有必要关注和处理好第一个孩子的身心健康"的结论。在课题的研究过程中,王远方和伙伴们互相合作打气,克服了统计学理论缺乏等问题,坚持不放弃。结果,这项研究成果取得了第三十届青少年科技创新大赛上海市一等奖、全国二等奖及三个专项奖的好成绩。《少年爱迪生》《少年日报》《家庭教育时报》也相继进行了采访和报道，王远方还被推选参评"小院士"。

王远方积极践行社会主义核心价值观，为鲜艳的红领巾增光添彩！校内，他是队集体的小当家。作为大队主席，他对人亲切负责、对事富有创意，是低年级弟弟妹妹的好朋友和"幽默哥哥"，拥有许多"粉丝"。身为队集体的"火车头"，王远方常常说："能为队集体争光，为伙伴们服务，是我最大的快乐！"校外，他积极参加各项活动。他和小伙伴作为上海市小学生的代表参加了"风尚童行——上海青少年践行社会主义核心价值观主题活动启动仪式"。活动中，他从坚持不懈、乐担责任和精益求精三个方面分享了伙伴们对"敬业"一词的理解和做法，以儿童的视角表达了少年儿童对于核心价值观内涵的理解，得到了大家的赞同。

品格培育的实践，丰富了学校教育的内涵，促进了光彪学生学习兴趣、意志、情感、态度与价值观等方面的综合发展，满足与激发了他们的内在需求，使他们从小立志向、有梦想，爱学习、爱劳动、爱祖国，为实现心中的梦想不断努力。品格培育虽然不能在短期作用于学生学业，但能切切实实地影响孩子长远的一生。品格的基础夯实了，孩子的未来发展之路才能走得更高更远。

人工智能时代从孩子起步
——记曹光彪小学创智达人社

人工智能是时下最火热的新名词。2017年，国务院发布《新一代人工智能发展规划》，明确指出要在中小学阶段逐步设置人工智能相关课程，逐步推广编程教育。我校积极响应有关文件精神，早在2013年就逐步开设相关编程科创课程，6年来不断改进优化，总结出以下科学理念与实践思路：

1. 软硬件结合丰富社团选择，满足不同社员需求。

社团的社员由学校的三至五年级的同学组成，他们有着不同的认知水平与信息科技基础。遵循着学校"寻求适合每个孩子的教育"的办学宗旨，创智达人社坚持将软件与硬件相结合来满足不同社员的需求。软件方面主要选取适合小学学段的趣味编程软件 Scratch，学生可以基于 Scratch 平台开发趣味数字动画，数字游戏。同时，对于学有余力的同学，学校还提供一些智能硬件：比如乐高 EV3 机器人，Microbit 智能硬件，索尼 KOOV 机器人，树莓派等。学生可以根据自身喜好与实际情况选择相应的硬件进行使用。

2. 提倡以校园生活为灵感,开发相关作品并在校内分享。

科技源于生活。创智达人社的社员们会根据校园生活出现的热点与需求开发相应的软硬件作品,许多小社员制作的作品丰富了学校课程教学形式:英语课,同学能接触到背单词的 Scratch 小游戏;自然课,同学与垃圾分类小游戏进行互动,学习有关知识;学校特色的场馆课程,同学能够体验到用 Scratch 制作的博物馆地图与导览……有的社员则结合智能硬件解决生活中的实际问题:比如智能饭盒会提醒温度是否适合用餐的装置,会根据环境温度自动开关机的智能台灯;会巡线、会自动停车的智能小车等。同时,学校也重视利用校园资源宣传社团成果:校会课、校园电视台、电子橱窗、微信公众号等都是社员分享优秀作品的平台。一系列的展示活动既为社员们的学习成果提供了输出平台,又促进学校开展人工智能相关的普及教育。

3. 辐射校外,携手共进。

创智达人社的社员们积极参与校外各类活动,将成果分享给其他学校和组织。学生连续多年参加 LEAD SCRATCH 编程一小时大赛,并取得优秀的成绩,还获得了优秀分享的殊荣,同时学校也多次获得优秀组织奖。学生还参与上海市青少年科技创新大赛、科创新星赛、区科技节等多项市区级赛事活动,分享成果与收获。学生的相关校内外活动还曾被《新民晚报》《黄浦报》等多家媒体报导宣传。

(供稿人:徐亦达)

就这样,我们注重学生的个性化发展,着力发掘学生的特长和优势,促使学生能够在全面发展的前提下,学有所长,为其以后的学习和成长奠定基础。

第二节　和孩子一起播种

孟德斯鸠曾说过,一个人一生要受三种教育:家庭教育、学校教育和社会教育。品格培育的过程中,我们整合了家庭、学校和社会的教育资源,着眼于每一个孩子终身发展,全方位助力学生养成好品格。

我们与校级家委会共同制定了"曹光彪小学家长委员会章程",不断完善三级"家长委员会"制度。每学期，学校不仅定时召开校级家委会会议，还通过家长学校、家访、家长开放日、学校网站、公众号等各种家校沟通渠道，交流家庭教育中的成功经验，解决家庭教育中遇到的困难和问题，指导家长正确开展家庭教育；通过改变家校关系，既合理利用家长资源开展各种品格培育活动，又使家长能参与学校各种品格培育活动。而家委会委员们则积极与学校互动合作，尤其是充分发挥校级家委会在班级、年级中的桥梁作用，和学校联手进行品格培育。家校合作从"创新家校联动，携手共育桃李"开始，到"创新家校合作，发展教养合力"，乃至"创新家校体系，陪伴成长点滴"呈现阶梯式系列。尤其是我们与学校家委会及全体家长达成了育人共识，不断创新家校合作育人方式，建立合作助教团、创办"光彪家长荟"微信公众号、开设了全校性的"家长进课堂"等，家长们积极争做智慧爸爸、智慧妈妈，为孩子播种优秀品格的种子，与孩子一起成长。

一、建立了信息交流渠道——"光彪家长荟"

学校和家委会创新家校互动形式，于 2015 年 5 月联手建立了"光彪家长荟"微信公众号。微信公众平台涵盖了"缤纷校园""亲子乐苑""八面来风""家教有方"四大板块，通过文字、图片、视频等多种形式，以每周发布的方式实现家校讯息的精确推送，使之成为一个不单调、有内容、有互动的家校纽带。通过家长、教师订阅关注和微信朋友圈的转发，实现一种"乘方"式的信息扩散。至今，229 期中"缤纷校园"推文 775 篇，"亲子乐苑"推文 182 篇，"八面来风"推文 208 篇，"家教有方"推文 197 篇，共计 1362 篇，师生与家长原创文章共计 799 篇。这其中，还发表了大量来自学校、家长、社会等品格培育的相关文章。

"光彪家长荟"微信公众号负责人家长江嫣谈到她参与这一平台的心得与体会：

熟悉我的人都知道，每个风雨无阻的周五 10：00，公众号的每一期推文发布，都是我在圈内各种"霸屏"的时刻，收获的每一份关注、阅读量、点赞和留言，都是让我坚持不懈做好的动力之一。对我个人而言，它承载着我一部分的使命感和成就感，每一期成功推送的背后，无论是内容的选择、版面的设计，还是小到每一个标点符号的排版间隔，都是经过了一周的反复推敲和精心准备。因此，我也常笑称"光彪家长荟"就是我的"三胎宝宝"。

学校的每一次活动、班级的每一次活动，"光彪家长荟"从来不会错过，这得益于学校各方领导和老师们、各班级家委会成员们的重视和协助,及时提供给我大量的图文信息,可以将丰富多彩的校园生活呈现在大家面前。每周的推文阅读满足了家长们的好奇心,即使没有陪伴在孩子身边,他们也能随时了解到学校的动态。

与此同时,家长们也有很多机会参与到这个平台。最近一次在 2018 年 12 月—2019 年 1 月期间,学校开展的"家长征文"活动就收到了家长们的大量投稿。"光彪家长荟"于 2019 年 4 月至 9 月期间,不间断推送了优秀的家长征文共计 51 篇,围绕光彪五大品格,家长们用文字记录了各自优秀的育儿理念、学生们优秀的品格养成,众多事例都得到了展示和分享。拿我自己所在的班级群来说,这些推文就掀起了不小的反响,家长们之间互相借鉴,互相学习。在教育的漫漫长路上,我们的公民意识、社会智商、自我调适,都在不断地摸索、更新、磨合和形成。

这样的一来一往,输入输出,使得"光彪家长荟"成为维系光彪家校联系的一条彩虹桥梁。

截至 2019 年 9 月 13 日,已有 229 期推送,1362 篇文章。我想,这么一个用心记录着光彪一年又一年的学习生活的点滴,赋予和承载着那么多关爱的公众号,是值得被一直延续下去的。

光彪家长荟不仅呈现了丰富多彩的校园生活、中小队队员们精彩纷呈的校外活动,还积极传播着国内外先进的家庭教育理念,帮助学校更好地开展家庭教育指导工作,提升家校合作育人质量。而家长们也在它的影响下,主动学习科学的育儿方法,争做智慧家长,更好地读懂孩子,陪伴、支持、协助孩子健康成长。

二、植入了职业道德规范——"家校合作助教团"

为了有效开发和利用家长资源,我们有意识地邀请家长参与学校品格培育和拓展课程的建设,丰富学校教育的内容和形式,促进学生、家长和学校的共同成长,使学校、家庭、社会化教育一体化。我们成立了曹光彪小学家校合作助教团(以下简称助教团),制定了《曹光彪小学家校合作助教团细则》。助教团是由各班家长代表组成的群众组织,是学校为全面贯彻教育方针,有目的、有计划地聘请热心于教育事业且有一定助教能力的家长及社会各界人士,运用自己的职业、爱好、专长及家庭等各方面的资源，协助教师完善课程的开发和教育、教学活动，共同促进学生身心全面和谐发展的相对稳定的组织。助教团的工作宗旨是"孩子、家长、教师共同参与，共同成长"。助教团下面还设有：家长智囊团、家长讲师团、家长义工团，他们既密切联系，又可独立开展工作。

助教团成立后，各班级的家长们都积极主动地报名，家长智囊团、家长讲师团、家长义工团很快都成立起来，这些家长们分别在不同的场合之中发挥着各自的作用与能量。

尤其是家长讲师团，从原有的几位固定特邀家长讲师，发展到班班都有家长参与。从 5 位家长以不同形式在 5 个年级分别开课，到 25 位家长进 25 个班级同时开课，极大地丰富了课程内容。从 2016 年到现在，家长讲师团开设的课程已超过上百节。每学年，家长讲师团的每一位成员都会根据孩子们的需求、老师的建议，精心备课，呈现各种各样的精彩讲座。这些讲座大多内容新颖，尤其注重与学生的互动交流，以及现场指导学生动手操作体验。

结合学校的品格培养，家长围绕"好奇心""坚持不懈""公民意识""社会智商""自我调适"五项品格为学生讲课，用自己的成长经历引导未成年的孩子们树立正确的世界观、人生观、价值观，养成好思想、好品格、好习惯。例如，二年级学生家长金老师原来是一名军人。他就以"好习惯要坚持不懈"为题，发挥军人的特点，为学生设计了一堂生动精彩的品格教育课。这位挺拔而帅气的家长，从一进门就吸引了大家的目光，他以"坚持不懈"为重点开展品格养成教育，整个课堂活泼生动，入形、入心、入神，起到了非常良好的教育效果。下面是他的授课精彩片段。

案例

一、入心，坚持不懈的含义

1. 同学们，你们知道什么叫"坚持不懈"吗？它的同义词、反义词有哪些？

2. 同学们，你们静下心来回想一下自己以前曾有过的目标吧，到今天为止有多少实现了呢？不要逃避，让我们来分析一下是什么原因使我们放弃了自己的目标：

（出示）（1）没有针对目标的任何行动，只是在心中幻想了一下。

a. 懒于行动。

b. 认为自己不能实现目标。

c. 受到别人的打击，别人嘲笑你的目标，并且给你泼冷水，自己因为气馁而放弃了。

（2）坚持了一段时间，但最终还是放弃了。

a. 坚持一段时间后由于懒惰而放弃了。

b. 坚持一段时间后对目标不再感兴趣而放弃了——这是典型的三分钟热度。

c. 行动中遇到一些困难，没有能够轻易解决，所以就放弃了。

d. 行动中受到别人的嘲笑或劝阻，因怕受到更多的嘲笑或劝阻而放弃了。

介绍大家熟知的名人，如：肯德基老爷爷、居里夫人等。

二、入神，坚持不懈良好品格的养成。

1. 让我们先来做个游戏，"塞塞塞，我们都是木头人"，同学两两对立，时间 1 分钟。大家不许动，考验持久力，同时让大家感受在静止状态下后觉得 1 分钟很长，从而引入坚持是需要付出时间的，坚持是要付诸行动的。

2. 习惯养成，在于 21 天的坚持，90 天的不懈。

（1）习惯是什么？

（出示）a. 一种重复性的、通常为无意识的日常行为规律，它往往通过对某种行为的不断重复而获得。

b. 思维和性格的某种倾向。

c. 一种习惯性的态度和行为。

形成习惯的过程实际上是有意识的行动的不断重复，从有意识的不熟悉到有意识的熟悉，再到无意识熟悉，就进入潜意识而变成习惯了。

（2）神奇的 21 天。

科学研究告诉我们：坚持一个行动，关键在头三天，如果能坚持 21 天以上，你就能形成一个习惯；如果坚持重复 90 天以上就会形成稳定的习惯；如果能坚持重复 365 天以上，你想改变这个习惯都很困难。所以要养成好习惯。

其他的家长也都是尽其所能，各展所长。如小童同学的爸爸带领小朋友们进行了一次头脑风暴，用贴近生活的事例，引导孩子们发散思维，各抒己见，使孩子们对创新思维有了初步的认识和了解；佳合同学的妈妈带来的"做个守法小公民"课，让孩子们知道原来法律就在我们的身边，要懂得尊重规则，敬畏法律，从小培养公民意识；阳阳同学的奶奶是一位为大学生上礼仪课的老师，她用生动的故事、丰富的案例、有趣的文明自测题以及形象的情景演示，让小伙伴们感受到文明礼仪的重要，知道了小学生应该具备的文明礼仪；小马同学的妈妈通过播放动画故事、小组互动讨论、角色扮演和小游戏，让孩子们知道了社会智商体现在细节上，要做更好的自己；小胡的妈妈用有趣的活动让孩子们懂得学会倾听，学会从不同的角度看待问题，拓展思维；李佳琪同学的妈妈和孩子们分享了在柬埔寨承担医疗援助任务的经历与感受，让孩子们知道了中国医生用辛勤的汗水和精湛的医术为柬埔寨人民送去健康，为柬埔寨的医疗事业作出了无私的贡献，使大家对医生，特别是对中国军医产生了敬佩之情……

每一次的"家长进课堂"活动结束后，家长们也都感受良多。四(4)班小李的妈妈觉得"00后"的孩子们思维活跃、有想法、善表达，案例分析入情入理，讲起道理来头头是道。可怎样把道理内化为规则，将规则付诸行动，则是家长们须深思后予以合理引导的问题。小刘的妈妈觉得二(5)班孩子天真活泼可爱，课堂上小朋友们为故事的主人公朵朵解除烦恼的过程，让自己也自然而然地接受了教育，得到了启发。她希望学校以后能经常开展"家长讲师团"进课堂活动，家校合力，共同教育好孩子。

丰富的家长资源使家长课堂精彩纷呈，深深吸引了学生。这样的活动对学生求知欲望的激发，行为习惯的培养，良好品格的养成，都起到了积极的推动作用。

三、倡导了社会公益行动——"满天心"

结合品格培育中"公民意识"和"社会智商"这两项品格的培养，学校家委会提议通过公益活动，培养孩子们从小树立关爱他人的意识，养成乐于助人、乐于奉献、向上向善的良好品质。随后，家长们在学校的大厅里设计并制作了"满天心"爱心墙，发起了"爱心义卖，责任接力——'满天心'公益行动启动仪式"。从此，开启了光彪学生向上向善的公益行动之旅。

第二年，学校和家委会又共同组织了"满天心 公益行"活动。活动由"爱心集市""公益先锋""DIY乐园"三个板块组成。学生们可以将自己喜欢的或者有纪念意义的物品捐献出来,放在"爱心集市"与小伙伴们分享;也可以用积点兑换"公益先锋"的实践岗位,在小岗位实践中学本领,感受为他人服务的快乐;还可以在"DIY乐园"里,通过自己的双手为小伙伴和学校制作小礼物,培养为他人、为集体奉献爱心的好品质。

"满天心 公益行"活动的成功举办,激励着更多的孩子们尝试加入公益活动的队伍之中。三(2)班的朱葆儿同学加入了上海市音乐特级教师顾丽丽老师带领的"维童之友合唱团",跟随顾老师参加了两次公益演出活动,用自己的歌声为自闭症儿童传递一份爱心。

案例　让爱心乘着歌声的翅膀传出去

8月6日晚,曹鹏音乐中心主办的"天使知音沙龙——自闭症儿童学校捐建夏季音乐分享会"在虹口区青少年活动中心举行。我们合唱团的小伙伴在顾老师的带领下,献唱两首歌,与自闭症儿童代表进行音乐交流。

92岁高龄的曹鹏爷爷是一位指挥家,"天使知音沙龙"是他创办的关爱自闭症儿童慈善组织,已经有十多年历史了。自闭症儿童又名"星星的孩子",他们就像天上的星星,几乎不和别人交流,甚至包括自己的父母。天使知音沙龙教会这些星星的孩子享受音乐,用音乐与大家沟通。有一位周博涵哥哥还在英国的钢琴比赛中获得了金奖,真替他高兴。

8月12日下午,我们来到上海交通大学红太阳广场,在江泽民爷爷题词纪念碑下,与四川汶川地震灾区来的哥哥姐姐们一起开展联谊活动。在露天广场上,我们演唱了几首歌曲之后,伴随着音乐跳起了欢快的舞蹈。在顾老师的热情鼓励下,哥哥姐姐们也加入我们一起载歌载舞,引得许多路人驻足观望。最后我们一起合唱了《感恩的心》,送给大家,也送给自己。

大家一起用晚餐的时候,交大的一位组织者胡老师对哥哥姐姐们说的话给我留下很深的印象:你从哪里来的、你现在是什么样子并不重要,重要的是未来的你会成为什么样的人。

我会努力学习锻炼自己,希望未来的我能够像曹鹏爷爷、顾丽丽老师、胡老师一样,把爱心传播出去,帮助更多的人。

（供稿人：朱葆儿）

　　有这么一群人，走出家门就忘记了回家的路；走到街上就迷失了东南西北；不知何故突然会闹起脾气；说到过去，就会不断重复——是的，他们就是患有认知症的老人，可怜无助，需要更多人的关心和帮助。五（1）小海星中队在中队辅导员张玮老师和家长的带领下，开展了"守护记忆，给生命两端同样的关爱"的系列活动。

案例　　　　　　守护记忆，给生命两端同样的关爱
　　　　　　　　　　——"99"公益，我们在行动

（一）走近"认知症"，成立爱心小分队

　　8月8日，小海星中队的孩子们来到"剪爱"公益发展中心，参加了"认知症好朋友"的第一次活动。队员们观看介绍"认知症"的小视频，汤老师向队员们介绍认知症。队员们完成了关于认知症的小问卷，初步了解有关认知症的基本知识，成立了"守护记忆"爱心小分队。

（二）"99"公益日，做记忆的守护者

　　9月9日，小分队的队员们再次出发，来到我格广场，参加了由腾讯公益和"剪爱"公益共同举办的"记忆六十秒，做记忆的守护者"的慈善公益募捐活动。爸爸妈妈也加入到了爱心队伍中，进行亲子游戏：你表演我来猜，进一步了解认知症的相关知识。

　　活动现场，队员们给ME—U兔涂上自己喜欢的颜色和花样，大家商量着回家后向爷爷奶奶、外公外婆宣传认知症的知识，也在筹划着以更多创新创意的方式向人们传递更多认知症的知识和信息，消除歧视，推广有效的预防之道。

　　班主任张玮老师认为，爱心需要传递，爱心更需要行动。孩子是祖国的幼苗，我们应该保护和关心，而那些高龄老人们历经岁月的沧桑，步入人生最后一个阶段，他们更需要守护。她向大家倡议：让我们携起手来，给生命两端同样的关爱。也让我们从小事做起，一点一滴践行社会主义核心价值观，传承传统美德。

　　　　　　　　　　　　　　　　　　　　　　　　　　（供稿人：张玮）

　　在"满天心公益行"活动的带动下，每学期都有不少家长、老师，带着班级同学一起开展各项公益活动。二（4）班小蚂蚁中队在家委会王芯悦妈妈的建议下

参加了"闲置玩具总动员"捐赠活动,大家把心爱的玩具整理好后给儿童医院的小患者送去温暖;一(3)班"憨憨象"第二小队的儿童团们为黄浦区老年公寓的孤寡老人们贴窗花、贴福字,送上了新春的问候和祝福;五(3)班智力小队的队员们与新昌路居委会联系后,主动去慰问小区里的独居老人,还打扫了社区老人活动室,陪老人们聊天;三(5)中队、二(5)中队等好几个中小队学生,在敬老节和春节的时候,分别到不同的敬老院送上节日的祝福,让爷爷奶奶感受节日的温暖。

播种公益的种子,让孩子们不仅了解了志愿者必须是志愿性、公益性和无偿性的,学会了感恩身边的人、关爱身边的人,更学会了怀揣一颗公益心,努力去为社会尽一份自己的小小责任。

四、"智慧父母"——诠释了家庭教育价值观

2018年,学校收获喜讯:经本市3万多名家长、教师和学生票选产生的百名"优秀智慧家长"和"十佳智慧爸爸""十佳智慧妈妈"名单公布,曹光彪小学李羿臻同学的爸爸荣获"十佳智慧爸爸"称号,王欣予同学的妈妈荣获"十佳智慧妈妈"称号。李羿臻同学的爸爸带着孩子们坚持不懈传承中华国粹京剧,王欣予同学的妈妈自己设计绘本故事《晚安,小朵朵》治愈孩子的心灵。这样智慧育儿的故事还有许多。

2018年年底,学校和家委会一起发起"品格培育家庭教育征文",经班主任筛选后,学校收到来自不同年级和不同班级的家庭教育故事52篇,这些征文都已陆续在"光彪家长荟"上登出。《写给儿子的一封信》《富爸爸穷爸爸》《美于心养于行》《15分钟能干什么》《羽毛球场上的丑小鸭》《相信这个世界的美好与善良》等征文内容,引起了不少家长们的共鸣。

在分享与交流中,我们发现家长们的教育方法虽然因人而异,但是都有一个共同的特点,那就是将孩子的品格培养放在首位,这与我国古代家庭教育最重视培德立品是一致的。这些事例涉及了好奇心、坚持不懈、公民意识、自我调适、美感、诚信、正直、感恩、责任、友善等品格的教育,诠释了家长教育理念的精髓和内涵,他们在孩子学习和生活的点滴细节之中,引导和帮助正在成长中的孩子充分认识自己、认识社会、认识自然,树立正确的人生观、价值观。

有位教育家曾说过:"父母是孩子人生的第一任老师,他们的每一句话、每个举动、每个眼神,甚至看不见的精神世界都会给孩子潜移默化的影响。"的确,人

们很早就认识到家庭教育的重要性。古有"岳母刺字""孟母三迁"的典故，也有《颜氏家训》《曾国藩家书》等家教典籍。在这些故事和文字中蕴含着每一位家长"望子成龙、望女成凤"的心愿，也从另一个角度反映出家庭教育的"高难度"和"复杂性"。如何在家庭中做好孩子的第一任老师呢？家长刘立文自认为作为一个普通家长，也只是"见招拆招"地边做边学，但无论怎样，他始终坚信一条：先做人再做事，先品行再学业。最重要的就是——修身，即对孩子的品格教育。品格不仅影响着孩子的现在，更决定着孩子的未来，比所谓的财富、知识以及其他什么都重要。而孩子的品格教育不是短跑，是一场人生持久的接力赛，润物细无声地渗透在家庭生活的各个方面。在教育孩子的问题上，家庭和学校的目的是一致的，只有家校共育，才能劲儿往一处使，朝着正确的发展方向，积蓄竞争力，让孩子在人生的道路上不断前行。

案例 《我与孩子一起成长》节选

起跑线不止一条跑道

自从为人父母，我听到的最多一句话就是"不要输在起跑线上"。很多同事、朋友都会将经验之谈告诉我："要给孩子报个奥数班""英语一定要外面再学学"……于是，在我的概念里，文化课的学习是第一位的。当孩子想自己洗手帕、理书包时，我总是说：你不用管，有这个时间去做做数学题，看看书。在平时的生活中，我们也从不要求孩子参与任何家庭劳动。孩子到二年级时，刷牙、洗脸、穿衣这种事情都是我一手包办的。直至在三年级发生的一件事，引起了我的反思。

孩子所在的班级一直以来有个很好的做法，就是每次开学时要给他们拍个班级集体照。从一年级开始，在相同的走道，大家穿上相同的服装聚集在一起合影。我觉得这既是一次很好的留念，又是一次仪式教育。又逢开学季，和以往一样，拍照那天早上我为孩子准备好了班服单独放在一个小包内。由于时间匆忙，我忘了把包交给他。等发现时，我立马赶回学校，此时已经上课了，班服只能请学校保安代为送达。保安当时就说："学校有规定，九点以后才能送。"果不其然，那天老师发出的集体照里，只有我孩子一人没有穿班服。虽然他还是在老位置站着，但由于服装原因，显得非常突兀，他的脸上也不见笑容。

我以为这件事就这么过去了，没想到下班一到家，迎面而来的是孩子劈头盖脸的一连串责问："你怎么那么粗心,不把班服让我带着,害我给老师批评。马大哈一个!"……一番话顿时把我说蒙了。回过神来,我对他说:"带好班服难道不是你自己的事情吗,自己的事情没记住,还怪我?"儿子立马回了一句:"东西都是你准备的,我哪里记得?"一语惊醒梦中人,原来我万事包办,反而使得孩子养成依赖的坏习惯。

从此以后,我放开手来,只要是力所能及的事情都让他自己做,并且要求参与家庭劳动,吸尘、洗碗、叠衣服、自己整理房间等。从开始的担心他做不好,悄悄跟踪检查,到现在完全放心地"免检",这个过程既是对孩子生活自理能力的培养,也是对自己教育观念的反省。回想起我们小时候,老师一直讲要做一个"德智体美劳"全面发展的孩子。现在可能不是这种说法,但我想教育的理念是相通的。这五个方面好比五条跑道,都是人生起跑线上最主要的。我们家长往往更关注于第二条"智育"跑道,而忽略了其他四条跑道。其实,每条跑道都要花时间、花精力去培养。甚至可以说,另外四条跑道对于孩子将来工作、生活的影响更深远。只有五条跑道的全面起跑,才是科学的教育观。

(供稿人:刘立文)

家长何刚的女儿已经四年级了,他说女儿在光彪快乐地学习、生活了四年,收获了友善、责任诸多有意义的成长。他女儿自小过敏体质,体质过敏的孩子似乎在心思上也更为敏感,对周围的人和事更小心,也会对自己有更多不确定、不自信。作为家长,他们希望女儿可以更加阳光、自信,努力让心中的小太阳不流浪。在学校"五大品格"培育的引领下,他们也在积极尝试与总结中和孩子共同调适、共同成长。

案例　《在自我调适中不断成长》节选

女儿自小就喜欢运动,但有时遇到有一定难度的项目,就很容易放弃。记得幼儿园时要求学会拍球,刚开始,她总是不协调,只能拍几个。几次下来,女儿就不高兴拍了。于是每天在小区散步时,我们就带着球陪着她玩。一边玩,一边拍,渐渐地能力有了,动力也就有了,坚持了一个月,球拍得已是相当熟练。进小学后,女儿开始喜欢上打篮球。小区附近有个篮球馆,当看到不少小朋友在教练带领下打篮球，女儿甚是欢喜，也要去"玩"。"要去打篮球可以，只有一个要求，不管遇到任何问题，一周两次，坚持一年。"我们告诉女儿，这是爸爸妈妈对"玩"篮球的入门要求。还不明"险情"的女儿点点头答应了。果不其然，由于人小，且各种动作要领颇有一些难度，没过多久，女儿开始有些懈怠了，甚至找各种理由想不去打篮球。于是爸爸妈妈轮番上阵，"陪着""逼着"女儿坚持打下去。一年过后，女儿和教练、小伙伴都练"熟"了，越打越开心。第二年，女儿开心亦辛苦地又坚持打了下去。进入四年级后，每周两次三小时的篮球运动，不仅不是负担，反而是女儿在文化学习之后的自我调整放松，更加是女儿增强体质、打击过敏的好帮手。期间，篮球馆改造半年，他们不得不在室外打球，即使零度的三九天，也没有间断过。班主任朱老师说：不少兴趣难以持久，很多坚持常有奇效。我们和孩子就真切地体会到坚持运动的力量！"坚持"让我们更多了自我肯定的力量！

在风雨中勇敢奔跑，在阳光下尽情欢笑，心平气和地直面需要不断完善的自己，积极自我调适，坚定成长脚步！

（供稿人：何刚）

正如以上两位家长分享的事例那样，每一个孩子的成长都不是一帆风顺的，但是良好的品格培养可以为孩子的人生正确导航，使他们越走越自信，越行越稳健。

蒋勋先生说过：一个人审美水平的高低，决定了他的竞争力水平，因为审美不仅代表着整体思维，也代表着细节思维。给孩子最好的礼物，就是培养他的审美力。

理工科出身的家长许成深知美是内外的统一，不分领域，不分年龄。就如牛顿用一个公式解释了万有引力，爱因斯坦用一个模型揭示了时空本质，这何尝不是一种惊心动魄的美与和谐？因此，他希望自己的孩子能是一个心灵丰富的人，而不至于变得太狭隘偏激，头脑中只有分数和利益。他认为让孩子将来的人生更多元一些，才能从更多美好的事物中享受生而为人的乐趣。等孩子有了审美能力，品德就有了成长的土壤。

案例 《美于心养育行》节选

我们喜欢陪着孩子去旅行，不是那种走马观花的旅行。在旅行中，和孩子一起走进历史的长河,感受不一样的文明。教会他识别各式建筑风格,哥特式、罗马式、拜占庭式……孩子跟着我们一起用眼睛去感受。历史对于一个9岁的孩子来说可能是沉重的,可透过历史呈现的美却能深深地触达到他幼小的心灵。孩子会告诉你,他喜欢哪些建筑,是因为有像冰激凌一样的屋顶,因为有透着彩色云彩的玻璃画……这个时候你会发现他们和我们一样,有对美好最纯真的鉴赏能力。

除了建筑,我们的唐诗宋词也是极美的。和很多爸爸妈妈一样,我们也是从幼儿园前就要求孩子背诵唐诗了,可是每每都发现,前背后忘,书到用时方恨少。直到我们自己学习了《藏在地图里的古诗词》深得启发,第一次为了唐诗我们带着孩子去了次南京,意外地发现在那次旅行中学到的《乌衣巷》《忆江南》,孩子每每背诵起来都能琅琅上口。这次旅行也给我们很多启发,诗词的美是融于自然的美,是这宇宙天地间一草一物的美。跟孩子讲"意境"这个词有些不易理解,但可以鼓励他们把诗词想象成一幅画,并让他能身临其境感受,和诗人来一次隔空的交流。当然,我们不可能带着孩子走遍世界的每一个角落,但我们可以和他一起去"感受"。

给孩子报个兴趣班,学习绘画,也是现在很多家长会选择的方式之一。好的美术老师,除了会教孩子基本功之外,也会注重培养孩子对美的感知力。从一些基本的构图,色彩搭配开始学习,慢慢地可以在生活中、自然中发现美,并把它们描绘下来。我们家长也会配合老师,带孩子走进美术馆、博物馆,看看画展,参与一些互动。我们曾经在上海环球港看过一个毕加索画展,有一个互动环节做得非常好。每组家庭拍一张家庭照片,通过特殊软件,孩子按照他们的想法随意摆弄几下就能生成一张毕加索立体主义风格的图片。通过他自己的创作再给他讲讲毕加索的故事及其旷世杰作,孩子就能很容易接受了。

(供稿人:许成)

虽然我们的家长对于孩子的教育大多是基于自己认知下的摸索和尝试,但是陪伴孩子一起探索,一起体会,一起自省的过程中所形成的经验却是最宝贵的、最值得借鉴的。

家委会主任朱文廷全程参与了学校品格培育的各项活动,出谋划策,为家校合作共同育人作出了贡献。他认为"品格是一个人之所以为人的根本,是一个人在成人之后安身立命的尺度标杆与价值取向,尤其是现代社会、现代都市,快节奏、浮躁心多多少少都对孩子们的成长起着潜移默化的副作用。曹光彪小学的品格教育让孩子们不是为学而学，让孩子们从小就对生活、对社会、对未来树立起积极阳光的态度，以品格为载体，学着观察、学着参与、学着思考。在这样的大背景下，家长们感同身受，希望能够参与到这样的人文环境的清流里来，尽管许多尝试还只是一些初步的探索，但是这种尝试与努力，持续见证着"孩子、家长、学校共同的成长"。

确实，小学阶段是让孩子初步养成良好品德和个性品质，养成良好的行为习惯、学习习惯等的重要时期。我们不是要孩子跑得有多快，而是要看孩子能够看得有多远。我们希望每个孩子都拥有健全的品格，每个孩子都能有爱、有梦想、具备长足远行的动力与能力。我们期待每个孩子都能健康成长，将来成为社会栋梁之材。

第三节　与学生结伴成长

教师是学校办学的主力军，任何一所学校的办学理念、办学举措，都得靠教师去实践与落实。曹光彪小学"转型背景下小学生品格培育的实践研究"课题研究，之所以能促进学校内涵发展，就是因为该课题研究造就了一支队伍：一支具有良好品格修养，精湛教育技能，懂得儿童心理，有爱心、有进取心、有责任心和创造性的教师队伍。

这个世界上有一个最简单的道理：你不能将自己没有的东西给别人。当教师没有良好品格，精神匮乏，就不能将真爱给学生，真教育就难以发生。所以，学校站在文化建设的高度，对教师专业发展提出"品格育品格"的观点，并初步形成了曹光彪小学教师"一基两力"成长模型：以提升教师品格素养为基点，以提升对儿童的认知能力和育人能力为成长点。

一、提升了教师的品格素养——情系专业，敬畏童心

教育的根本目标是"为了每一个学生的发展"，而教师的责任是要更好地服务于学生发展。所以，让每一位教师都充分、自主地发展，是学校实现自身发展的必然选择，也是管理的精髓所在。让"品格培育"研究成为教师可持续发展的绿色平台，成为我校倾注全部心力追求的目标。

我们首先对学校原有的"教师职业行为规范"进行了修订,修订后的条例分成"职业道德"和"行为要求"两大板块,更重视"知行合一",从制度层面上规范教师行为;接着,组织教师经过几次自上而下的学习交流,和自下而上的讨论反馈,将教风修改为"情系专业,敬畏童心";又精心设计开展"寻找适合每个孩子的教育""让品格培育在学校课程改进中落地""顺应时代发展,提升教师关键能力"等系列主题式培训,采取各种形象生动的形式,如专题讲座、交流分享、思辨论坛、课题研究、发扬先进等,从情感激发入手,打造具有爱心、进取心的教师队伍。

每学年,学校还会为年度考核优秀的教师提供"TED"秀场。这些教师在当年的教育教学改革中身先士卒,是课题研究、课程与教学的直接设计者、参与者。请他们以身说法,向全校教师阐述自己的教学思想、教育理念,传递教师育人的正能量。用他们奋发进取的育人事迹,感染并带领全校教师一起成长。

案例 情系专业

本学期我接受了从业以来密度最高、强度最大的开课挑战。这样充实的公开教学节奏也着实让我对自己的工作有了新的感悟和更深的认识。从几节受众(学生)完全不同的开课体验中,我收获的不仅仅是更多的经验,还有更好的自己。

开学接到了要开一节"AI时代的教育变革"区公开课的任务。师傅李老师帮助我一起设计了新形式的课堂作品,最后使用了光与影的展示,加上可变形的软陶综合艺术媒材展示的形式,获得在场老师们的好评。第一次在自己学校的七楼开课,我的内心十分紧张。好在课的舞台感很强,我们曹光彪小朋友见惯了大场面,在课堂上的表现也十分到位。整节课的综合媒材运用与学生高度参与的课堂感为这节课增色不少。

于是,我紧接着又开始准备起了自己的比赛课。为了符合我们黄浦区小学生应有的品格和放眼世界的气质,我选用了五年级课本中"会说话的手"这个内容,因为手势是全球人共同的语言,不管你去到哪一个国家,会不会当地的语言,只要你会用肢体语言,会用手势,你就能与全球交流。手势也能够为我们传递很多正能量的信息,比如爱与和平,梦想与未来,团结与坚持……经历了无数次的磨课,也经历了几次大的改动,最后,"会说话的手"在区教学评比中获得了一等奖的好成绩。另外,我也收获了一个自己最喜欢的评价。在多次开课的过程中,卢校长一直给我加油打气,给了我许多宝贵的经验。有一次,卢校长说:"姚琼,我觉得你蛮能吃苦的!"当时,我的表面是很平静的,但是我的内心是很激动的,因为从来没有人夸过我能吃苦。不管我能不能吃苦,感觉这句话听好以后就要更加能吃苦了。

接着,我参加了沪闵教育接力教学美育活动,上美术和德育的跨学科课。第一次到外省市,第一次上50个人的班级,第一次借班上课,这样的体验让我再一次成长。面对50双清澈又陌生的大眼睛,我及时调整了这一课的难度和重点,力求做到课堂目标设置合理。同时,也获得了在场听课老师的好评和学生们的良好反馈,让我在陌生的环境下不感到害怕,没有胆怯,充满自信。这自信源自大家的鼓励和前一段时间高密度开课带来的底气。

（供稿人：姚琼）

马斯洛的需求理论认为,需求是人类行为积极的动因和源泉。光彪教师发展比较高的需求为:提升个人素养的需求,成为一名优秀教师的需求等。学校积极构建满足需求的平台,教师在课堂教学的历练中,收获显性的学科专业成长的同时,个人的品格素养也在悄然转变。

在孩子成长的过程中,教师担当着一个相当重要的角色,当孩子从家庭迈入学校这一小社会的时候,正是教师们在旁边为孩子的成长保驾护航。为了孩子快乐而稚嫩的心灵,为了孩子身心健康成长,在孩子成长过程中,我们的教师善于捕捉孩子的内心情绪,教给孩子解决问题的办法,和孩子一同走进他们简单而丰富的内心世界! 他们用浓浓师爱培育学生良好的品格,受到了学生、家长和社会的好评。

案例 **敬畏童心**

"平和"这个词来自我班一位家长的朋友圈,他用真诚平和来评价我。看到家长的评价,开始我感觉很不像我,但仔细一琢磨,这一年我确实"平和"了不少。以往我管理班级一直是情绪激昂、风风火火。任教这个班级后,我发现孩子们乖巧懂事。然而因为他们犯错,我也会大发雷霆,但看到他们惊诧错愕的神情,我的心为之一颤,是不是可以换用其他方法呢? 于是我开始尝试改变自己,平心静气地对待每个学生和家长,自然"河东狮吼"的次数越来越少了。我渐渐地感觉到班级师生关系越来越和谐了,家校联系也越来越紧密了。

这学期,我班的小刘同学从原来的大声哭泣发展成为上课故意回答与众不同的答案;只要不请他回答问题,他就一直举着手;作业本字迹潦草上交,期待重写等怪异现象。开始,我用高压政策,试图让他妥协,但适得其反。于是我积极向心理老师王老师请教,决定改变策略,及时找他谈话,对他晓之以理,动之以情,并及时向家长反映情况。一段时间下来,他似乎有所收敛。我从侧面和本人谈话了解,才知道他的真实想法,就是求关注度,认为只有这样做,老师和同学才能注意他。找出症结后,我为他量身制作了行为规范量化表。他的情绪渐渐稳定了,这学期终于摘掉了特殊学生的帽子。暴风骤雨的严厉批评固然重要,但有时和风细雨的亲情关怀更有效。

（供稿人：侯小晶）

雅斯贝尔斯曾说:"教育本身就意味着:一棵树摇动另一棵树,一朵云推动另一朵云,一个灵魂唤醒另一个灵魂。"借着课题研究的契机,光彪教师学会更好地关注和呵护每个孩子的心灵,他们懂得尊重孩子的不同个性差异,懂得站在孩子的角度替孩子着想,以积极的心态接受孩子们成长中的错误,寻找适合每个孩子的教育。

二、提升了对儿童的认知能力——认识儿童,尊重童年

"情系专业,敬畏童心"是曹光彪小学的教风,"认识儿童"则是光彪教师必须具备的一项基本功。每位光彪教师都自觉地意识到:童年是一个神奇的阶段,我们要尊重童年。有了一种对孩子当下生活的尊重,对孩子本身作为人的尊重,我们很多教育方式自然就会变化。例如:学校特别关注一年级刚入学的孩子,每年暑假都会组织专题培训,不仅在教学上要严格基于课程标准的教学与评价,还要在生活上细心关照,更重要的是在心理上给孩子营造宽松、平等、愉悦的氛围。

如何来关注一年级新生的差异,开展个别化教育,对于青年教师来说可是一个不小的挑战。我校上海市班主任带头人工作室负责人、区德育学科带头人蒋雯琼老师和她带教的小顾老师间进行了"零起点"的一次研讨活动。

案例 **认识儿童**

（一）家访新生

顾：8 月 16 日下午,我校新一年级组开始进入了工作状态。我们的第一个任务,就是对新生家访。一听到要家访,我不免会紧张、焦虑。第一次家访该做些什么?

蒋：一年级所谓的"零起点"绝不等同于"零准备",相反,要求教师能把教育工作做得更细,把教学工作落得更实。所以我设计了一份"学前教育家访表"：

姓名			性别	
第一联系人			主要接送人	
个人特长	琴、棋、书、画 唱歌、跳舞、戏曲 游泳、武术、球类 手工、其他(养护植物)		可展示的作品	
学习环境	家庭成员			
	独立书桌			
	独立房间			
	家中表现			
	学习辅导者			
建议	在孩子入学前一周内,能尽量做到每天晚上 9 点前上床,并养成听一个小故事的习惯,时间为 15 分钟左右,一般以童话故事、励志小故事或有美好结局的故事为主。			
已有知识基础	拼音			
	识字			
	说话			
	听故事			
	看课外书			
特殊需求	学生的行规问题、身体状况家长的需求			

蒋：在完成全员家访后，教师还要及时梳理这些信息。不仅对每个孩子的特点进行分析，还要从这些学生的个性中，找到班级学生的共性特点，使教师教育既有集体教育的普遍性，又有个别教育的针对性。

（二）环境布置

顾：蒋老师，你这里有一个了解学生个性特长的小调查，那开学前正好要布置教室，我顺便把孩子们的作品带回学校，用他们的作品来布置教室好吗？

蒋：你这个想法非常好，用孩子的作品来布置教室，能让孩子更感亲切。但是，班级环境的布置要理念先行。比如，我的班级要对学生进行的是"微笑教育"，让孩子们在微笑理念的引领下，形成积极、勇敢、乐观、向上的班级文化和人格品质，获得幸福的启蒙。所以，我事先准备了几张不同的笑脸脸谱，准备和学生一起布置。其次，班级的环境布置要做到心中有人。环境布置时要做到人人参与，一个也不落下。我们可以让学生先介绍自己的作品，然后把作品贴在磁铁墙上。另外，让教室的环境布置体现我们班学生的年龄特点和班级特色，这也是一个值得深思的问题。

顾：听你这么一说，我还真的要重新思考如何开展环境布置，使每一次的环境布置都能发挥为学生行为导航的功能。

蒋：在新的一年级教室里，我把所有的要求浓缩在"干干净净、整整齐齐、安安静静、认认真真、彬彬有礼"这20个字里，既便于学生记住，也便于孩子们操作。我把它们贴在了一个个笑脸图的上面，并逐一给他们解释，希望他们每天都能进步一点点，每天都能拥有好心情。

（供稿人：蒋雯琼）

对每位班主任而言，家访和班级环境布置都是平凡的常规工作。因为蒋雯琼老师心中有儿童，寻常的工作就变得不再寻常。对儿童的基本认识，或者正确的儿童观，是光彪教师教育的起点。所以在一定程度上，教育是一种信仰，要建立一些基本理念。

平丽娜老师是我校一名班主任，曾获得上海市中青年教师教学评比一等奖、黄浦区"优秀园丁"、黄浦区未成年人保护先进个人等荣誉，所带的班级和学生多次获得市区各类荣誉。在教育教学工作中，她时时刻刻想着学生，把自己的爱无私奉献给了学生，用智慧点亮学生成长之路。

案例 **尊重童年**

第一次去小 A 家家访时，平老师发现他的表现异乎寻常——沉默寡言，目光始终不愿意与老师进行接触。从小 A 妈妈口中，平老师第一次听说了阿斯伯格症。课堂上，小 A 常常抗拒任何批评或表扬。哪怕是老师对其他同学进行教育，也会极大地影响到他的情绪。对于没有特教经验的平老师来说，教育小 A 无疑是个巨大的挑战。

平老师向心理学专家讨教，和从事特教的老师联系，阅读学习了大量关于阿斯伯格症的资料，开始了解并摸索特殊教育的规律和方法。社交障碍是小 A 最大的问题。小 A 一直不肯开口和老师说话。平老师明白小 A 需要更多的时间适应新环境，不能着急，于是细心观察，耐心寻找机会，尝试和他交流。平老师和小 A 妈妈约好每天放学后晚点来接小朋友。她利用放学后的时间，单独和小 A 讲故事，聊聊天，耐心地教小 A 怎样握笔写字，怎样用橡皮把本子擦干净……渐渐地，小 A 和平老师建立起了情感联系。

平老师逐渐了解了小 A 行为表现想传递的信息，知道什么情况下应该用怎样的方式和他交流。孩子们要去水族馆社会实践了，可小 A 害怕黑暗的地方，要不要带他参加呢？他是集体的一员，带。参观前，平老师拉着小 A 的手，说："小朋友们要一起参观水族馆哦！想不想去？""想。"小 A 想了想说。"水族馆里有各种各样的鱼，都是你书上看到过的。虽然里面有点黑，但是我会一直在你身边。"小 A 点点头。平老师又交代了各种可能遇到的情况，还带着他预演了一下。但是，第二天参观时还是出现了意外。参观的队伍里传来一阵连续不断的尖叫声。"小 A 不要怕，平老师在这里。"说着，平老师拉着小 A 的手，走到稍微亮一点的地方。"是什么让小 A 不开心呀？"小 A 虽然停止了尖叫，情绪却依然没有平静，抽泣着，拒绝说话。"记得昨天的约定吗？不管有什么事情，平老师会陪着你的。"说完，平老师抱抱小 A。"那个灯一闪一闪的，太吓人了！"过了好一会儿，小 A 终于开口了。"原来是这样，吓到你了对吗？"平老师一边抱紧小 A，一边摸摸他的背，说："你看，出口就在前面，我们一起往前走，好不好？如果你还是害怕，可以把我的手握紧一点，怎么样？"小 A 停止了抽泣，点点头，主动把手递给了平老师。

像这样的事情，几乎每天都在发生。平老师用耐心和智慧打开了小 A 的心门。如今的小 A 会在老师嗓子哑了时,主动送上问候;会在同学受伤时,伸出小手……小 A 进步了。平老师看在眼里,喜在心头。

面对这样的特殊学生,怎样开展班级建设,也是摆在平老师面前的重大课题。她以各种形式去引导教育全班同学,要宽容、善良地对待伙伴。她告诉孩子们,有能力帮助弱者的人,才是真正的强者。她培养学生的是非观,知道哪些可以做,哪些不可以学,要学会不受干扰地学习。通过家长会、微信等渠道,她努力争取家长们的理解和宽容。她所带的班级,形成了和谐友爱、互助成长、积极进取的班风。

(供稿人:平丽娜)

德国著名教育家斯普朗格曾说过:"教育的最终目的不是传授已有的东西,而是要把人的创造力量诱导出来,将生命感、价值感唤醒。"光彪的教师本着"一个都不能少"的爱心,尊重学生的人格,关注学生的差异,以科学的态度认真研究,力求让学生在自己的最近发展区域内得到最大的发展。

三、提升了育人能力——课程执行和活动设计能力

"玩转上海"综合性主题活动长课程是曹光彪小学利用周边优质场馆资源,对学生进行人文传统教育的校本特色课程。学校挖掘周边 10 个场馆资源,整合美术、音乐、自然、信息等 8 门学科的综合优势,由跨学科团队先后在三至五年级开发了"走进上海博物馆""欢乐上海行""品味上海"等系列课程。经过多年的开发与改进,学校在课程资源开发、课程实施、课程评价、管理机制、教师培训等方面形成了成功经验。光彪教师在实施课程的过程中,从孩子的视角出发,利用好家长资源,不断地调整课程内容,他们的创造激情提升了课程内涵。

案例　提升了课程执行能力

这个学期,我们三年级学生拿到的"走进博物馆课程"学习互动手册,和前两届相比,手册有些小小的变化。而这些细节变化的背后是光彪教师育人理念的大转变。

细节一：手册不再装订

"学习互动手册"不再装订成册，而是变身为一张一张的活页。记录的形式不拘一格，可以是速写，可以是摄影，可以是文字，也可以是其他形式。让学生的艺术作品留下痕迹。既留给学有余力的学生更多的拓展空间，又扶持学习困难的学生学会学习，让不同能力的学生在自身基础上有所发展。

细节二：主编姓名空缺

封面上主编的名字特意空缺着，等手册完成后，再请小朋友郑重地签上自己的名字，每个学生都是"学习手册"的主编。

细节三：活动场馆减少

本学期特意减少一个场馆的参观，要求节假日里孩子能带着家长一起参与到"走进博物馆"的课程中来。

（供稿人：李颖）

让家长和学校共同分享教育过程，使家长潜在的资源化为学校真正的教育教学资源。当家长的育儿目标和学校的育人目标一致时，当学校的主流价值追求被家长认同时，家长就会自觉成为学校形象的维护者、资源的提供者、品牌的宣传者、特色的创造者、教育教学的智囊团。

家校默契合作所产生的教育正能量，正悄然助推着曹光彪小学不断谱写新的篇章。孙小鹰老师在这几年的班主任工作中，就充分感受到了挖掘班级家长资源，将家长纳入班级学生教育与管理中来，对改进班级管理，加强教育效果所产生的不可估量而深远的影响。她组织策划的活动深受孩子们喜欢，富有教育意义。

案例 提升了活动设计能力

传承国粹——让学生在坚持训练后展现最美的自己

2017年3月初，我班接到参加区学生艺术节戏曲类比赛的任务。我校在艺术比赛中虽屡获殊荣，但参加戏曲类比赛却是第一次。因此，接到任务时我觉得很光荣，也倍感压力。但想到我们班学生家长中有一位京剧院的艺术家李春老师，就安心了不少。

　　我立刻把这个任务告诉了李春老师。他欣然接受重任,提出选八个男生表演《报灯名》片段这一设想,之后立刻投入了选曲和编辑制作的工作中。我则积极配合李老师,根据他的要求挑选学生,创建"报灯名"微信,安排时间,组织学生投入排练。我让大家在课余及午休时先跟着李老师上传的视频学唱段,背熟后再跟着李老师学身段。由于《报灯名》是丑生戏,要一板一眼地做好每一个动作,又需要富有幽默感地表演出来,对这些零基础的"小顽童们"而言是非常困难的事情。李老师一次次抽空来到学校指导,我则在一旁督促鼓励孩子们一遍遍地认真模仿表演。

　　由于参赛时间紧迫,训练强度大。渐渐地,有的孩子因感冒生病想打退堂鼓了;有的孩子动作记不住,哭鼻子了……

　　如何让孩子们坚持完成任务呢?正在我思考的时候,李老师也关注到了这些情况。他耐心地安慰孩子们,并将自己12岁考入北京戏曲学校,每天起早摸黑,从四功五法开始练习,又经过层层严格的考核和筛选进入上海京剧院工作的经历讲给孩子们听。"坚持"让他获得了成功,成为京剧舞台上的一个名角。听了李老师的故事,我及时鼓励同学们向李老师学习,坚持训练。终于,功夫不负有心人,我班学生获得了区戏曲类比赛第一名的佳绩。2018年,在"新的开始,最美的你"迎新会上,这八位小伙子和李老师一起登台表演,而且还新增了《智取威虎山》的经典片段。演出那天,孩子们动作唱词都毫无差池,个个都像小小艺术家一样有自信地展示了最美的自己。完美的演出也引来了在场观众们的热烈掌声,在台下的我和他们一样激动不已,一时间感慨万千——坚持不懈是何等重要。家校合作之力又是何等强大!

　　传承中华国粹,锤炼"坚持"品格,让我班学生不仅感受到京剧艺术的乐趣,还更深切体会到"台上一分钟,台下十年功"的不易。也让他们懂得了无论在学习还是工作中,都要认真、坚持地做好功课、完成任务。努力过、拼搏过,才能获得成功。而这一切,我觉得光靠班主任一己之力是远远不够的,还需要我们身边优秀、热心的家长们榜样传授。

(供稿人:孙小鹰)

　　孙小鹰老师正是用好了家长资源,家校合力才让班级活动变得更有意义,让孩子们活动能力不断提升。其实,在曹光彪小学有很多有特色的德育活动,都得到家长的支持和帮助。这些活动经验告诉大家：在班级活动中，离不开老师身先士卒，更离不开班级家长的出谋划策和鼎力相助。光彪教师在用好家长资源的过程中总结出一些方法：首先是心中要有家长，要了解班级家长的特长；其次是要尊重家长，倾听和接受家长的合理建议；再次是要与家长多沟通，精诚合作，让好建议、好想法变为班级活动的具体行动；最后是要和家长一起在活动中树立榜样，共同激励孩子成长。

光彪是孩子们成长的乐园，更是教师专业发展的园地。我们的教师用思想指导行动，积极应对挑战。他们用博大的爱心接纳每个孩童，在培育孩子品格的同时，也在不断完善自己，提升自我的品格。同时他们也以自己品格教育和影响孩子，这就是光彪教师的爱与执着追求！而光彪也正因为有这样的一个教师群体，学校才得以持续发展，学生才拥有了快乐的童年！

参考文献

［1］檀传宝.第三次浪潮：美国品德教育运动述评［J］.北京大学教育评论，2003（2）.

［2］林崇德.中国学生发展核心素养研究报告［C］."互联网＋"时代中小学教育改革与发展交流研讨会，2017－5－7.

［3］托马斯·里克纳.品质教育学校方略［M］.刘冰，徐水平译.海口：海南出版社，2001.

［4］陈海青.德性视域下的美国当代品格教育研究［D］.上海大学博士学位论文，2012.

［5］袁桂林.当代西方道德教育理论［M］.福州：福建教育出版社，1995.

［6］潘光旦.论品格教育［M］.北京：人民教育出版社，1999.

［7］Robert D. Heslep. *Moral Education for Americans*. Westport，CT：Praeger Publishers，1995.

［8］［美］纳什.德性的探寻：关于品格教育的道德对话［M］.李菲译.北京：教育科学出版社，2007.

［9］杨碧云.小学语文教学如何和德育有机结合［J］.中小学课程育德研讨会简报，2010－11.

［10］胡斌武.社会转型时期学校德育的现代化［M］.北京：中央编译出版社，2006.

［11］克里斯托弗·彼得森.打开积极心理学之门［M］.机械工业出版社，2010.

［12］马丁·塞利格曼：真实的幸福［M］.万卷出版公司，2010.

［13］吴念阳.外国中小学教育中绘本的使用［J］.外国中小学教育，2013（5）.

［14］郭永玉等.人格心理学导论［M］武汉大学出版社,2007.

［15］林瞿圣."学校故事学"理论架构之探究［J］.教育学报,2012(6).

［16］黄丽珍.浅谈绘本的阅读策略［J］.新课程,2016(8).

［17］蒋建微.托马斯·里可纳的品格教育思想研究［D］.西南大学硕士学位论文,2008.

［18］姚本先,何元庆.论学校心理健康教育的途径——《中小学心理健康教育指导纲要》实施途径解读［J］.基础教育参考,2013(5).

［19］谭亚菲.品格优势与大学生心理健康发展研究,高教学刊,2016(6).

［20］章吉,黄大庆,章星波."团体辅导式"心理健康教育课教学论析［J］.教育研究与实验,2016(6).

［21］田春苗.微课在中小学心理健康教育中的应用［J］.中国教育技术装备,2018(7).

［22］王兴会.学校个别心理辅导中应注意的问题［J］.教学实践,2013(11).

［23］武婷婷,阳希,刘衍玲,郭成.校园心理剧的常用技术及应用［J］.中小学心理健康教育,2018(18).

［24］姜子豪.从活动到课程:学校德育的路向转型［J］.课程教学研究.2008(6).

［25］万莉.试论学科教学中的德育渗透［D］.华中师范大学硕士学位论文,2013.

后　记

　　这本书是市级课题"转型背景下小学生品格培育的实践研究"的结题成果。回想 2014 年成功申报立项之时，正逢鼓励长周期课题的应用研究，使我可以无须急功近利，带领课题组成员静心思考课题研究对象、研究内容；潜心发现并寻找课题研究的路径、载体和策略；精心运用测量工具，循环开展实证研究。此项长达五年的行动实践凝聚了学校老师、家长，市区专家的心血与努力，是研究团队合作与分享的共赢，是家校彼此认同、心心相印、携手共育的结晶。

　　课题的行动研究是实践者的研究。我们深知，立德树人不仅是教育发展的根本规律，也是人才成长的根本规律。6—12 岁是孩子形成良好品格，树立正确人生观的关键时期，决定孩子一生的不是学业成绩，而是能否拥有健康的人格。五年中，我们遵循教育发展的根本规律，把教育工作变为行动研究的过程。确立小学阶段品格培育的核心要素，对关键品格进行价值澄清，建立符合本校实际的"5＋1"品格模型；倡导品格培育教师先行，引领教师成为课程的领导者；坚守课程这一育人轨道，整体构建读懂国家意志，贴近时代需求的"光标"课程；关注课程内容的设计，重视显性课程（语文、道德与法治）的课堂实践和隐性课程的有机融入；着力原创"品格绘本"故事的开发和应用，强调各科并重，重视各门学科、各方面能力的全面和谐发展，促使学生形成核心品格及关键能力，全面而有个性的发展，争做具有"品德之光""智慧之光""活力之光""悦美之光""实践之光"的"极光少年"。

　　随着课题的推进，我们感受到了家长的力量。他们正在成为学校教育的合作者，学校教育的智慧提供者与鼓励者。原家委会主任于国先生虽已换届，但一直全力支持课题的开展，坚持无偿每年给学校做数据测量，提供数据分析报告。

我们积累了四年的数据报告，也从中发现了一些有意思的实践结果，使之作为反思的对象，继续开展实践中的改进与探索。我们认为，虽然品格很难量化，测出的数据还不能准确地印证教育效果。但是我们在科学实践研究的方向迈出了可喜的一步，努力获取本校学生品格培育的第一手可靠的数据并收集可供参照的外部数据加以比对。现任家委会主任朱文廷先生组织家长沙龙，开展家庭品格培育征文评选活动，积极地去发现并挖掘数据背后的精彩案例，使品格培育过程中的隐性教育和育人细节成为可供参考的有效经验，使学校教育和家庭教育达到"同步"，教师和家长教育达到"同心"，为课题的行动研究锦上添花。课题组在完成结题报告的同时，发现培育的策略精彩纷呈，有许多破旧立新的思考和实实在在的实施策略。于是，以书稿的形式对课题研究过程进行再加工，既有理性思考提炼，又有实践行动诠释。希望有缘一阅此书的读者们能在珍贵的智慧与经验之中品味教育百味，联想自己的育人实践，给予我们中肯的指正。

课题在研究过程中得到了上海市德育实训基地张人利导师、上海市"双名工程"校长基地一组杨荣导师、格致教育集团张志敏校长、原上海市德育协会毛裕介副会长等专家的关心与指导；黄浦区教育学院教科研室陈玉华主任、江欣怡等老师在课题研究过程中给予了专业指导，在此一并致以诚挚的感谢！特别要感谢上海市教育学会秘书长苏忱老师在炎炎夏日给予我们撰写书稿的宝贵建议并亲写序言，也为我们后续的研究指明了方向。还要感谢盛翼华、卢佩军、朱育菡、顾若楠、王瑞安等老师的鼎力相助，老校长金建中对课题研究的肯定，并把部分实操经验向托管项目受援学校分享与推广，体现了课题研究的价值。

最后，我们还要特别感谢上海市教育委员会、上海市师资培训中心、黄浦区教育局、黄浦区教育学院、格致教育集团、曹光彪小学教育协作块等兄弟学校为办学发展创造了广阔的平台，提供了强大的支持。品格的培育没有最好，只有更好。在未来前行的路上，我们会带着由衷的感动与感恩，为实现共同的育人目标而不懈努力。

卢雨

于 2019 年初秋

图书在版编目（CIP）数据

打好人生的底色 / 卢雨著. — 上海:上海教育出版社, 2019.9
ISBN 978-7-5444-9451-9

Ⅰ.①打… Ⅱ.①卢… Ⅲ.①品德教育 – 教学研究 – 小学
Ⅳ.①G621.6

中国版本图书馆CIP数据核字(2019)第193961号

责任编辑　戴燕玲
封面设计　陈　芸

打好人生的底色
卢　雨　著

出版发行	上海教育出版社有限公司
官　　网	www.seph.com.cn
地　　址	上海市永福路123号
邮　　编	200031
印　　刷	上海展强印刷有限公司
开　　本	700×1000　1/16　印张 17
字　　数	275 千字
版　　次	2020年1月第1版
印　　次	2020年1月第1次印刷
书　　号	ISBN 978-7-5444-9451-9/G·7805
定　　价	59.00 元

如发现质量问题，读者可向本社调换　电话:021-64377165